AF525646

DER GÄRTNERHOF

MICHAEL BELEITES (Hrsg.)

DER GÄRTNERHOF

Selbstversorgung – ein Weg ins Freie

Schlüsseltexte zum Gärtnerhof-Konzept
von Max Karl Schwarz, Franz Dreidax und
Willi Laatsch

MANUSCRIPTUM

INHALT

II.
MAX KARL SCHWARZ: DER GÄRTNERHOF – EIN SIEDLUNGSZIEL FÜR TÜCHTIGE LANDLEUTE UND GÄRTNER (1946)

III.
DER GÄRTNERHOF – EINE BETRIEBSFORM EIGENER ART IM GEFÜGE DER LANDSCHAFT (1947)

FÜR EINE NEUE SIEDLUNGSBEWEGUNG

ZUR EINFÜHRUNG

Das Wohlstandsniveau einer instabil verfassten Gesellschaft ist identisch mit ihrer Fallhöhe.[1] Dass unsere Gesellschaft nicht krisenfest ist, wurde spätestens zu Beginn des Jahres 2020 offenkundig. Als die globalisierten Menschen- und Warenströme eingeschränkt wurden, weil sich ein neues Virus mit dem Potential für eine globale Pandemie ausbreitete, wurde es uns bewusst: Wir leben in einer noch nie dagewesenen Abhängigkeit von Fremdversorgung. Unsere Fähigkeiten zur Selbstversorgung sind so gering wie nie zuvor. Wenn wir Freiheit im Sinne von Unabhängigkeit verstehen, dann gehört zu wirklicher Freiheit auch ein hoher Grad an Subsistenz, also an Selbstversorgungsfähigkeit bzw. Versorgungssouveränität.

Um den Gedanken der Selbstversorgung mit Leben zu erfüllen, brauchen wir frische Ideen – vor allem solche, die uns auf begehbare Praxisfelder führen. Es gibt heute eine Reihe hoffnungsvoller Ansätze, aber bisher keinen, der zu einem wirklich nachhaltig erdverbundenen Leben führt: Die *Permakultur* hat das Verständnis für die gegenseitige Förderung verschiedener Kulturpflanzenarten in kooperativen Umweltbeziehungen begründet und mit Mischkulturen und Untersaaten wichtige Elemente biologischer Koexistenz in den alternativen Gartenbau eingeführt – sie basiert aber auf der theoretischen Illusion, dass Kulturpflanzen und Kulturflächen ökologisch permanent sein könnten. Die *Solidarische Landwirtschaft* zeigt, wie die Lücke zwischen Erzeugern und Verbrauchern geschlossen werden kann, vermittelt ein Verständnis für den wahren Wert guter und frischer Feldprodukte und ermöglicht Junglandwirten einen Einstieg in den Landbau – aber sie vernachlässigt, dass in einer ackerbaubasierten Kultur die menschliche Ur-Institution Familie und ein vererbbares Grundeigentum wichtige Voraussetzungen einer generationenübergreifenden Verantwortung für den

Boden sind. Das *Urban Gardening* schafft für viele Stadtbewohner eine unmittelbare Beziehung zum Boden und seinen Früchten – aber es unterliegt dem Irrtum »urbaner Subsistenz« in dem Sinne, dass sich Städte ohne ihr Umland selbst versorgen könnten und trägt damit sogar zur Entfremdung in der Stadt-Land-Beziehung bei.

Wenn wir Auswege zu tatsächlich zukunftsfähigen Modellen finden wollen, kann es durchaus hilfreich sein, auch einen Blick in die Vergangenheit zu werfen: Das hier vorgestellte Gärtnerhof-Konzept wurde in den Jahren nach dem Ersten Weltkrieg und der Weltwirtschaftskrise im Blick auf eine krisenfeste Landbewirtschaftung mit hohem Selbstversorgungsgrad entwickelt – und nach dem Zweiten Weltkrieg wieder aufgegriffen. In den damaligen Notzeiten hatte sich gezeigt, dass nur kleinteilige und naturverträgliche Landbaustrukturen auch sozialverträglich und belastbar sind.

Die Grundidee des von dem Gartenarchitekten Max Karl Schwarz konzipierten Gärtnerhof-Modells besteht in einer Kombination aus Gärtnerei und Kleinbauernhof auf einer Fläche von zwei bis fünf Hektar. Im Unterschied zu Kleinbauernwirtschaften soll die gärtnerische Komponente (der

Abb. 1: Vater des Gärtnerhof-Konzepts: Gartenarchitekt Max Karl Schwarz (1895–1963) aus Worpswede.

Foto: Stiftung Kulturimpuls

intensive Anbau von Gemüse, Obst, Kräutern) den finanziellen Ertrag des Hofes und den Selbstversorgungsgrad seiner Bewohner deutlich steigern. Und im Kontrast zu herkömmlichen Gärtnereien soll die landwirtschaftliche Komponente für einen ausgewogenen »Hoforganismus« im Sinne einer ökologischen Kreislaufwirtschaft sorgen. Dabei wird eine Eigenversorgung mit organischem Dünger auf der Basis von kompostiertem Kuhmist angestrebt. Für die Haltung von ein bis zwei Kühen sind zugleich ein nennenswerter Grünlandanteil an der Nutzfläche und ein ausreichender Getreideanteil (auch für eigenes Stroh als Einstreu) in der Fruchtfolge Voraussetzung. »Der Gärtnerhof ist ein Kleinbetrieb, der in intensivster und vielseitigster Wirtschaftsweise Gemüse- und Obstbau betreibt, Groß- und Kleinvieh hält, die volle Selbstversorgung der auf ihm Arbeitenden sichert und nachhaltig große Marktleistungen erzielt.«[2]

Damit ist der Gärtnerhof eine geradezu ideale Voraussetzung, um das in die Praxis zu überführen, was von philosophischer Seite seit den 1970er Jahren als Bedingungen zukunftsfähiger Gesellschaften erkannt ist: »Zurück zum menschlichen Maß«[3], »Wo immer etwas fehlerhaft ist, ist es zu groß«[4] (Leopold Kohr) und »Small is beautiful«[5] (Ernst Friedrich Schumacher). Kleine Einheiten und dezentrale Strukturen sind auf der ökologischen wie auf der sozialen Ebene gleichermaßen Voraussetzung für Regeneration (Lebenserneuerung) und Resilienz (Krisenfestigkeit). Auch »die Befreiung vom Wunschtraum des Fortschritts«[6] (Ivan Illich) lässt sich auf dem Gärtnerhof verwirklichen. In diesem Sinne taucht der Gärtnerhof tatsächlich in einer inspirierenden Denkschrift der DDR-Umweltbewegung auf:

In seiner mutigen Vision von einer überlebensfähigen Welt formulierte der Wittenberger Theologe Friedrich Schorlemmer 1982: »Inmitten der Städte sahen wir Gärtnerhöfe und viele kleine Produktionsbetriebe. Der Weg zur Arbeit war nicht weit. - Die Haustiere und viele freilebende Tiere waren in die Städte zurückgekehrt. Unser Tag begann mit dem Gezwitscher der Vögel und dem Krähen der Hähne. Es lag eine emsige Ruhe über unserem Leben [...]. Auf dem Land gab es viele Bauernhöfe. Mit Pferden und Ochsen wurde der Acker bestellt. Viele waren in die Dörfer gezogen. Die Arbeit brauchte viele Hände und war oft schwer. Aber jeder wollte an der frischen Luft lieber arbeiten als an Armaturen und in Büros. - Die Landschaft war durchzogen von Weihern und Feldrainen. Es gab viele Wege zum Wandern und Spazieren. Wir brauchten nicht viele hundert Kilometer zu fahren, um eine schöne Landschaft und gute Luft zu erleben.«[7]

Abb. 2:
Lieber an der frischen Luft arbeiten als an Armaturen und in Büros: Kleine Subsistenzwirtschaften bieten menschengemäße Arbeits- und Lebensbedingungen. (Dresden, 2003)

Doch zunächst ein Blick auf die interessante Entstehungsgeschichte des Gärtnerhof-Konzepts: Um 1900 erwachte die soziale Aufbruchsstimmung der *Lebensreform,* die erstmals die sozialen Fragen mit ökologischen Aspekten verknüpfte. In diesem Zusammenhang gab es den Drang zu einer Erneuerung des Naturverhältnisses. Eine *Gartenstadtbewegung* setzte sich für ein menschenwürdiges Wohnen in den Städten ein; eine *Siedlerbewegung*[8] suchte kreative Menschen aus der Enge der Städte hinaus ins Freie zu führen.

Zwei Menschen, die dieser Siedlerbewegung entscheidende Orientierungen gaben, waren die Gartenarchitekten Leberecht Migge (1881-1935) und Max Karl Schwarz aus Worpswede. Migge propagierte gärtnerische Intensivsiedlungen im Umfeld der Städte, wie z. B. den »Kulturgürtel Kiel«. Sein gärtnerisches Konzept beinhaltete einen reinen Pflanzenanbau, der durch intensiven Technikeinsatz und die Einbeziehung der städtischen Abfallwirtschaft optimiert werden sollte. Der zeitweilige Mitarbeiter Migges auf dem Sonnenhof in Worpswede, Max Karl Schwarz, ließ sich ebenfalls in Worpswede nieder, begründete auf dem dortigen Barkenhof eine »Gartenbau- und Siedlerschule« und entwickelte Migges Konzept weiter. Reformorientierte Landwirte hatten ihn von der Bedeutung einer ausgewogenen Viehhaltung überzeugt. Der hier anfallende Dung sollte kompostiert und so dem eigenen Betrieb wieder zugeführt werden – die Grundidee einer ökologischen Kreislaufwirtschaft.

Schwarz war Teilnehmer des Landwirtschaftlichen Kurses, den der Begründer der Anthroposophie, Rudolf Steiner (1861-1925), zu Pfingsten 1924 auf dem Gut von Johanna (1879-1966) und Carl Wilhelm Graf von Keyserlingk (1869-1928) im schlesischen Koberwitz abgehalten hatte. Von dort kam der Impuls zur biologisch-dynamischen Wirtschaftsweise. Diese verzichtet auf Kunstdünger und Pestizide und setzt auf den besonderen Dung des Rindes. Darüber hinaus werden hier homöopathische Präparate eingesetzt, um die »Bildekräfte« des Bodens und der Pflanzen zu stärken. Der Kern der biologisch-dynamischen Wirtschaftsweise ist das Verständnis des Hofes als »landwirtschaftliche Individualität«, also als einen ganzheitlichen »Hoforganismus«, in dem Himmel und Erde, Pflanze und Tier mit dem Menschen harmonisch aufeinander bezogen sind und ein gemeinsames Gefüge bilden.

Es ist das Verdienst von Max Karl Schwarz, dass er den zunächst an Landwirte gerichteten biologisch-dynamischen Impuls für den Gartenbau »übersetzt« hat. Kaum bekannt, aber nicht weniger bedeutsam ist, dass er der damaligen Siedlerbewegung die Notwendigkeit einer naturgemäßen Zuwendung zum Boden nahebrachte. Anfang 1933 erschien sein Buch »Ein Weg zum praktischen Siedeln«, in dem Schwarz für die verschiedensten Möglichkeiten bodengebundenen, selbstbestimmten Lebens die praktischen Möglichkeiten einer naturbezogenen Landbewirtschaftung mit hohem Selbstversorgungsgrad aufzeigte.

Vieles von dem Problemkomplex, der in diesem Buch analysiert und einer Lösung zugeführt wird, ist noch oder – in anderer Weise – wieder aktuell. Wenn es Schwarz 1933 darum ging, »Produkte auf den Markt zu bringen, die die Auslandsware ablösen«[9], war dies der Isolation Deutschlands nach dem Ersten Weltkrieg geschuldet. Heute, da es angesichts der Ressourcen- und Klimafrage um eine Verkürzung von Lieferketten und um eine Mäßigung im Energieverbrauch geht, ist es aus anderen Gründen geboten, den Selbstversorgungsgrad der Regionen und Nationen zu erhöhen. Auch ein anderer Gedanke hat nichts von seiner Bedeutung verloren: »Ein ganz Wesentliches könnte auch hier durch die Siedlung eingeleitet werden, nämlich die unmittelbare Verbindung zwischen Konsument und Produzent, die ja, was den Landbau betrifft, heute weitgehend zerstört ist.«[10]

Etliche der in der heutigen Permakultur angewendeten gärtnerischen Kulturtechniken, wie Zonierungen, Mischkulturen oder bestimmte Kompostierungsverfahren, sind in Schwarz' Siedler-Buch von 1933 bereits eingehend beschrieben. In beeindruckender Klarheit wird der Boden als ein lebendiges Wesen beschrieben und aufgezeigt, was eine wirkliche Bodenkultur zu seiner Belebung bzw. Wiederbelebung tun kann. Die Anhebung der Bodenfruchtbarkeit durch seine Belebung mit fördernden Mikroorganismen und die für diese erforderlichen Lebensbedingungen hat bei Schwarz' Siedlungskonzepten stets die erste Priorität. Max Karl Schwarz geht ohne Scheu auf die von der reduktionistischen Naturwissenschaft geleugneten »Bildekräfte« in Boden, Pflanze, Tier und Mensch ein, ohne deren Berücksichtigung ja die Biologie nur schwer als »Wissenschaft vom Leben« plausibel gemacht werden kann.[11] Und Schwarz beschreibt Wege, wie diese »Kräftewirksamkeiten« durch den Gärtnerhofbauern gefördert werden können.

In geradezu prophetischer Weise hat Max Karl Schwarz schon damals das Elend einer fehlgeleiteten Landwirtschaft beim Namen genannt: Mit Entsetzen sah er den Landwirt, »der alles willig hinnahm, was ihm die Industrie an Maschinen und Kunstdüngemitteln empfahl« und er erkannte klar: »Dieser einseitige, schon stark ins Spekulative gehende Einbruch der Industrie in den Landbau brachte aber nicht nur diese [...] zunächst höchst willkommene Massenerzeugung aller Landesprodukte mit sich, sondern es traten auch die schon genannten betrüblichen Erscheinungen auf, wie Anfälligkeit der Kulturpflanzen gegenüber Witterungseinflüssen, seuchenhaftes Auftreten pilzlicher und tierischer Schädlinge und Mangel an echter Qualität der Feld- und Gartenfrüchte, die sich namentlich in geringeren Geschmackswerten, geringerer Haltbarkeit, geringerem Hektolitergewicht und geringerer Farbbeständigkeit kund tat. Als diese Mängel [...] erkannt wurden, bot die chemische Industrie Mittel an, die geeignet schienen, diese Mängel zu beheben. [...]. Damit entstand eine weitere bedeutende Industrie und fand in den Schädigungserscheinungen im Land- und Gartenbau die Grundlage zu einem blühenden Geschäft, das auch heute noch im vollsten Gange ist.«[12] – so Schwarz Anfang 1933. »Das alles bedeutet für die Industrie ein sich immer mehr steigerndes Geschäft, während im selben Grade, wie es für die Industrie anstieg, es den Landwirt zu schädigen begann.«[13]

Schwarz kommt hier zu einem Schluss, der aus heutiger Sicht radikal erscheinen mag, aber eigentlich nur zeigt, dass die Freiheiten zur Eröffnung einer selbstbestimmten, von Fremdversorgung unabhängigen Existenz seither nicht größer, sondern geringer geworden sind: »Wird der Landbebauer erst einsehen, was hier aus der Rückschau für die Bodenbewirtschaftung erkannt werden konnte, dann wird er für sich daraus die Folgerung ziehen müssen, daß er ganz auf sich gestellt ist, daß er seine eigenen Kräfte einsetzen muß, um aus dem Zusammenbruch heraus den Weg zu einem neuen Aufbau zu finden. [...] Es muß daher in jedem Landbebauer so etwas wie Siedlermut erwachsen; denn er muß sich sein Land wieder erobern. Dieser Siedlermut wird da vielleicht nicht so sehr in der äußeren, praktischen Tätigkeit liegen müssen als vielmehr in seiner inneren Schulung, in seinem Ringen um ein Verständnis für die wunderbaren Zusammenhänge und Gesetzmäßigkeiten, die in allem Lebendigen walten, wie es uns in der Natur, im Boden, in der Pflanze, im Tier und in uns selbst entgegentritt.«[14]

Wer *heute* einen solchen Siedlermut zur Subsistenzwirtschaft in sich erwachen spürt, dem fehlt es in der Regel nicht nur an dem dafür erforderlichen Stück Land, sondern auch an der nötigen Zeit. Eine Lösung bestünde in der 2012 vom Vordenker der *Postwachstumsökonomie,* Niko Paech, vorgeschlagenen Aufteilung der 40 Wochenarbeitsstunden in 20 Stunden Erwerbsarbeit und 20 Stunden entkommerzialisierter Eigenarbeit im Subsistenzbereich.[15] Genau in diese Richtung hatte auch Max Karl Schwarz schon gedacht, der vor dem Hintergrund der sozialen Krise der 1920er Jahre schrieb: »Vielerorts könnte durch Verfolg der Siedlungsbestrebungen, soweit sie nur Selbstversorgung zum Ziel haben, eine große soziale Aufgabe ihrer Lösung zugeführt werden. Diese durch Siedeln erreichte Selbstversorgung erlaubt es nämlich, den Gedanken zu pflegen, daß die heute in den verschiedenen Unternehmungen Vollbeschäftigten nur halbschichtig arbeiten und dann doch ihr Auskommen haben können und dadurch die bisher Arbeitslosen auch wieder halbschichtig zu arbeiten vermögen und ebenfalls durch Siedlertätigkeit zur Selbstversorgung kommen. Diese aus einem sozialen Empfinden und der heutigen Notzeit erwachsene Forderung könnte allein schon durch die Einrichtung von Stadtrandsiedlungen erfüllt werden, wenn in diesen die Bodenbewirtschaftung die Grundlage bildet.«[16]

Neben den Stadtrand- und Kleingartensiedlern, den Nebenerwerbs- und Wohnsiedlern, den bäuerlichen und gärtnerischen Siedlern beschrieb Schwarz 1933 eine von ihm neu konzipierte Form des Siedlers: »Die Erfahrungen mit der biologisch-dynamischen Wirtschaftsweise bringen es mit sich, daß ein neuer Bodenbewirtschafter auftritt, der beide Eigenschaften der vorgenannten Siedler, nämlich die des Bauern und die des Gärtners in sich vereinigt, und den wir hier als *Intensivsiedler* bezeichnen möchten. Der Intensivsiedler wird den größten Teil der Wirtschaft (Hauptanbauzone und Extensivzone) so bebauen, wie es heute ein handintensiver

Abb. 3 und 4:
Ob am Stadtrand oder am Waldrand: Die eigene Kuh sorgt für geschlossene Stoffkreisläufe und beseelt den Hof. (Dresden, 2000/Mecklenburg, 1994)

Kleinbauer macht, während der viel kleinere Teil (Intensivzone) in der unmittelbaren Nähe des Wirtschaftshofes einer gärtnerischen Vollnutzung unterliegt. Diese gärtnerische Intensivität im Anbau auf Grund gesteigerter Erfahrungen im bewußten, zielvollen Gebrauch der Naturkräfte ist imstande, den Betrieb stark auszugleichen, fast das ganze Jahr über Einnahmen zu haben und auch, wenn nötig, Vorräte über die Selbstversorgung hinaus zu erzielen. [...] Der Intensivsiedler betreibt demnach eine eigene Viehzucht, die es ihm erlaubt, seinen Betrieb zu einem vollen Organismus auszubauen und weitgehend den geforderten Ausgleich im Nehmen und Geben innerhalb dieses Betriebes herzustellen.«[17]

In der Einführung zu Schwarz‘ Buch heißt es, das Siedeln sei »[...] eine heilige Aufgabe für die Regierung unseres Volkes, die gerade auf der Grundlage eines großzügigen Siedlungsvorhabens ein neues deutsches Bauerntum zu schaffen gewillt ist.« Diese Hoffnung wurde enttäuscht. Das, was Schwarz als »Kulturwüste«, als »Zerfall menschlicher Gemeinschaft« und als Landwirtschaft und Gartenbau, denen »der Boden verloren gegangen« ist, anprangert,[18] hat sich im Laufe der nationalsozialistischen Herrschaft und des Zweiten Weltkrieges nicht zum Besseren gewendet.

Angesichts der neuen Notzeiten nach dem Ende des Zweiten Weltkrieges tat sich Schwarz mit Mitstreitern aus dem nordwestdeutschen Raum zusammen, um seinen Impuls einer krisenfesten Landbewirtschaftung neu zu beleben. Jetzt stand allein das 1933 als »Intensivsiedler« bezeichnete Konzept im Fokus – nun unter dem Namen »Gärtnerhof«. Zusammen mit Franz Dreidax (1892–1964), Arvid Gutschow (1900–1984), Ernst Hagemann (1899–1978), Albrecht Köstlin (1905–1970) und Willi Laatsch (1905–1997) gründete Max Karl Schwarz eine Gemeinnützige Gärtnerhof-Gesellschaft, welche ab 1946 die Schriftenreihe »Neuaufbau vom Boden her« herausgab.

Abb. 5 und 6:
Gesunder Hoforganismus: Das kleinräumige Zusammenspiel verschiedener Nutzungsarten bewirkt eine Belebung der Kulturlandschaft und eine ästhetische Aufwertung des Lebensumfelds.

Die Autoren der ab 1946 erschienenen Gärtnerhof-Hefte legten besonderen Wert auf eine große Vielfalt und Ausgewogenheit des Hofes und ebenso auch auf soziale und ästhetische Aspekte. Hervorgehoben wurden die Zusammenhänge zwischen einem »als gesunder Organismus gestalteten Betrieb« und dem »Kreislauf der Stoffe«[19]; das sinnvolle Ineinandergreifen der Großviehhaltung mit der Kompostwirtschaft und organischen Düngung, der Grünlandwirtschaft mit den Hochstammobst-Pflanzungen, sowie des Obstbaus mit der Bienenhaltung. Es ging ihnen um eine Pflege der Kulturlandschaft durch die bewusste räumliche Anordnung von Obstbäumen, Beerenobstpflanzungen und Hecken, sowie um eine günstige Beeinflussung des Kleinklimas.

Viele »Entwicklungen des Gärtnertums und der Ackerwirtschaft« seien zu sehr »von der Viehhaltung weggeführt« worden. Für viele Menschen in der Landwirtschaft sei es aber »nicht nur eine Erwerbsangelegenheit, sondern eine mehr oder weniger bewusste Herzenssache, Vieh zu halten [...] kurz gesagt: einen ›Hof‹ zu haben, was eben dem geläufigen Sprachgebrauch nach das Vorhandensein des Viehs mit einschließt.« Diese Tendenz würde schließlich auch »von der neuzeitlichen Naturkunde durch die Lehre von den Lebensgemeinschaften [...] als förderlich für die Gesamtentwicklung und –leistung von Landwirtschaften aufgezeigt.«[20] Es war davon die Rede, dass die eigene Kuh dem Familienbetrieb »Seele gibt« und die Einrichtung von Gärtnerhöfen ein Beitrag »zur Heilung von Zivilisationsschäden« sei.[21]

Das von Schwarz entwickelte Zonierungsmodell orientiert sich an einer lebenden Zelle: Dem Zellkern entspricht die Hofstelle mit Wohnhaus und Wirtschaftsgebäude. Daran schließt sich die Intensivzone mit Glashaus und Anzuchtbeeten an, um diese herum die Pflegezone mit Gemüse-

und Ackerland und außerhalb von dieser befindet sich das Grünland mit den Obstbäumen. Nach außen wird das Ganze – gleich einer Zellwand – durch eine Wildgehölz-Hecke abgeschlossen.

Seine Einführung über »Das Wesen des Gärtnerhofes« in der ersten Gärtnerhof-Broschüre beginnt Schwarz mit den Sätzen: »Viele Deutsche haben ihre Lebensgrundlage und Heimat verloren. Es bleibt der Weg zur Arbeit am Boden, zur inneren Kolonisation. Der durch die Landflucht langer Jahre ausgeblutete Lebensraum muß durch eine Besiedlung mit am Boden arbeitenden Menschen wieder gefüllt werden. Boden, der wegen Leutemangels nicht mit der erforderlichen Intensität bewirtschaftet wird, muß künftig höchste Erträge bringen, wenn wir als Volk leben wollen. Beides kann nur durch ländliche Siedlung erreicht werden. Möge rechtzeitig erkannt werden, daß es jetzt darauf ankommt, die nach Änderung der unerträglichen Verhältnisse drängenden Kräfte planvoll in geordnete Bahnen zu lenken, wenn nicht unausweichliche neue Verheerungen folgen sollen.«[22]

Die neuen Verheerungen sind gefolgt, wenn auch in einer subtileren Weise als die früheren, so dass sie in der öffentlichen Wahrnehmung nur eine untergeordnete Rolle spielten und spielen. Beim Wiederaufbau der Landwirtschaft nach dem Zweiten Weltkrieg hat man in West und Ost auf eine Zentralisierung gesetzt, die die am Boden arbeitenden Menschen verringert, die Landflucht verstärkt, die Abhängigkeit von der Industrie vergrößert und die Fähigkeiten zur Selbstversorgung abermals einschränkt.

Was im Osten als Klassenkampf gegen die Bauern unter Zwang und Gewalt herbeigeführt wurde, erledigte im Westen die Idee des Verdrängungswettbewerbs, die Logik vom »Wachsen oder Weichen« der Höfe. Dieses System überlässt die Vernichtung des Bauernstandes den Bauern selbst: Sie sind in einen Existenzkampf von Landwirten gegen Landwirte hineingestellt. Das ist eine strukturelle Gewalt, die keinen Polizeistaat braucht, weil sich unter diesen Verhältnissen die Bauern gegenseitig den Boden wegnehmen – solange bis nur noch wenige Großbetriebe übrig sind. Die Kommunisten brauchten die Industrialisierung der Landwirtschaft zur Proletarisierung der Landbevölkerung; um aus freien Bauern abhängige Landarbeiter zu machen. Im Westen ging es darum, das, was Schwarz als »Einbruch der Industrie in den Landbau« bezeichnete, zu seiner Vollendung zu führen: Es ging darum, die Landwirtschaft im Ganzen industriekompatibel zu machen, also eine Agrarindustrie herbeizuführen. Hier wie dort wurde die Landwirtschaft zu einem sozialen und ökologischen Krisenherd. Hier wie dort blieb vom Selbstversorgungspotenzial der Landbevölkerung kaum etwas übrig.

So geriet das Gärtnerhof-Konzept schnell in Vergessenheit. Im Jahr 1974 hat der Verein »Boden und Gesundheit« unter dem Titel »Der Gärtnerhof« die wichtigsten Aufsätze der Gärtnerhofschriften von 1946/47 als Broschüre neu herausgegeben. Fast dreißig Jahre nach dem ersten Erscheinen der Gärtnerhofschriften würdigte der neue Herausgeber, Wolfgang von Haller (1905-1995), das »so krisenfeste und gesunde« Konzept des Gärtnerhofes, das in der Nachkriegszeit einen wichtigen Beitrag hätte leisten können, um »das notleidende Land neu aufzubauen, den Millionen Obdachlosen und dem Strom der Flüchtlinge aus dem Osten eine neue Heimat und Existenzgrundlage zu bieten.« Aber er resümierte: »Doch die Kräfte des Wiederaufbaus wirkten in anderer Richtung, in einer Richtung, die eigentlich bereits überlebt war.«[23]

Schließlich sah von Haller eine neue Chance für den Gärtnerhof im Wiedererwachen eines ökologischen Bewusstseins

Abb. 7 und 8:
Nicht Museumslandwirtschaft, sondern Zukunftswerkstatt: Auf dem Gärtnerhof lassen sich ökologisch vorteilhafte Kulturtechniken, wie Pferdearbeit und traditionelle Getreideernte am Leben erhalten. (Mecklenburg, 2015/Dresden, 2000)

in den siebziger Jahren: »Heute, dreißig Jahre später, wird es offensichtlich, dass die herrschenden Kräfte in Verkennung der Lebenszusammenhänge mehr zerstört als aufgebaut haben. Sie zerstörten die Umwelt des Menschen und damit ihn selbst. In dieser Notlage eröffnet sich wiederum hilfreich der Weg zum Gärtnerhof. Im Gärtnerhof lassen sich die ›Inseln‹ und ›kleinen Archen‹ verwirklichen, gesunde Lebenszellen mitten im einbrechenden Chaos.«[24]

Bedeutsam an von Hallers Aufsatz ist eine weitere Öffnung des Konzepts in Bezug auf die ökologischen Aspekte: »Im Gegensatz zu dem Gärtnerhof der ersten Nachkriegsjahre dürfte im heutigen Zeitalter des aufkeimenden ökologischen Bewusstseins mancher Gärtnerhof bestrebt sein, sich auch in der Energie- und Wasserversorgung möglichst unabhängig zu machen und alle technischen Hilfsmittel und Geräte ökologisch einzusetzen. In dieser Hinsicht ergeben sich wichtige Pionieraufgaben.«[25] Bemerkenswert ist in diesem Zusammenhang, dass von Haller – im Gegensatz zu Schwarz und seinen Mitstreitern – dem Pferd einen wichtigen Platz einräumt; es sei »kaum wegzudenken vom heutigen Gärtnerhof«. Insbesondere die »in der Haltung sehr genügsamen Kleinpferde vermögen in vieler Hinsicht den Hof in der Motorisierung zu entlasten«, so von Haller.[26]

Lediglich unter biologisch-dynamischen Betrieben spielte das Gärtnerhof-Konzept weiter eine Rolle, wenn auch kaum irgendwo in der ursprünglich angedachten Flächenbegrenzung auf fünf Hektar. Da nach den Richtlinien des biologisch-dynamischen Landbaus angestrebt wird, die organische Düngung auf der Basis eigener Viehhaltung zu gewährleisten, haben sich zahlreiche biologisch-dynamische Gärtnereien im Sinne des Gärtnerhof-Konzeptes strukturiert. Einige dieser Gärtnereien führen heute die Bezeichnung »Gärtnerhof« –

mitunter ohne dass den jetzigen Betriebsinhabern das originäre Gärtnerhof-Konzept von Max Karl Schwarz geläufig ist.

In der DDR, wo die seit 1952 betriebene Kollektivierungskampagne der SED 1960 mit einer als »Sozialistischer Frühling« bezeichneten Repressionswelle in die »Vollkollektivierung« mündete, war der Gesamtheit der Bauern jede Möglichkeit auf eine selbständige Bewirtschaftung ihres Landes genommen worden. Dies wiederum war die Voraussetzung für die seit Anfang der 70er Jahre veranlasste flächendeckende Industrialisierung der DDR-Landwirtschaft mit ihren verheerenden Folgen. Eine Ausnahme in der ostdeutschen Agrargeschichte bildete das Gut Marienhöhe bei Bad Saarow östlich von Berlin: Es war 1928 von Begründern der biologisch-dynamischen Wirtschaftsweise als eine Art Modellbetrieb eingerichtet worden und galt in den 30er und frühen 40er Jahren als Zentrum der biologisch-dynamischen Bewegung in Deutschland. Weil sich das Gut in österreichischem Besitz befand, konnte es während der Zeit der Sowjetischen Besatzungszone und der DDR weder enteignet noch kollektiviert werden. Von 1928 bis 1950 wurde das Gut von dem aus Breslau stammenden Erhard Bartsch (1895-1960) geführt, der dann nach Kärnten ging. Er war einer der Initiatoren des landwirtschaftlichen Kurses von Koberwitz. Nicht Steiner, sondern Erhard Bartsch und Ernst Stegemann (1882-1943) prägten später den Begriff »biologisch-dynamisch«.[27]

Seit 1960 lebte Erhard Bartschs Bruder, Hellmut Bartsch (1898-1982), in Marienhöhe. Wie in den Jahren zuvor in Thüringen wirkte er auch hier als Berater für biologisch-dynamischen Anbau, meist für anthroposophische Gärtner. Hellmut Bartsch, der selbst am landwirtschaftlichen Kurs teilgenommen hatte, galt in besonderer Weise als ein Experte zu Fragen der Kompostbereitung. Seit dem Sommer 1965 besuchte der Dresdner Gärtner Veit Ludewig (1934–2021) regelmäßig Marienhöhe, um sich bei Hellmut Bartsch über die Grundlagen der organischen Düngung und der biologisch-dynamischen Wirtschaftsweise zu informieren. Bartsch, der Max Karl Schwarz seit den 1920er Jahren kannte, lieh Veit Ludewig auch die Gärtnerhofschriften von 1946/47. Für Ludewig, der 1967 die 2 ½ Hektar große Gärtnerei seiner Eltern am südwestlichen Stadtrand von Dresden übernommen hatte, wurde das Schwarz'sche Gärtnerhof-Konzept zur entscheidenden Grundlage bei der Neuprofilierung seines Betriebes.

Auf dem zunächst reinen Gartenbaubetrieb ohne Tierhaltung und ohne jede landwirtschaftliche Komponente nahmen nach und nach die Gärtnerhofstrukturen Gestalt an: Die eigene Kuh und die entsprechende Grünlandaufteilung,

Abb. 9 und 10: Wiederbelebung des Gärtnerhofes in der DDR: Dem Dresdner Gärtner Veit Ludewig gelang in den 1970er Jahren die Einrichtung eines Gärtnerhofes nach den Plänen von Max Karl Schwarz. (Dresden, 1994)

die Ackerfruchtfolge mit 2/3 Getreideanteil, die Dreschmaschine, die Getreidemühle und das eigene Brot, die Einstreu aus dem eigenen Stroh, der selbst aufbereitete Mistkompost und damit die hofeigene organische Düngung. Trotz der widrigen DDR-Bedingungen gelang Veit Ludewig neben der Umstellung der Anbaustrukturen auch der Aufbau einer neuen Hofstelle mit Wohn- und Wirtschaftsgebäude nach dem Vorbild der in den Gärtnerhof-Schriften vorgestellten Musterpläne. Gleichzeitig hat er die – den finanziellen Ertrag sichernden – gärtnerischen Komponenten, wie den Gemüse- und Schnittstaudenanbau, einen sehr arten- und sortenreichen Obstbau, sowie den Anbau und die Verarbeitung von Kräutern, ausgebaut. Veit Ludewig hat dann das Gärtnerhof-Modell anhand der praktischen Herausforderungen auch weiter modifiziert. Hier seien nur beispielhaft die Hereinnahme von Gemüse in die Feldfruchtfolge, die Verwendung eines Strohreißers (zur vollständigen Jaucheaufnahme der Einstreu) sowie praktische Neuerungen in der Konstruktion des Kuhstalls sowie in der Hühnerhaltung und in der Imkerei zu nennen.

Auf dem Dresdner Gärtnerhof wiederum trafen sich in den 1970er und 80er Jahren viele Anhänger von alternativen Landbaukonzepten, die in der DDR-Zeit aber kaum Chancen hatten, einen eigenen Betrieb zu gründen. Manche spätere Hofbegründer lernten als Praktikanten oder Mitarbeiter auf dem Hof von Veit und Inga Ludewig die praktischen Grundlagen des ökologischen Landbaus kennen – und das Gärtnerhof-Konzept schätzen. Einige von ihnen haben sich dank des Ludewig'schen Einflusses bewusst in die Gärtnerhof-Tradition hinein gestellt, obgleich sie heute größere Flächen bewirtschaften. Zudem haben verschiedene, oft im Nebenerwerb betriebene Kleinbauernhöfe die Gestalt von Gärtnerhöfen angenommen – weil ihre naturverbundenen und an Selbstversorgung interessierten Bewirtschafter rein intuitiv Ideen umgesetzt haben, die dem Gärtnerhof-Konzept sehr nahe kommen.

Doch für nahezu alle, die erst in den 1990er Jahren oder später mit der Gärtnerhof-Idee in Berührung gekommen waren oder vergleichbare Vorhaben hatten, war der Weg aufs Land verbaut: Mit der 1992 unter dem Agrarkommissar Ray Mac Sharry eingeleiteten EU-Agrarreform wurden die ertragsbezogenen Subventionen auf flächenbezogene Subventionen, die sogenannten »Direktzahlungen«, umgestellt. So wichtig es war, die Anreize zur Überproduktion zurückzunehmen, so fatal waren und sind bis heute die Wirkungen und Nebenwirkungen der Flächensubventionen. Die flächenbezogenen Subventionen sind nicht nur das wichtigste Instrument zur Verschärfung des Konkurrenzdrucks unter den Landwirten; sie bewirken auch die sogenannte *Bodensperre*: Denn sie führen stets dazu, dass die landwirtschaftlichen Betriebe nur wegen der Subventionen an Flächen festhalten, die sie für die sinnvolle Bewirtschaftung ihres Unternehmens gar nicht unbedingt benötigen. Eine Neugründung von Kleinbetrieben ist seit 1993 kaum noch möglich. Insbesondere im Osten Deutschlands ist es seither einfacher, einen Viertausend-Hektar-Betrieb zu kaufen, als irgendwo zwei bis fünf Hektar nutzbares Ackerland zu erwerben oder zu pachten.

Seit 1993 zählt, wieviel Fläche ein Betrieb hat. Seither hat die als »Strukturwandel« oder »Höfesterben« beschönigte Vernichtung bäuerlicher Existenzen nochmals drastisch zugenommen. Dank der Flächensubventionen gibt es immer mehr agrarindustrielle Großbetriebe, die aber aus demselben Grunde zunehmend von diesen Subventionen abhängig sind. Auf die 30 Jahre Zwangskollektivierung in der DDR sind – mit nur drei Jahren Unterbrechung von 1990 bis 1992 – nun wiederum schon fast 30 Jahre subventionsbedingte Bodensperre in der EU gefolgt. Also sind im Osten inzwischen 60 Jahre ins Land gegangen, in denen die Neugründung kleinbäuerlich-gärtnerischer Familienbetriebe aus politischen Gründen blockiert war und ist.

Vor allem führt die Politik der Flächensubventionen auch zu einer Entfremdung der Landbevölkerung vom Landleben. Das, was früher die Dörfer belebt hatte, war die Kleinlandwirtschaft im Nebenerwerb, die auch diejenigen betrieben, die keine hauptberuflichen Landwirte waren. Wer auf einem Bauernhof oder in einem Landarbeiterhaus wohnte, hatte zur Selbstversorgung sein eigenes Obst- und Gemüseland, sowie Grasland für seine eigenen Hühner, Enten, Gänse, Schafe, Ziegen oder Kaninchen. Viele hatten ihre eigenen Schweine, manche auch die eigene Kuh. Seitdem die Landwirte Flächensubventionen erhalten – und sie darauf angewiesen sind –, haben die übrigen Landbewohner kaum noch eine Chance, auch nur einen halben Hektar für eine individuelle Landbewirtschaftung zu bekommen. Auf diese Weise geht das verloren, was ein Dorf lebendig macht. Die Weitergabe der praktischen Fertigkeiten traditioneller Landbaukultur von Generation zu Generation wird nun unterbrochen. Wer kein Stück Wiese zur Verfügung hat, der lernt weder wie man eine Sense anfasst, noch wie man Heu bereitet.

Dabei geht es nicht zuletzt um die Frage, ob die Selbstversorgungsfähigkeit eines nennenswerten Teiles der Bevölkerung erhalten bleibt oder nicht. Dort, wo keiner mehr den Raum hat, Land zu bebauen und zu gestalten, schwindet das Verbundenheits- und Verantwortungsgefühl für das eigene Wohnumfeld schnell. Die stadtfernen Dörfer werden so immer leerer; die stadtnahen Dörfer werden von einer städtischen Bevölkerung besiedelt, die nur zum Schlafen hier ist. So bewirken die Flächensubventionen auf der einen Seite eine extreme Verschärfung des landwirtschaftlichen

Verdrängungswettbewerbs und damit eine weitere Konzentration der Landwirtschaft – und auf der anderen Seite eine landlose Landbevölkerung, die von Monokulturen und Massentierhaltung umgeben ist. Da nun auch die Pufferzone der individuell bewirtschafteten Kleinflächen fehlt, werden die Ackergifte der Großbetriebe bis an die Gartenzäune der Wohnhäuser heran versprüht, wo sich nicht selten spielende Kleinkinder in Pestizid-Nebelwolken wiederfinden.

Bei den heutigen Debatten um die ausstehende *Agrarwende* und um die Bestrebungen für eine sozial- und umweltverträgliche Landwirtschaft ist auffällig, wie schnell das Thema gewechselt wird, wenn man die Etablierung von begehbaren Praxisfeldern anmahnt, auf denen kreative Menschen bodengebundene Selbstwirksamkeitserfahrungen machen können. Eine der wenigen Autoren, die heute das Thema der Selbstversorgung deutlich zur Sprache bringt, ist die Ethnologin und Soziologin Veronika Bennholdt-Thomsen. In ihrem Buch *Geld oder Leben* geht sie auf die aktuelle Situation ein – global und lokal. Sie betont: Aus der gegenwärtigen kapitalistischen Geld- und Warenwirtschaft »[...] werden wir den Weg ins Freie finden, wenn wir uns an der Subsistenz orientieren [...] ›Subsistenz‹ heißt: über das Lebensnotwendige verfügen.«[28]

Nicht nur, weil man Geld nicht essen kann, brauchen wir eine Etablierung bzw. Stärkung von Subsistenzwirtschaft, so Bennholdt-Thomsen, sondern auch aus ethischen Gründen: »Eine Wirtschaftsweise, die nicht als Wachstumskrieg verstanden wird, und ein Gesellschaftsvertrag, der die Ebenbürtigkeit aller Menschen zum Ausgangspunkt nimmt, setzen voraus, dass viel mehr Menschen unmittelbar das Land bearbeiten. Denn wenn wir nicht auf Kosten anderer wirtschaften und in einer Welt des Friedens leben wollen, dann müssen wir bemüht sein, von den Ressourcen des Teils der Erde zu

Abb. 11 und 12:
Den Boden bearbeiten, der uns trägt: Eine Welt des Friedens anbahnen, heißt Selbstversorgungsfähigkeit vermitteln.

leben, der uns trägt.«[29] Ein menschenwürdiges Leben ist ein erdverbundenes Leben. Der amerikanische Farmer und Poet Wendell Berry weist darauf hin, dass heute nicht nur über 95 Prozent der Bevölkerung von der Erzeugung ihrer Nahrung »befreit« sind, sondern die »degenerierende[n] Auswirkungen« dieser Trennung von der Erde auch bewirken, dass ebenso viele »von der Regenerationsphase des natürlichen Fruchtbarkeitskreislaufs abgekoppelt« sind.[30]

Was liegt also näher, als Wege zu ebnen, um in der von Max Karl Schwarz und seinen Mitstreitern aufgezeigten Weise Orte zu schaffen für eine bodengebundene und selbstbestimmte Lebenspraxis? Die Zeit ist reif, die geniale Idee des Gärtnerhofes wieder aufzugreifen! So wichtig die agrarpolitische Forderung ist, durch eine Abschaffung der Flächensubventionen das Land zu befreien, so dringend ist es aber auch, konkrete Perspektiven aufzuzeigen, wie sozial und ökologisch stimmige Kleinsthöfe mit hohem Selbstversorgungsvermögen beschaffen sein müssten. Es gilt aufzuzeigen, dass Alternativen für ein selbstbestimmtes und dennoch gemeinwohlorientiertes Landleben möglich sind. Wenn genügend kreative und tatkräftige Menschen dieses Ziel erkennbar vor Augen haben – dann werden auch die nötigen Energien mobilisiert, um den Weg frei zu machen. Dasjenige, was Max Karl Schwarz als den »Siedlermut« bezeichnet hatte, erspüren auch heute viele Menschen – zumindest als eine tief in ihrem Inneren wartende Intention. Diese gilt es, wiederzubeleben, mit gemeinwohlorientierten und praxistauglichen Leitbildern in Resonanz zu bringen und zum aktiven Dasein zu erwecken.

So sollen die hier neu herausgegebenen Grundlagen-Texte zum Gärtnerhof-Konzept von 1933 und 1946/47 vor allem eines – Mut machen: Mut zu einem menschenwürdigen, naturbezogenen und weitgehend von Fremdversorgung

Abb. 13 und 14:
Mit einer erfüllenden Arbeit zur Ruhe kommen:
Ein selbst gestaltbares Landleben schafft Regenerationsräume im eigenen Umfeld.

unabhängigen, selbstbestimmten Landleben, Mut zu einem lebensgemäßen Umgang mit der Erde, Mut zum Eintreten für einen gerechten Zugang zum Boden, Mut zur inneren Bildung und Reifung, um als Gärtnerhof-Bauer und Gärtnerhof-Bäuerin die Grundlagen für ein erfülltes Leben selbst in die Hand zu nehmen.

Seit meinem Praktikum auf dem Dresdner Gärtnerhof von Veit und Inga Ludewig im Jahr 1994 fühle ich mich der Gärtnerhof-Idee verbunden und habe in verschiedenen Publikationen über ökologische Ansätze in der Agrarpolitik darauf hingewiesen.[31] In einem Beitrag für die Zeitschrift *Natur und Landschaft* hatte ich das Gärtnerhof-Konzept als einen Lösungsansatz für die Herausforderungen im Kulturlandschafts-Naturschutz ins Gespräch gebracht, um die Simulation kleinteiliger Landnutzung in der Landschaftspflege wieder in eine tatsächliche Landnutzung überführen zu können.[32] Hieraus ergaben sich zahlreiche Gespräche. Doch es fehlte an einer kompakten Präsentation der Gärtnerhof-Idee, die man an Interessenten weitergeben könnte. So suchte ich seither nach einer Gelegenheit, um die Grundlagentexte zum Gärtnerhof-Konzept neu zu publizieren.

Vor einigen Jahren stieß ich auf einen Aufsatz von Thomas Hoof, in dem er »für eine neue Siedlungsbewegung [...] unter der Auflage einer energetischen *Low-input*-Bewirtschaftung« das »in den beiden Nachkriegsnotzeiten des 20. Jahrhunderts ausgearbeitete Konzept der Gärtnerhöfe« neu in die Debatte bringt.[33] Wir kamen darüber ins Gespräch und es ergab sich ein Gedankenaustausch, der sich alsbald auf weitere gemeinsam interessierende Themen erstreckte. Aber beide kamen wir immer wieder auf die Frage der praktischen Umsetzbarkeit des Subsistenzgedankens zurück – und landeten beim Gärtnerhof. Schließlich reifte die Idee, die Schlüsseltexte zum Gärtnerhof-Konzept erneut zu publizie-

Abb. 15:
Den Weg ins Freie finden: Mit der Gärtnerhof-Idee kreativ und krisenfest leben!

ren, um sie all denen an die Hand geben zu können, die auch heute einen selbstbestimmten und bodengebundenen Weg ins Freie suchen. Somit bin ich Thomas Hoof ausgesprochen dankbar, dass er nun die grundlegenden Abhandlungen zum Gärtnerhof-Konzept in seinem Manuscriptum Verlag neu verlegt! Ebenso danke ich dem Verlagsleiter, Stefan Flach, für die konstruktive und angenehme Zusammenarbeit!

Diesem hier vorliegenden Büchlein wünsche ich viele Leser – vor allem Menschen der Tat, die den Weg frei machen und dann praktisch umsetzen, was Max Karl Schwarz und seine Mitstreiter entwickelt haben, um ein kreatives und krisenfestes Leben führen zu können: Ein Leben, das die Spaltungen von Erwerbsarbeit und Eigenarbeit, von Arbeitsort und Wohnort, von Familie und Beruf überwindet. Die Grundgedanken der Gärtnerhof-Idee sind zwar nicht neu, aber sie sind so substanziell, dass sie auch heute und künftig die theoretische Basis für ein Netz von zur Selbstversorgung fähigen Existenzen bilden können. Ein solches Subsistenz-Netz kann unsere Gesellschaft im Ganzen wieder auf ein stabileres Fundament stellen. Es schafft eine Grundlage für Versorgungssouveränität – und es trägt nicht zuletzt zu einer Kulturwende bei, die ein Weniger an Energie- und Ressourcenverbrauch mit einem Mehr an Lebensqualität zu verknüpfen weiß.

Blankenstein/Sachsen, im Sommer 2021 *Michael Beleites*

1 Vgl.: Paech, Niko (2012): Befreiung vom Überfluss. Auf dem Weg in die Postwachstumsökonomie. oekom Verlag, München. 155 S.

2 Schwarz, Max Karl (o.J.): Das Wesen des Gärtnerhofes. Sein Standort und seine Anwärter. In: Dreidax, Franz et al. (o.J.): Der Gärtnerhof. Ein Siedlungsziel für tüchtige Landleute und Gärtner. Verlag Br. Sachse, Hamburg. S. 2.

3 Kohr, Leopold (2017): Das Ende der Großen – Zurück zum menschlichen Maß. Otto Müller Verlag Salzburg/Wien, 4. Aufl. 343 S.

4 Kohr, Leopold (2017): Das Ende der Großen, S. 37.

5 Schumacher, Ernst Friedrich (2019): Small is beautiful. Die Rückkehr zum menschlichen Maß. Oekom verlag, München (Erstauflage der englischen Originalausgabe 1973). 320 S.

6 Illich, Ivan (1978): Fortschrittsmythen. Rowohlt Verlag, Reinbek. 140 S., S. 111.

7 Schorlemmer, Friedrich (1982): Eines Tages / als wir erwachten / war alles verändert. In: Die Erde ist zu retten. Kirchliches Forschungsheim Wittenberg, 1982. Vollständig dokumentiert in: Beleites, Michael (2016): Dicke Luft. Die unabhängige Umweltbewegung in der DDR. Evangelische Verlagsanstalt, Leipzig. S. 246–248.

8 Heute wird die Siedlerbewegung oft als »völkisch« diffamiert. Unter dem Vorwand, eine politische Vereinnahmung der Umweltbewegung, des Naturschutzes und des Ökolandbaus von rechts zu verhindern, wird derzeit vielerorts die politische Vereinnahmung der Umweltbewegung, des Naturschutzes und des Ökolandbaus von links bzw. pseudolinks betrieben. In den entsprechen-

den Propagandaschriften wird der Begriff »Siedler« mit dem Attribut »völkisch« verknüpft und – sachlich unzutreffend – sowohl historisch als auch aktuell als rechtsextrem verortet: »Mit den Siedler*innen ist außerdem eine rechtsextreme Gruppierung benannt, die sich an der Idee der nationalsozialistischen Volksgemeinschaft orientiert [...].« – so die Vorab-Dämonisierung einer möglicherweise erst entstehenden ländlichen Siedlerbewegung in der von der Heinrich-Böll-Stiftung Thüringen 2020 herausgegebenen Broschüre »Naturliebe und Menschenhass. Völkische Siedler*innen in Thüringen, Sachsen, Sachsen-Anhalt, Hessen und Bayern« (S. 44). Das 2019 beim Ch. Links Verlag erschienene Buch »Völkische Landnahme. Alte Sippen, junge Siedler, rechte Ökos« benutzt ebenfalls den Siedler-Begriff zur Feindbild-Konstruktion.

9 Schwarz, Max Karl (1933), S. 92

10 Ebenda.

11 Vgl.: Beleites, Michael (2020): Lebenswende. Degeneration und Regeneration in Natur und Gesellschaft. Manuscriptum Verlagsbuchhandlung, Lüdinghausen und Neuruppin. 277 S.

12 Schwarz, Max Karl (1933): Ein Weg zum praktischen Siedeln. Pflugschar-Verlag Düsseldorf. 136 S., S. 24ff.

13 Ebenda, S. 26.

14 Ebenda, S. 27f.

15 Paech, Niko (2012): Befreiung vom Überfluss. Auf dem Weg in die Postwachstumsökonomie. oekom verlag München. 155 S., S. 146 und 151.

16 Schwarz, Max Karl (1933): Ein Weg zum praktischen Siedeln. Pflugschar-Verlag Düsseldorf. 136 S., S. 14.

17 Ebenda, S. 85f.

18 Ebenda, S. 11f und 27.

19 Schwarz, M. K. & Gutschow, A. (o. J.): Der Gärtnerhof. Ein Siedlungsziel für tüchtige Landleute und Gärtner. (Der Gärtnerhof I). Verlag Br. Sachse, Hamburg. 20 S., S. 7.

20 Dreidax, Franz (o.J.): Vorwort in: Schwarz, M. K. & Gutschow, A. (o. J.), S. 1.

21 Ebenda, S. 2.

22 Schwarz, Max Karl (o.J.): Das Wesen des Gärtnerhofes. Sein Standort und seine Anwärter. In: Dreidax, Franz et al. (o.J.): Der Gärtnerhof. Ein Siedlungsziel für tüchtige Landleute und Gärtner. Verlag Br. Sachse, Hamburg. S. 2.

23 Haller, Wolfgang v. (1974): Auf dem Wege zum Gärtnerhof. In: von Haller, W./Hrsg. (1974): Der Gärtnerhof. Eine Betriebsform eigener Art im Gefüge der Landschaft. Langenburg: 43–47., S, 43f. In: Haller, W. v./Hrsg. (1974): Der Gärtnerhof. Eine Betriebsform eigener Art im Gefüge der Landschaft. Langenburg. 51 S.

24 Ebenda.

25 Ebenda, S. 46.

26 Ebenda, S. 47.

27 Bartsch, H. (1961): Dr. Erhard Bartsch. Gedenken an den Mitbegründer der biologisch-dynamischen Landwirtschaft. Ein Lebens- und Wirkensbild. Lebendige Erde (Darmstadt), 12: 1–8, S. 4.

28 Bennholdt-Thomsen, Veronika (2010): Geld oder Leben. Was uns wirklich reich macht. oekom verlag, München. 93 S., S. 9.

29 Ebenda, S. 77.

30 Berry, Wendell (2016): Körper und Erde. Essay über gutes Menschsein. thinkOya, Drachen Verlag, Klein Jasedow. (Originalausgabe »The Body and the Earth« 1977). 95 S., S. 85.

31 Beleites, Michael (2014): Umweltresonanz. Grundzüge einer organismischen Biologie. Telesma-Verlag Treuen-

brietzen / Neuauflage im Manuscriptum Verlag 2020, S. 518 u. 601. Und: Beleites, Michael (2016): Land-Wende. Raus aus der Wettbewerbsfalle. Metropolis-Verlag, Weimar bei Marburg. Reihe »Agrarkultur im 21. Jahrhundert« der Schweisfurth Stiftung. 2016. S. 160ff.

32 Beleites, Michael (2006): Ein Impuls für die Kulturlandschaft? Das Gärtnerhof-Konzept aus der Naturschutzperspektive. Natur und Landschaft, 8/2006, S. 400–407.

33 Hoof, Thomas (2016): Zeit für pragmatische Reaktionäre. Sezession 74, Oktober 2016, S. 18–25, S. 25.

I.

MAX KARL SCHWARZ: EIN WEG ZUM PRAKTISCHEN SIEDELN (1933)

Zur Einführung

Schon während des Krieges als Soldat war in mir das Interesse für die Urbarmachung von Ödland und damit auch für das Siedeln geweckt worden. Wie bei vielen Soldaten, die nach Kriegsende aus dem Felde kamen, lebte auch in mir die Sehnsucht, Land zu bearbeiten, es zu ersiedeln und darauf mein Auskommen zu finden. Doch erst geraume Zeit später ergab sich für mich die Gelegenheit, zunächst theoretisch in einen bestimmten Zweig der Siedlungsarbeit hineingestellt zu werden, woraus sich bald eine eigene Siedlerpraxis erschloß. So konnte ich hinreichende theoretische und praktische Erfahrungen im Siedeln sammeln.

Erst jetzt aber sehe ich für mich eine Berechtigung, meine Erfahrungen mitzuteilen, nachdem ich vor neun Jahren gleich mit Beginn des Siedlungsaufbaues die damals von Dr. Rudolf Steiner gegebenen Anregungen für Landwirte und Gärtner mir zunutze machen durfte. Es waren die gleichen Anregungen, aus denen sich allmählich die biologisch-dynamische Wirtschaftsweise entwickelte. Die Richtlinien dieser Wirtschaftsweise ergaben sich als grundlegend für den Siedlungsaufbau, und sie erwiesen sich sogleich als erfolgreich, besonders in der schnellen Erreichung einer guten Bodengare. Heute ist es schon in weiten Kreisen bekannt, daß die biologisch-dynamische Wirtschaftsweise in Landwirtschaft und Gartenbau von Jahr zu Jahr steigende Erfolge zu verzeichnen hat, nicht nur in Bezug auf Mengenerträge, sondern vielmehr auch auf gute Qualität.

Mit Hilfe dieser biologisch-dynamischen Wirtschaftsweise ist nach meiner Ansicht schnell und entscheidend die Lage im Siedlungswesen zu verbessern, die gerade heute vielfältige Schwierigkeiten und Fragen zu lösen aufgibt.

Trotz aller Neigung zum Siedeln wurde es mir zur Erkenntnis, daß im Siedeln selbst nur eine Nothilfe besteht, um aus der Kulturwüste herauszugelangen, die sich als Zerfall menschlicher Gemeinschaft, als kultureller und finanzieller Zusammenbruch zeigt. Dieser völlige Zusammenbruch zwingt dazu, beinahe denselben primitiven Siedlungsweg zu wählen, wie ihn der Überseekolonist heute noch begeht, er allerdings unter viel aussichtsvolleren Wachstumsbedingungen. Aus der biologisch-dynamischen Wirtschaftsweise heraus kann indessen eine Möglichkeit aufgezeigt werden, wie dieses Siedeln in kultivierterer Form vorgenommen werden kann, wie sich der Aufbau danach sicher und erfolgreich vollzieht und wie in verhältnismäßig kurzer Zeit der Boden fruchtbar zu gestalten ist. Das allein soll die Aufgabe dieser Schrift sein.

Siedlungswillige und -freudige gibt es heute viel; indessen können nicht alle, die aus dem Arbeitsprozeß ausgeschlossen sind, siedeln. Auch hier ist es nur eine beschränkte Zahl, die aus dem großen Heer der Arbeitslosen an eine solche Tätigkeit gelangen kann.

Jung und Alt unter den beschäftigungslosen Arbeitswilligen verfolgen gespannt die Anordnungen und Verfügungen, die gewaltigen Pläne und Arbeitsbeschaffungsprogramme, die jetzt vom Staat aufgestellt werden und die in ihnen die Hoffnung erwecken, endlich wieder und zwar in Kürze in ein Arbeitsverhältnis zu gelangen. Bei diesen Planungen für die Arbeitsbeschaffung spielt das Siedlungsvorhaben eine wesentliche Rolle. Kein Wunder, wenn ein Großteil der Arbeitswilligen fortwährend Überlegungen anstellt, wie er mit Hilfe des Siedelns wieder in eine brotschaffende Tätigkeit hineingelangen kann. Noch steht alles von den gewaltigen Arbeitsbeschaffungsprogrammen auf dem Papier. Die darin festgehaltenen Gedankengänge sind mehr allgemeiner Natur und zur Zeit noch nicht so weit durchgereift, daß ein jeder

Arbeitswillige den Weg finden kann, der ihn ohne allzu große Enttäuschungen in die Siedlungstätigkeit hineinstellt.

Um den verschiedenartigen Siedlungswilligen von vorn herein den für sie geeignet erscheinenden Weg zu weisen und ihnen Gelegenheit zu geben, sich selbst in die ihnen passende Art von Siedlern einzureihen, sei vor Eingehen in die technischen Erörterungen dieser Schrift einiges über die Siedlungsarten vorweggenommen.

Die Stadtrandsiedlung wird wohl noch dahin einen Ausbau erfahren, daß in ihr für den Siedler die Möglichkeit einer weitgehenden Selbstversorgung an Gemüsen und Früchten besteht. Diese Siedlungen, die unmittelbar am Stadtrand liegen, kommen für die Arbeitslosen und diejenigen Arbeiter und Angestellten in Frage, die auf lange Zeit hinaus keine Vollbeschäftigung in Industrie- und Handelsunternehmen finden können. Einen Teil ihrer großen Freizeit sollten daher diese Leute benutzen, um für sich und ihre Familien weitgehend die Selbstversorgung zu schaffen. Solange die Arbeiter und Angestellten arbeitslos sind, bedürfen sie trotz ihrer nahrungschaffenden Siedlungsstätte noch einer gewissen Arbeitslosenunterstützung.

Der Entwicklungsgang des jungen arbeitslosen Menschen zu einer Siedlungstätigkeit hin würde etwa so erfolgen, daß er zunächst als eine Art Siedlerlehrling eine Zeitlang die siedlungswilligen Älteren bei ihrem Siedlungsaufbau unterstützt. Nachdem er so die ersten Erfahrungen gesammelt hat, würde für ihn eine Schulung in Lehrsiedlungsstätten oder auf Siedlerschulen in Frage kommen. Als Siedlergehilfe würde er diese verlassen und sodann zur weiteren Erfahrungssammlung noch einige Jahre beim Aufbau von Siedlungen und im laufenden Siedlerbetrieb tätig sein. Erst dann dürfte er die Schulung genossen haben, die unbedingt notwendig ist, um eine Vollerwerbssiedlerstelle erfolgreich aufzubauen und zu bewirtschaften.

Anders liegt der Fall bei jungen Gärtnern und Landarbeitern, die eine gründliche gärtnerische oder auch landwirtschaftliche Vorbildung genossen haben. Diese würden schon nach einer kurzen Tätigkeit als Siedlergehilfe die Fähigkeit erlangt haben, um in den Aufbau einer größeren Siedlung eingeschaltet und dort als Vollerwerbssiedler eingereiht zu werden.

Für den siedlungswilligen, arbeitslosen älteren Familienvater, der z. B. als Fabrikarbeiter abgebaut wurde und mittellos und unterstützungsbedürftig dasteht, ist der Eintritt in die Siedlertätigkeit etwas schwieriger. Wohl stehen ihm reichere Lebenserfahrungen zu Gebote, aber Fachkenntnisse besitzt er ebenso wenig wie der junge Siedlungswillige. Eine eigentliche strenge Lehrlingstätigkeit kann man ihm nicht zumuten; aus diesem Grunde wird für ihn kaum eine andere als die Stadtrandsiedlung in Frage kommen.

Je nach dem Grad einer Kurzarbeit als Angestellter oder Arbeiter und den bereits erlangten Kenntnissen in kleinbäuerlichem oder gärtnerischem Anbau kann von dem Siedlungswilligen und seiner Familie eine kleinere oder größere Nebenerwerbssiedlung betrieben werden, die über die Selbstversorgung hinaus noch Spezialkulturen zur weiteren Erwerbsmöglichkeit anbaut.

In den allermeisten Fällen werden dem Siedlungswilligen nicht die Mittel zur Verfügung stehen, um den Aufbau einer Siedlerstätte tragen oder wenn die Mittel auf privatwirtschaftlichem Wege beschafft werden, diese normalerweise verzinsen zu können. Der Staat, die Länder oder Kommunen sind daher gezwungen, Mittel für den Aufbau von Siedlungen bereit zu stellen. Die Mittel sollten jedoch nicht wie bisher von vorn herein voll für den Hausbau von Siedlungen eingesetzt werden, vielmehr sollte ein wesentlich größerer Teil derselben als bisher für den Aufbau der

Siedlung selbst, d.h. zur Einrichtung der Ländereien und ihrer Bewirtschaftung, Verwendung finden. Statt eines Wohnhauses soll der Siedler zunächst eine sogenannte Bauzeitwohnung bewohnen, und erst wenn er gezeigt hat, daß er imstande ist, das ihm überlassene Stück Land ordnungsgemäß und erfolgreich zu bewirtschaften, werden ihm die zurückgestellten Mittel für den Hausbau gewährt. Alle Siedlungen, ganz gleich, ob es sich um Stadtrandsiedlungen, Nebenerwerbs- oder Vollerwerbssiedlungen handelt, müssen dieses Aufstiegsprinzip als Grundlage haben, wenn sie wirklich erfolgreich aufgebaut und betrieben werden sollen.

Vielerorts könnte durch Verfolg der Siedlungsbestrebungen, soweit sie nur Selbstversorgung zum Ziel haben, eine große soziale Aufgabe ihrer Lösung zugeführt werden. Diese durch Siedeln erreichte Selbstversorgung erlaubt es nämlich, den Gedanken zu pflegen, daß die heute in den verschiedenen Unternehmungen Vollbeschäftigten nur halbschichtig arbeiten und dann doch ihr Auskommen haben können und dadurch die bisher Arbeitslosen auch wieder halbschichtig zu arbeiten vermögen und ebenfalls durch Siedlertätigkeit zur Selbstversorgung kommen. Diese aus einem sozialen Empfinden und der heutigen Notzeit erwachsene Forderung könnte allein schon durch die Einrichtung von Stadtrandsiedlungen erfüllt werden, wenn in diesen die Bodenbewirtschaftung die Grundlage bildet.

Im nachfolgenden heißt es, erst volle Einsicht über den Begriff »Siedeln« zu finden, hierauf die Wirtschaftsweise kennenzulernen, mit deren Hilfe praktisch und erfolgreich gesiedelt werden kann und dann erst soll der zu beschreitende Weg für das »Praktische Siedeln« aufgezeigt werden.

Was bedeutet Siedeln

Das ist der Weisheit letzter Schluß:
Nur der verdient sich Freiheit wie das Leben,
Der täglich sie erobern muß.
Und so verbringt, umrungen von Gefahr,
Hier Kindheit, Mann und Greis sein tüchtig Jahr.
Solch ein Gewimmel möcht' ich sehen.
Auf freiem Grund mit freiem Volke stehn.
Goethes *Faust* II. Teil, 5. Akt

Was ist Siedeln? – Heute etwas, woran sich viele Menschen klammern, die aus dem Arbeitsprozeß ausgeschlossen sind und solche, die zur Einsicht darüber kommen, daß der Einbruch von Technik und Industrie in der herausentwickelten Höchstform in den Arbeitsprozeß der Landwirtschaft diesen allmählich völlig lahmzulegen droht. In allen Tageszeitungen finden sich spaltenlange Ausführungen über das Siedeln mit Verfügungen über allerlei Maßnahmen zur Siedlungstat hin. Fachzeitschriften aller Art geben Winke und Ratschläge, wie das Siedeln praktisch durchgeführt werden könnte. Behörden, Baugesellschaften, Bankinstitute entwerfen großzügige Pläne für Landaufteilungen, bringen Häusertypen heraus, die denkbar billig und wirtschaftlich in ihrer Erstellung sein sollen, schaffen scharf durchkalkulierte Finanzierungspläne. Beachtet man das, was von Regierungsseite alles in bezug auf das Siedeln vorgeschlagen, geplant und zum Teil schon in die Tat umgesetzt wird, so erkennt man, daß gerade an das Siedeln eine ungemein große Hoffnung geknüpft wird, um aus den trostlosen wirtschaftlichen Zuständen herauszukommen. Im Siedeln sieht man so etwas wie einen Rettungsanker. Aus dem Siedeln heraus soll sich alles entwickeln, was die

Wirtschaft wieder in Gang bringen kann. Technik, Industrie, das Bauhandwerk, alles klammert sich an die Verheißungen, die an das Siedeln geknüpft sind.

Sind diese Hoffnungen, die man für das Siedeln hegt, berechtigt? – Das, was man im allgemeinen über das Siedeln hört, erscheint in sich wenig geklärt und geordnet und macht es erforderlich, den Begriff »Siedeln« naher zu erläutern. Das kann nun nicht anders geschehen, als daß man das Siedeln und seine Bedeutung aus einer gewissen Rückschau heraus erlebt.

Diese Rückschau könnte sehr weitgehend geübt werden, und es wäre dabei leicht festzustellen, daß Siedeln etwas war, das die Menschen in vorgeschichtlicher Zeit schon beschäftigte. Siedeln ist also ein uralter Begriff und hat von jeher nichts anderes bedeutet als die Besitzergreifung des Bodens, als das Beherrschen seiner Kräftewirksamkeit zur Nahrungserzeugung für Mensch und Tier. Es würde zu weit führen, immer wieder zu verfolgen, wie durch das Siedeln als Kulturmaßnahme die heutige Landwirtschaft auf der Erde allmählich erstand. In Europa sind es nur kleine Landstriche, wo die Natur noch sich selbst überlassen ist und die Landschaft gestaltet, die heute in ihren sonstigen Teilen eine einzige große Landwirtschaft darstellt. Siedeln war also der Weg, die sich selbst überlassene Landschaft allmählich in eine Landwirtschaft zu verwandeln. Diese Feststellung führt in das Paradoxe hinein, nämlich, daß einerseits die Landwirtschaft allenthalben auf der Erde einen Höhepunkt erreicht hat, der mithalf, den Zusammenbruch der Weltwirtschaft zu bewirken und andererseits mit die Veranlassung bildete, daß der Siedlungsgedanke wieder wachgerufen wurde, also Landwirtschaft dort zu treiben, wo sich zurzeit keine befindet, oder nur eine solche, die in schlechtem Zustand ist. Ganz offenbar hatte man das Siedeln, als es als Hilfsmaßnahme gegen den Zusammenbruch vorgeschlagen wurde, nicht mehr in seiner wirklichen Bedeutung erkannt, nämlich daß Siedeln der Weg zur Landwirtschaft hin ist.

Die vor dem Kriege ungemein rasche Entwicklung der Technik und damit auch der Industrie, der bedeutsame Absatz von Industrieprodukten von Mitteleuropa, besonders aber von Deutschland nach dem Ausland, nach allen Erdteilen hin, hat große Geldmittel nach Mitteleuropa, besonders eben auch nach Deutschland fließen lassen. Diese Geldmittel dienten wenigstens in Deutschland in einem nicht unbedeutenden Teil dazu, die Lebensansprüche in allen Volksschichten zu steigern. Die angespannte Tätigkeit in den Fabrikbetrieben, in Lagerräumen, in Kontoren erweckte im Menschen die Sehnsucht, der immer mehr mechanisch werdenden Arbeitsverrichtung ein gewisses Gegengewicht zu bieten. Die Freizeit sollte durch erholende Betätigung im Freien ausgeführt werden, die sich einmal im Sport und zum anderen in der Land- und Gartenwirtschaft auswirkte. Dieser Drang, die Erholung draußen zu suchen, fand überall freudig Gehör und Berücksichtigung. Die Kommunen schufen Parkanlagen und Sportplätze, durchsetzten Städte mit Grünflächen und erschlossen große Gebiete durch Freihalten für die Schreber-, Kleingarten- und Gartenstadtbewegung zu einer Art Kulturgürtel, der den Stadtbann einzurahmen begann. Dies alles war ein Geschehen aus einer Art Überschußwirtschaft heraus, die es gestattete, größere Lebensansprüche zu stellen und diese auf die geschilderte Weise zu befriedigen. Dies war auch die Zeit, in der sehr viele Menschen vom Lande weg in die Stadt zogen, um dort bessere Verdienstmöglichkeiten durch eine Tätigkeit in der Industrie zu finden. Die Industrie wiederum hatte dadurch eine Möglichkeit, sowohl sich selbst als auch der Landwirtschaft, die sich von Menschen entblößt sah, durch den Bau und den Einsatz von Maschinen für den Landbau zu helfen.

Die ungemein rasche Entwicklung der Industrie und der Zuzug der Menschen in die Städte bedingte die Unterbringung vieler Menschen in kasernenmäßigen Gebäuden, weil durch das Wachstum der Städte auf Grund der Industrieentwicklung und -ausdehnung die Bodenpreise in den Städten und ihrer nächsten Umgebung außerordentlich hoch getrieben wurden. Die teuren Bauplätze mußten durch vielgeschossige Häuser entsprechend genutzt werden. Kein Wunder, daß gegen die Bodenspekulation und gegen das Zusammenpferchen vieler Menschen in enge und ungesunde Wohnräume eine Bewegung hervorgerufen wurde, die sich nach vielerlei Richtungen hin gliederte, und die wir vor dem Kriege besonders in den Bodenreform-, in den Gartenstadt-, in den Heimstätten- und Eigenheimbewegungen kennenlernten. Die hohen Bodenpreise in den Städten selbst und ihrer unmittelbaren Umgebung zwangen die Mitglieder dieser Bewegungen, weiter draußen ihre Ziele zu verfolgen; so bildeten sich um die Städte herum allmählich sogenannte Siedlungen.

Hier taucht zum ersten mal wieder der Begriff »Siedeln« auf, aber nun in einer Form, die eine starke Abwandlung gegenüber der Ursprünglichkeit dieses Begriffes erfahren hat. Das Herausgehen aus dem engeren Wohnbezirk in die weitere Umgebung der Stadt, um dort zu wohnen, um dort einen Garten zu haben, das schon wurde Siedeln genannt. Die Ausdehnung dieser Bewegung war hoch im Gange, als der Krieg ausbrach und zunächst ihre Weiterentwicklung hemmte. Erst der Verlauf des Krieges und die sich daraus ergebenden Nahrungssorgen der Bevölkerung veranlaßten viele Menschen, das Stückchen Land, das sie als Schreber-, Klein- oder Hausgarten besaßen, auf das bestmögliche durch den Anbau von Nahrungspflanzen zu nutzen. Überdies versuchten viele, Land zu pachten, wo es nur ging, und wenn es nur ein Stück Ödland war. Mit viel Fleiß und Liebe war es in kurzer Zeit in einen fruchtbaren Boden verwandelt.

Während in Deutschland die Not und die Sorge um Nahrung am höchsten stieg – das war die Zeit unmittelbar nach dem Kriege –, wurde von einem Gartenfachmann ein Büchlein verfaßt, das viele Menschen aufhorchen ließ und die Gärtnerwelt in Staunen versetzte. Es war das Büchlein von Leberecht Migge »Jedermann Selbstversorger«. Der Sinn dieses Büchleins war der, nachzuweisen, daß es möglich ist, durch »intensiven« Gartenbau auf hundert Quadratmeter Land die pflanzliche Selbstversorgung für einen Menschen zu erzeugen. Die Fachwelt lehnte sich gegen den Inhalt dieses Büchleins auf. Man mag dazu stehen wie man will, jedenfalls war es eine kühne, mutige Tat, die zu vielen weiteren Überlegungen Anlaß gab, wie man aus der allgemeinen Not herauskommen könnte. Dieses Büchlein bildete dann auch die Grundlage für die weitere Tätigkeit Leberecht Migges, der sich gerade diesem Gebiete mit größtem Eifer widmete. Der Untertitel von »Jedermann Selbstversorger« hieß ja »Eine Lösung der Siedlungsfrage durch den neuen Gartenbau«.

Die Not während der letzten Kriegsjahre und unmittelbar danach, die besonders in der Ernährung der Bevölkerung in Deutschland bestand, hat den Menschen eigentlich ganz unbewußt den Begriff »Siedeln« wieder nahegebracht. Sie haben überall begonnen, das Land, das nicht einer regelmäßigen Bodenbewirtschaftung unterlag, wieder zu erobern, das heißt neu zu bewirtschaften und fruchtbar zu gestalten. Diese mehr wild und nicht organisiert betriebene Siedlungs- und Bodenwirtschaft veranlaßte damals Leberecht Migge, als den einzigen Fachmann, großzügige Pläne für eine Siedlungswirtschaft zu entwickeln, die naturgemäß von den Städten auszugehen hatte.

An Hand des »Kulturgürtel Kiel«, einer Projektentwicklung, wurde gezeigt, wie die Stadt der geeignete Wirtschaftskörper ist, das Land in ihrer unmittelbaren Umgebung mit allem zu versorgen, was der intensive Gartenbau fordern kann. Die ganzen Abfälle einer Stadt dienen nach einer geeigneten Umwandlung als »wertvolle« Dünger. Die Stadt spendet das Wasser, den Schutz der Kulturen, die Maschinen zur Bodenbearbeitung und die Transportmöglichkeiten für die Dungstoffe und Ernte. Kämen alle Städte dazu, ihre kommunale Abfallwirtschaft so zu betreiben, daß dadurch wertvolle Nahrungsmittel erzeugt werden, so wäre es möglich, durch diese Art Binnenkolonisation eine Selbstversorgung in Deutschland zu erreichen. Zu solchen Schlüssen kam Leberecht Migge bei der Weiterverfolgung seiner Pläne.

In der Vertretung dieser Ansichten, die da und dort bei den verantwortlichen Stellen der Stadtverwaltungen Gehör fanden, von denen einige sogar an die Verwirklichung der Miggeschen Idee herantraten, stand Leberecht Migge als Fachmann allein. Es muß hierbei festgestellt werden, daß er damals mit seiner Idee sehr nahe an das echte Siedeln herankam. Die Bewilligung sehr großer Auslandskredite an die deutsche Wirtschaft und die gleichzeitig gewaltig einsetzende Nahrungsmitteleinfuhr ließ jedoch die von Leberecht Migge immer wieder aufs neue hartnäckig vertretenen Ideen nicht durchdringen. Diese wurzelten hauptsächlich in zwei grundlegenden Begriffen: der eine ist in folgendem Kernsatz erfaßt: »Siedeln heißt Bodenbewirtschaftung« und der andere lautet: »Einschränkung des Verbrauchs zugunsten der Steigerung der Erzeugung«.

Für beide Richtsätze bestand damals kein Sinn mehr. Geld und Nahrungsmittel standen vorerst zu reichlich zur Verfügung, und die Entbehrungen der Jahre gegen das Kriegsende und unmittelbar nach dem Kriege schienen endgültig abgetan und aufgewogen zu sein; dies bekundete die Entfaltung größerer Ansprüche. Die baulose Zeit während des Krieges hat es zu Kriegsende mit sich gebracht, daß allenthalben eine große Wohnungsnot entstand, für deren Bekämpfung Staat, Behörden und auch die Privatwirtschaft sich mit allen Mitteln einsetzten. Wie ehedem vor dem Kriege durch den Zuzug vieler Menschen in die Städte bereits eine Art Wohnungsnot entstand und daraufhin die nachträglich heftig bekämpften kasernenmäßigen Bauten entstanden, so drohte jetzt wiederum nach dem Kriege die Gefahr, in denselben Fehler zu verfallen und die Wohnungsnot durch Errichtung von Wohnkasernen zu beheben. In den Eigenheim-, Heimstätten- und Gartenstadtbewegungen entfaltete sich jedoch neues Leben. Mit aller Wucht stemmten sie sich gegen solche Absichten und hatten dabei auch teilweise Erfolg. Wiederum tauchte jetzt der Begriff »Siedeln« auf und zwar wie in der Vorkriegszeit als Lösung der Wohnungsfrage. Doch gestaltete sich die Grundlage für eine solche Siedlungsauswirkung völlig anders, als sie vor dem Krieg bestand.

Damals wurde aus einer Überschußwirtschaft heraus das Wohnsiedeln bestritten. Nach dem Kriege jedoch bestanden die Mittel zur Durchführung des Wohnsiedlungsprogrammes nur aus Schulden, die in der Beanspruchung der ausländischen Kredite, namentlich der amerikanischen, durch staatliche und städtische Behörden gemacht wurden. Man kann mit Recht sagen, daß man aus dem Kriege und der Not kaum irgendwelche Lehren zog und einfach die Bauprogramme von 1914 nach dem Kriege fortsetzte, ja, sie in manchem, besonders was die Bequemlichkeit in den Wohnungen betrifft, noch um ein bedeutendes steigerte. Erst nachdem ein wenig Abstand von dem seinerzeitigen Geschehen gewonnen ist, kann die Auffassung vertreten werden, daß diese Art der Erfüllung üppiger Wohnprogramme mehr einen politischen Zweck hatte. Die ganzen Jahre bisher waren eine Scheinblüte wirtschaftlichen Aufschwungs, die in vieler Beziehung auch auf der Durchführung der früheren Bauprogramme gründete. Kurz zusammengefaßt darf noch einmal gesagt werden, daß alles Siedeln nach dem Kriege mehr oder weniger der Ausführung der Bauprojekte galt, die wiederum aus der Wohnungsnot helfen sollten.

An eine wirkliche Bodenbewirtschaftung war dabei kaum gedacht. Zwar wurde darüber viel geschrieben und viel gestritten, vor allem von jungen Menschen, die aus der Jugendbewegung hervorgingen, aber auch von vielen Soldaten, die aus dem Felde heimkehrten und eine große Verbundenheit mit der Natur und dem Boden mit nach Hause brachten. Es wollten viele siedeln und viele Siedler wurden auch angesetzt. Die Soldaten hatten im Felde die Erfahrung gewonnen, daß man nötigenfalls doch unter allerbescheidensten Umständen noch zu wohnen vermag, dabei gesund bleibt und zunächst den Boden zu bewirtschaften hat, bevor der Lösung der eigentlichen Wohnungsfrage nähergetreten werden kann. War es Mangel an Gemeinschaftsgeist, fehlten die Kenntnisse zur Bodenbewirtschaftung oder was war es, daß bei vielen die so mutig und freudig begonnene Siedlungsarbeit ermattete und wie im Sande verlaufen ließ? – Fehlten etwa die Mittel zum Siedeln? – Überall, wo man hinschaute und echtem Siedeln nachspürte, geschah dies ohne wesentlichen Einsatz von Mitteln; also daran konnte es nicht liegen.

Um zu einer Einsicht zu gelangen, ist es notwendig, daß wir das Geschehen vor unserer Zeit noch weiter betrachten. Es ist schon gesagt worden, daß dieser wirtschaftliche Aufschwung bis vor zwei Jahren eine Scheinblüte darstellte. Die gewaltige Entwicklung der Technik und mit ihr die der Industrie hat es mit sich gebracht, daß die einzelnen Länder in einer Weltwirtschaft unter sich verbunden sind. In jedem Lande war der Wunsch entfacht, möglichst viel zu erzeugen, um daraus die Mittel zu gewinnen, sich allmählich wieder aus der Weltwirtschaft loslösen zu können. Die Technik bot dazu eine glänzende Hilfe. Sie machte es möglich, in kurzer Zeit in den einzelnen Warengattungen größte Massen anzufertigen, so daß es sehr schnell in einzelnen Ausfuhrländern zu einer Überproduktion und damit zur Aufstauung der Waren kam. Diese Aufstauung der Waren hatte als Folgeerscheinung die allmähliche Stillegung großer Industriezweige in den meistproduzierenden Ländern.

Immer mehr Arbeiter wurden dadurch aus dem Arbeitsprozeß herausgelöst und fielen der Arbeitslosigkeit anheim. Trotzdem in vielen Industriezweigen die Arbeitslosigkeit schon seit einigen Jahren eingetreten ist, wird noch von manchem die Hoffnung nicht aufgegeben, daß alle diese Menschen wieder in die Industriearbeit eingeschaltet werden können. In vielen der Arbeitslosen aber lebt die dumpfe und nur zu begründete Ahnung, daß es ein Zurück in die früheren Verhältnisse kaum geben wird. Die geringen Unterstützungen reichen kaum aus, um die notwendige Nahrung beschaffen zu können.

Sehr viele Arbeitslose werden zum Nachsinnen veranlaßt über die Verhältnisse, in denen sie stecken und deren Opfer sie geworden sind. Sie erkennen, daß sie auf Selbsthilfe angewiesen sind, welche in vielerlei Art für sie bestehen kann. In solchen, die einst des höheren Lohnes, der scheinbar besseren Lebensverhältnisse und der kürzeren Arbeitszeit wegen vom Lande zur Stadt gewandert sind, wird manches aus ihrem früheren Erleben wachgerufen. In ihrem Erinnern sehen sie sich auf dem Felde den Pflug führend, die Hacke schwingend, und wie in einem Ahnen steigt in ihnen die zeugende Kraft des Bodens auf. Sie wissen plötzlich, daß es der Boden ist, der überall zu schenken vermag, wenn man nur weiß, wie man ihn zu betreuen hat.

Aber das ist es ja gerade, was einen mit so ungeheurem Bangen erfüllt im Anblick dessen, wie sich uns heute die Landwirtschaft und der Gartenbau darstellt. In der Landwirtschaft und dem Gartenbau ist ein Gipfelpunkt in den Bewirtschaftungsmethoden erreicht worden, der zu riesenhaften Massenerzeugungen führte, und wiederum stehen wir dadurch vor einem Widerspruch. Trotz dieser gewaltigen Massenerzeugung an Nahrungsmitteln hungern viele Menschen in Landgebieten, und Armut ist in weiten Volksschichten fast aller Länder der Erde eingetreten. Gerade hier gilt es, der Ursache näherzukommen und dabei zu verfolgen, welche Wandlungen in der Landwirtschaft und im Gartenbau während der letzten dreißig bis fünfzig Jahre vor sich gegangen sind. Es ist selbstverständlich, daß doch aus der Landwirtschaft und dem Gartenbau alle Anweisungen für das Siedeln erwachsen, für ein Siedeln, wie es heute allerorts in Vorbereitung steht und wie es die Siedler selbst aus den Richtlinien fordern, welche der Staat bzw. die Regierung den Erfahrungen der gegenwärtigen Landwirtschaft und des Gartenbaues entnahmen.

Wie steht es aber mit der gegenwärtigen Landwirtschaft und dem Gartenbau? – Für sie bedeutet die Erreichung des Gipfelpunktes in der Massenerzeugung zugleich den wirtschaftlichen Ruin. Dies kann uneingeschränkt überall dort behauptet werden, wo die sogenannten Intensivmethoden zur Massenerzeugung im vollen Umfang angewandt wurden. Mit dem Begriff »intensiv« geht es genau so wie mit dem Begriff »Siedeln«. Er wird für Dinge heute dort häufig eingesetzt, die gar nichts mit der ursprünglichen Bedeutung dieses Wortes zu tun haben.

Was heißt intensiv bzw. intensiv wirtschaften? Es heißt durchdringend, eingehend und gründlich sein, hat aber zur Voraussetzung, daß das, was durchdrungen werden soll, auch eingehend erkannt wird. Ein Erkennen fordert gründliche Forschung nach allen Seiten hin in bezug auf das zu erforschende Objekt. Finden wir bei den heutigen sogenannten Intensivmethoden eine solche Gründlichkeit nach allen Seiten hin angewandt? – Die Intensivmethoden, welche in der Landwirtschaft und im Gartenbau heute betrieben werden, sind auf ein Lebendiges angewandt und zwar in einer Form, die man als einseitig und grob bezeichnen muß, so einseitig und grob, daß selbst der beste Boden allmählich in seiner Lebenskraft geschwächt wird, wie sich das überall durch die verschiedensten Erscheinungen bemerkbar macht, wie in der Bodenversäuerung, in der in der Bodenverkrustung, der Bodenmüdigkeit und ihrer Folgeerscheinung auf die Kulturpflanzen in Form von Anfälligkeit gegenüber pilzlichen und tierischen Schädlingen, Widerstandslosigkeit gegenüber Witterungseinflüssen und schließlich im Mangel an Nährkraft.

Wer nun im Sinne der Landwirtschaft und des Gartenbaues von heute ein schlechter Wirtschaftler ist, über den man sich wegen seiner nachlässigen Bewirtschaftung noch vor nicht langer Zeit lustig machte, und der nicht die ganze Maschinerie und den Kunstdünger in seinem Betrieb anwendete, vermochte es in den meisten Fällen, sich noch eben durch diese schlimmen Wirtschaftszeiten hindurchzubringen und vor dem Ruin zu bewahren. In diesem Fall wird von einer extensiven Bewirtschaftung gesprochen. Hier soll durchaus nicht etwa dieser Bewirtschaftungsart das Wort geredet werden. Es soll vielmehr nur dargetan werden, wie der extensiv Wirtschaftende nicht die großen Nachteile der sogenannten Intensivmethoden zu tragen hat, welche mit den Jahren und nach dem heutigen Erfahrungstand vielfach die Vorteile überwiegen, und zur Zeit besser abschneidet, als der Intensivlandwirt, der alles willig hinnahm, was ihm die Industrie an Maschinen und Kunstdüngermitteln empfahl, um intensiv zu sein. Intensiv sein im heutigen Sinne der Landwirtschaft und des Gartenbaues heißt nämlich, weitgehend die Technik und Chemie für die Bewirtschaftung heranzuziehen. Damit wußte sich die Industrie ein schier unerschöpfliches Absatzgebiet zu erschließen.

Es ist sehr lehrreich, in der Rückschau zu verfolgen, wie sich die Industrie das neue Arbeitsgebiet im Landbau ganz allmählich eroberte. Bevor ihre Erzeugnisse für die Bodenbearbeitung, vornehmlich der Kunstdünger und die Feldbaumaschinen, irgend eine Rolle spielten, bildete der Großteil aller landwirtschaftlichen Betriebe einen mehr in sich geschlossenen Organismus, das heißt im Nehmen und Geben innerhalb des Betriebes war weitgehend ein Ausgleich geschaffen. Dieser bestand in einem geschlossenen Kreislauf organischer Stofflichkeiten und beruhte auf einer zum Ganzen harmonisch abgestimmten Viehhaltung bei ausreichendem Eigenfutterbau und eben solcher Eigendüngererzeugung und -verwendung. Der Einsatz der neuen Wirtschaftsmethoden sprengte jedoch diese Geschlossenheit, indem von außen her etwas hereingeführt wurde, das der bisherigen Betriebsweise wesensfremd war und einen so starken Einfluß nahm, daß der ganze landwirtschaftliche Betrieb eine Umstellung erfahren mußte.

So forderte die neue Art der Feldbestellung, welche die Maschinenarbeit auslöste, eine Wirtschaftsweise, bei der jeweils mehrere Feldstücke zu einem größeren Feldkomplex zusammengelegt werden mußten. Alles das, was die einzelnen Felder voneinander trennte, wie Feldraine, Buschwerk, offene Gräben, wurde weggenommen und eingeebnet. Die Bewirtschaftung für die größer zugeschnittenen Feldkomplexe bedingte eine ganz andere Fruchtfolge, als sie im allgemeinen bisher üblich war. Der Futterbau wurde dabei allmählich sehr eingeschränkt, der Getreidebau nahm größeren Umfang an, die Fruchtfolgen zeigten nicht mehr die große Abwechslung; besonders fiel mit der Zeit der Anbau solcher Früchte aus, die auf dem Felde Farbenblüten entwickelten, wie Buchweizen, Raps, Mohn, Lein usw. Gegenüber den bisherigen Anbauweisen trat dadurch die Einheitskultur in großen Feldkomplexen auffallend stark in Erscheinung. Diese Art der Bodenbewirtschaftung wurde eine rationelle genannt, weil es mit Hilfe der Maschinen möglich war, in kurzer Zeit große Feldkomplexe zu bestellen und diese durch Hackarbeit usw. gründlichst zu pflegen. Diese Maßnahme allein gestattete es schon, die Ernteerträgnisse um ein Gewaltiges zu steigern. Hand in Hand mit dieser Mechanisierung der Bodenbearbeitung ging dann auch die Anwendung des Kunstdüngers und half mit, Massenerträge zu erzeugen, wie sie sich der Landwirt von ehedem nicht träumen ließ. Solch ein rationelles Vorgehen färbte natürlich auch auf die Viehzucht ab. Dort war das Streben, größere und leistungsfähigere Tiere heranzuzüchten. Dies galt in ganz besonderem Maße für das Milchvieh und die Schweinezucht. Die rationelle Milchviehhaltung war mit der Zeit nur möglich, wenn von außen her immer mehr Kraftfuttermittel in den Betrieb hereingenommen wurden.

Bis in die feinsten Glieder eines jeglichen landwirtschaftlichen Organismus erstreckte sich nach und nach das Bemühen, große Mengen zu erzielen. Die geeigneten Hilfsmittel hierfür entstammen den immer größer werdenden Spezialindustrien für den Landbau. Dieser einseitige, schon stark ins Spekulative gehende Einbruch der Industrie in den Landbau brachte aber nicht nur diese notwendige und zunächst höchst willkommene Massenerzeugung aller Landesprodukte mit sich, sondern es traten auch die schon genannten betrüblichen Erscheinungen auf, wie Anfälligkeit der Kulturpflanzen gegenüber Witterungseinflüssen, seuchenhaftes Auftreten pilzlicher und tierische Schädlinge und Mangel an echter Qualität der Feld- und Gartenfrüchte, die sich namentlich in geringeren Geschmackswerten, geringerer Haltbarkeit, geringerem Hektolitergewicht und geringerer Farbbeständigkeit kund tat.

Als diese Mängel einer neuen Wirtschaftsweise erkannt wurden, bot die chemische Industrie Mittel an, die geeignet schienen, diese Mängel zu beheben. Es entstanden die nur zu bekannten Schädlingsbekämpfungsmittel, deren es heute eine Unzahl gibt, und die vorbeugend und in akuten Stadien des pilzlichen und tierischen Befalls angewendet werden. Damit entstand eine weitere bedeutende Industrie und fand in den Schädigungserscheinungen im Land- und Gartenbau die Grundlage zu einem blühenden Geschäft, das auch heute noch im vollsten Gange ist. Kaum eines dieser Schädlingsbekämpfungsmittel ist aber dazu wirklich geeignet, die Ursache des Übels irgendwie zu beheben, sondern ihre Wirksamkeit erzielt bestenfalls Augenblickserfolge, die den äußeren Schaden für eine kurze Zeit hinwegzuwischen vermögen. Ja es ist so, daß viele der Bekämpfungsmittel durch ihre giftige Art noch größeres Unheil anrichten, als solches vorher schon durch den Schädlingsbefall bestand. Hierzu kommt noch, daß diese Schädlingsbekämpfungsmittel, wie sie die Industrie heute herstellt, von Jahr zu Jahr in Häufigkeit der Anwendung und Menge der Gaben gesteigert werden müssen, um ihre Wirksamkeit in einer oberflächlichen Behebung des Übels für kurze Zeit zu behalten, wie dies ja auch bei der Anwendung des Kunstdüngers der Fall ist. Das alles bedeutet für die Industrie ein sich immer mehr steigerndes Geschäft, während im selben Grade, wie es für die Industrie anstieg, es den Landwirt zu schädigen begann. Ja, der Landwirt hat eigentlich einen doppelten Schaden zu tragen, nämlich den, daß allmählich seine Wirtschaft durch die sogenannten Intensivmethoden zugrunde gerichtet worden ist und daß seine Massenerträgnisse infolge Mangel an Qualität eine so schlechte Wertung erfahren, daß er nicht in der Lage ist, mit der Auslandsware frei konkurrieren zu können.

Die Industrie, der wir diese sogenannten Intensivmethoden mit zu verdanken haben, gräbt sich bei dieser Einstellung aber selbst ihr Grab. Schon jetzt sind die Anzeichen nur zu deutlich, daß die Industrie ihr wertvolles Absatzgebiet im Landbau gänzlich einbüßen wird. Aber nicht nur bei uns, auch in den Nachbarländern und nun neuerdings auch in Übersee sind ähnliche Krankheitszustände im Landbau aufgetreten und erkannt worden, so daß die Ausfuhr von einschlägigen Industrieerzeugnissen eine erhebliche Einschränkung erfahren hat. Es steht zu erwarten, daß diese für längere Zeit gänzlich unterbunden sein wird.

Die vorstehenden Ausführungen wollen zeigen, daß die heute üblichen sogenannten »Intensivmethoden«, die fast ausschließlich in der Landwirtschaft und im Gartenbau angewendet werden, kaum geeignet sein dürften, der Bodenbewirtschaftung durch den Siedler zu dienen. Es wird in der Landwirtschaft und auch im Gartenbau geraume Zeit dauern, um nur allmählich wieder zu einer echten intensiven Bodenbewirtschaftung zu kommen, welche nicht die Nachteile aufweist, wie dies bei der hier geschilderten sogenannten Intensivmethode der Fall ist. Wird der Landbebauer erst einsehen, was hier aus der Rückschau für die Bodenbewirtschaftung erkannt werden konnte, dann wird er für sich daraus die Folgerung ziehen müssen, daß er ganz auf sich gestellt ist – daß er seine eigenen Kräfte einsetzen muß, um aus dem Zusammenbruch heraus den Weg zu einem neuen Aufbau zu finden. Dieses Aufsichselbstangewiesensein in bezug auf die Bodenbewirtschaftung läßt in dem, der den Boden zu bebauen hat, etwas an Eigenschaften heranreifen, wie sie der Kolonist in Übersee hat und haben muß. Für diesen gibt es nur den einen Wahlspruch: »Alle Kraft zunächst dem Boden zu seiner Erschließung.«

Der Landwirtschaft und dem Gartenbau ist sozusagen der Boden verloren gegangen, weil er in seiner Wesenheit nicht mehr verstanden wurde. Es muß daher in jedem Landbebauer so etwas wie Siedlermut erwachsen; denn er muß sich sein Land wieder erobern. Dieser Siedlermut wird da vielleicht nicht so sehr in der äußeren, praktischen Tätigkeit liegen müssen als vielmehr in seiner inneren Schulung, in seinem Ringen um ein Verständnis für die wunderbaren Zusammenhänge und Gesetzmäßigkeiten, die in allem Lebendigen walten, wie es uns in der Natur, im Boden, in der Pflanze, im Tier und in uns selbst entgegentritt. In seiner eigenen Gedankenwelt wird er urbar machen müssen in ebensolcher Weise, wie sich rein praktisch dieser Prozeß nachher am Boden selbst abspielen soll. Der Landbebauer muß allmählich für alle seine Verrichtungen in der Bewirtschaftung seines Betriebes den Maßstab in sich selbst finden. Das sieht scheinbar wie ein Rückschritt aus gegenüber dem, was bisher erreicht werden konnte; in Wirklichkeit ist es aber durchaus nicht der Fall. Dadurch, daß wir den Maßstab in uns selbst finden, werden wir gerade Herr über alle Errungenschaften, welche die moderne Wissenschaft und die Technik brachten, die uns bisher über den Kopf wuchsen und uns völlig beherrschten und deren Folgeerscheinungen hier in einigen wesentlichen Punkten bereits erklärt werden konnten.

Was hier für den Landwirt und Gärtner schon als notwendig für seine Umstellung bezeichnet wurde, kommt für den eigentlichen Siedler in ganz besonderem Maße in Betracht. Es muß in aller Nüchternheit dargetan werden, um wieviel schwerer es zunächst der Siedler hat, Bodenbewirtschaftung zu betreiben im Anblick der heutigen Lage in Landwirtschaft und Gartenbau und im Hinblick auf seine Möglichkeiten, die Bodenbewirtschaftung durchzuführen. Landwirt und Gärtner besitzen wenigstens noch Haus, Hof, Vieh, Geräte und Land, das sich allerdings nur in einer mehr oder weniger guten Verfassung befindet. Wie steht es in dieser Beziehung mit dem Siedler? – Er steht beinahe vor dem Nichts. Das schlechteste Land, welches Landwirt und Gärtner nicht in Kultur nahmen, weil es sich für sie nicht lohnte, wird ihm zur Verfügung gestellt. Da steht er auf einem Stück Land, das, wenn es gut ist, eine versauerte Wiese darstellt oder ein abgetriebenes Waldstück, häufig aber auch ein völliges Ödland in der Heide oder im Moor, weit und breit keinen Schutz bietend; er hat nichts, wo er ein Unterkommen finden kann. Das wird sehr häufig die Lage des echten Siedlers in der Zukunft sein; denn das, was da heute vielfach als Siedeln bezeichnet wird, ist ja kein richtiges Siedeln.

Im Ringen um das Verständnis für ein echtes Siedeln muß das, was heute als Siedeln herausgestellt wird, doch noch einer kurzen Betrachtung unterliegen. Im allgemeinen geht es so vor sich, daß ein abgewirtschafteter, größerer landwirtschaftlicher Betrieb oder ein Stück Ödland zur Verfügung gestellt wird. Dann wird eine Behörde, die mit praktischer Bodenbewirtschaftung meist wenig zu tun hat, oder ein Architektenbüro aufgefordert, einen Siedlungsplan für das betreffende Stück Land zu entwerfen. Der Entwurf besteht eigentlich nur darin, das Land von dem einen Gesichtspunkt aus aufzuteilen, daß jeder Siedler ein gleich großes Stück Land erhält ohne Rücksicht darauf, wie sich dieses Stück Land bewirtschaften läßt und ob die Siedlung in dem gewählten Ausmaß und in der starren, konstruktiven Aufteilung in die Gegend hineinpaßt.

Als das Wichtigste dabei wird auch heute noch angesehen, einen Haustyp zu entwerfen, der für das Siedeln als geeignet erscheint. Noch vor wenig Jahren zeigten diese Siedlerhaustypen eine recht komfortable Aufmachung. Das hat sich glücklicherweise geändert; denn es hat sich ja sehr eindeutig herausgestellt, daß es der Siedler in den meisten Fällen noch nicht einmal fertigbrachte, die Verzinsung des für das Haus investierten Geldes irgendwie aufzutreiben. In den meisten Fällen steht der Siedler, wenn das Haus gerade erstellt ist und alle zur Verfügung gestellten Mittel durch den Hausbau in Anspruch genommen sind, völlig mittellos da und kann nicht die doch viel wichtigere Urbarmachung bzw. Bestellung des Geländes vornehmen und die unbedingt dazu notwendigen Einrichtungen anschaffen. Erst in allerneuester Zeit waltet ein gewisses Einsehen, daß man sich hier auf einem falschen Weg befindet. Inzwischen sind aber auch die für den einzelnen Siedler vorgesehenen Mittel erheblich beschnitten worden; sie reichen wiederum gerade dafür, um dem Siedler in Gemeinschaftshilfe ein kleines Haus errichten zu können. Es ist also an der Tatsache, daß dem Siedler im allerseltensten Fall Mittel für die Bestellung und Einrichtung seines Landstückes bleiben, so gut wie nichts geändert worden.

Das echte Siedeln unterscheidet sich aber gerade von dem, was man heute als Siedeln bezeichnet, dadurch, daß alles Gewicht zunächst auf die Urbarmachung, Bodenbestellung und Beschaffung der dazu notwendigen Einrichtung gelegt wird. Solange haust der Siedler in einer Notwohnung oder in einer Gemeinschaftsbaracke, und erst, wenn das Land so weit hergerichtet, also fruchtbar gemacht worden ist, daß es normale Erträgnisse abwirft, die den notwendigen Lebensunterhalt des Siedlers gewährleisten, ist der Bau des Siedlerhauses berechtigt. Inzwischen zeigt es sich auch, ob es der Siedleranwärter verdient, ein Haus sein eigen nennen zu dürfen. Es ist ein ehernes Siedlergesetz, daß zunächst der Boden durch emsigste Arbeit zur Fruchtbarkeit gebracht werden muß, bevor an eine Lösung der Wohnungsfrage auf dem Siedlergrund gedacht werden kann. Ein weiterer Siedlergrundsatz kann gleichzeitig dann in seiner ganzen Wucht verstanden und entsprechend gewürdigt werden, der da heißt: »Der Boden soll dem gehören, der ihn am besten zu bebauen versteht.«

Alle diese Siedlererfahrungen, die von alters her bekannt sind und immer Geltung hatten, wo mit Erfolg echt gesiedelt wurde, bestehen scheinbar nicht mehr vor denen, die bisher das Wort im Siedlungswesen führten; denn überall, wo entscheidend vom Siedeln gesprochen wurde, wo Verfügungen und Grundsätze, gesetzliche Regelungen getroffen wurden, wirkten praktisch erfahrene Siedler kaum mit. Alle Mitglieder in den Dezernaten, Ausschüssen und Kommissionen für das Siedlungswesen bestanden aus Wissenschaftlern und einer Unzahl von Sachverständigen aller Gebiete, nur von dem des echten Siedelns nicht; denn hier, wie sonst überall in der Welt, kann nur der ein Sachverständiger sein, der von Grund auf das echte Siedeln praktisch durchgemacht hat. Und wo gibt es praktische und damit echte Siedler, die sich mit Erfolg gegen alle Unbill durchzusetzen wußten?

Ähnliche Verhältnisse lagen vor, wenn im jüngst vergangenen Zeitabschnitt über entscheidende Fragen in der Landwirtschaft verhandelt wurde, so z. B. über Düngerfragen. Da konnte man erleben, daß unter den siebzig bis achtzig Versammelten ein Viertel aus Regierungs- und Kammerbeamten, die Hälfte aus den verschiedensten Vertretern der Düngerhandelsgesellschaften, ein Viertel aus Agrikulturchemikern bestand und von den praktischen Landwirten und Bauern, für die doch die ganze Veranstaltung stattfand, ein oder ganz wenige Vertreter zugegen waren. An solchem Geschehen können die unglaublichen Mißstände, wie sie sich mit der Zeit einstellten, in ihrer ganzen Schwere erlebt werden, und man braucht sich nicht zu wundern, daß durch Theorie und Geschäftsgeist das Siedeln vielerorts bereits im Keime wieder erstickt ist. Wie aber kann der Weg aus dem Chaos, welches auch auf dem Siedlungsgebiet bisher bestand, herausgefunden werden?

Es muß aus den Erfahrungen, die im Siedeln bisher gemacht worden sind, eine Lehre gezogen werden, die dahin geht, einmal das Siedeln nur nach den Grundsätzen des echten Siedelns zu betreiben, also zunächst den Boden zu bewirtschaften und dann erst an die endgültige Lösung der Wohnungsfrage zudenken.

Die Bodenbewirtschaftung ist nach naturgemäßen Grundsätzen zu betreiben, wie sie in der biologisch-dynamischen Wirtschaftsweise gegeben sind.

Die in Vorstehendem getroffene Kennzeichnung der Lage im Siedeln und damit zugleich im Landbau erfordert es, in der nachfolgend gegebenen Übersicht den Weg eines naturgemäßen Vorgehens kurz zu umreißen. Der Landbau und seine Methoden werden nach wie vor für das Siedeln beispielgebend sein müssen, jedoch in einer Art, die ganz aus dem Naturgemäßen heraus entwickelt ist.

1. Vermeidung von Kunstdünger bei der Urbarmachung des Landes, da die Humusgrundlage außer auf Moorböden (RohhumuS) viel zu gering ist und die darin vorhandenen kärglichen Kräftewirksamkeiten sonst in kurzer Zeit völlig aufgezehrt werden.
2. Die für die Beschaffung von Kunstdünger vorgesehenen Mittel dienen ausschließlich zur Anschaffung von Naturdünger.
3. Der gekaufte Naturdünger ist gleich nach dem Erwerb in eine pflegliche Behandlung zu nehmen und einer besonderen Präparation zu unterziehen. Er dient nach sei-

ner Reife dazu, das zuerst urbar gemachte und zur Nutzung bereite Stück Land mit Dungkräften zu versehen.

4. Die Urbarmachung des Landes oder die vorzunehmende Nutzung erfolgt nicht auf einmal auf dem ganzen zugeteilten Siedlungsland, sondern es ist jeweils nur soviel Land zu erschließen, als gut abgedüngt und danach sachgemäß bebaut und bearbeitet werden kann.
5. Die Urbarmachung ist mit dem Abheben der vorhandenen Pflanzendecke zu beginnen. Die dadurch gewonnenen Soden werden sofort verkompostiert; es kann daraus nach Verlauf eines Jahres ein sehr wertvoller Naturdünger gewonnen werden.
6. Der größere Teil des abgesodeten Landes ist hierauf mit Schmetterlingsblütlern zu bebauen zur Humusanreicherung, zur Belebung des Bodens und zu Futterzwekken für das anzuschaffende Vieh.
7. Die Beschaffung des Viehes erfolgt, sobald die Futtergrundlage hierfür hergestellt ist. Dadurch kann die Naturdüngererzeugung als wertvollster Wachstumsfaktor vergrößert und die Nahrungsgrundlage für den Siedler bedeutend verbessert werden. Die Viehhaltung schließt den Düngerkreislauf, der von Jahr zu Jahr mit dem Grade der Intensivierung des Landes größer gestaltet wird.
8. Gleichzeitig mit den ersten Urbarmachungsarbeiten ist eine provisorische Wohnstätte mit Stall (Bauzeitwohnung, siehe Tafel Nr. 12 S. 113) aufzubauen, statt sofort das eigentliche Wohngebäude aufzustellen. Die dadurch erübrigten Geldmittel dienen zur besseren Einrichtung und zur Intensivierung des Siedlungslandes.
9. Hand in Hand mit den ersten Arbeiten am Boden sind die Schutzeinrichtungen zu treffen und Kulturräume zu gestalten, damit bereits die erste Bebauung nahezu normale Erträge zu bringen vermag.

10. Der Einsatz von Wanderglas in Form von holländischen Frühbeetfenstern gestattet es, frühzeitige Ernten gleich anfangs zu erreichen.
11. Der eigentliche Hausbau erfolgt erst, wenn das Siedlungsland sich voll in Kultur befindet und soviel an Erträgnissen bringt, daß der Siedler dadurch sein Auskommen finden kann.
12. Dieser vorgenannte Siedlungsweg gilt grundsätzlich sowohl für den Einzelsiedler als auch für die Gemeinschaftssiedlung und damit auch für alle Arten von Siedlungen wie Stadtrand-, Nebenerwerbs- und Vollerwerbssiedlungen.

Überblick über die biologisch-dynamische Wirtschaftsweise

Es darf nicht verkannt werden, daß sich seit einer Anzahl von Jahren in den Methoden des Landbaues ein Umschwung geltend machte, der sich zunächst aus einem sehr schwachen Vorhandensein doch allmählich weitgehend Geltung zu verschaffen vermochte und in dem Begriff »biologisch« seine Bezeichnung fand. Für biologische oder besser gesagt natürliche Maßnahmen im Landbau findet man heute fast überall Verständnis, dagegen fast gar nicht für das »Dynamische«, das in allem Lebendigen ebenfalls waltet. Im Rahmen der vorliegenden Aufgabe ist es nicht möglich, hier die biologisch-dynamische Wirtschaftsweise eingehender zu erläutern. Es kann sich hier lediglich darum handeln, einen mehr skizzenhaften Überblick über das Wesen und den Wert dieser Wirtschaftsweise zu geben, und auch das nur nach der Richtung hin, die gerade für das echte Siedeln sehr bedeutungsvoll sein wird.

Dem Streben der Quantitätserzeugung in Deutschland wurde eines Tages dadurch ein Riegel vorgeschoben, daß vom Ausland her Erzeugnisse angeboten wurden, die, obwohl sie ebenfalls in Massenerzeugung gewonnen wurden, eine solche ausgezeichnete Aufmachung hatten, daß sie sich überall den Markt eroberten. Das galt insbesondere für gärtnerische Erzeugnisse wie Gemüse und Obst. Sie wurden in bewährten Sorten »standardisiert« und in einer nach Art und Sorte geeigneten Verpackung angeboten. Dieses Vorgehen für gärtnerische Erzeugnisse wirkte zunächst sehr erschütternd für die Inlanderzeuger. Es blieb den deutschen Obst- und Gemüsebauern nichts anderes übrig, als sich selbst so schnell wie möglich Maßnahmen zu eigen zu machen, um die ausländischen Erzeugnisse wieder vom Markt zu verdrängen.

In vielen der Erzeugnisse behauptet sich jedoch das Ausland auch heute noch auf unseren Märkten, obwohl in Deutschland verschiedenste Gegenmittel angewandt werden. Was auf den Märkten an deutschem Gemüse und Früchten anzutreffen ist, zeigt, trotzdem es Massenerzeugnisse sind, eine gewisse Qualität, eine Qualität der Aufmachung, die den Käufer reizt, die Erzeugnisse zu erwerben. Auf eine solche Aufmachung, um zum Kauf zu reizen, hat man früher wenig Wert gelegt. Dieses Streben ist jedoch durchaus gutzuheißen, wenn der Wert nicht nur auf die Aufmachung gelegt wird; denn dieses Äußerliche erweist sich oft dem echten Qualitätsstreben gegenüber als eine Täuschung.

Es hat sich häufig herausgestellt, daß die Erzeugnisse ihre zum Kauf anreizende Aufmachung sehr schnell einbüßen, wenn sie erst in die Küche gelangen, um zu Speisen zubereitet zu werden. Schon beim Kochen und Dämpfen machen sich dann oft wenig angenehme Dünste bemerkbar, die Gemüse und Früchte zerkochen leicht, verlieren also ihre Struktur. Sehr oft büßen sie auch ihre schöne Farbe ein, die meistens den Anreiz zum Kaufen bot, und es bedarf außerdem vieler Zutaten an Gewürzen, Salz und Fetten, um einigermaßen Geschmack bei diesen Speisen zu gewinnen. Werden Gemüse und Früchte in der Speisekammer oder im Keller eingelagert, so zeigt es sich nur zu oft, daß sie schnell schlecht werden und viel an ihrem ursprünglichen Gewicht verlieren. Die gleichen Erfahrungen macht man auch beim Konservieren von Gemüsen und Früchten. Damit die Konserven ein besseres Aussehen haben, werden sie sogar vielfach gefärbt.

Wie sieht es nun bei dem Erzeuger aus? – Nach einigem Bemühen kann man da erfahren, daß nur ein gewisser Teil dessen, was an Gemüsen und Früchten auf dem Felde und in den Gärten erzeugt wird, auf den Markt gelangt und dort feilgeboten wird und daß ein erheblicher Teil in der betreffenden Wirtschaft zurückbleibt, nicht etwa, weil er dort dringend gebraucht wird, sondern weil die zurückgehaltenen Erzeugnisse sich in keinem marktfähigen Zustand befinden. Es gelangt also nur eine ganz bestimmte Auslese der Massenerzeugung auf den Markt, das andere bleibt in der Wirtschaft als minderwertig zurück, dient dort zum eigenen Gebrauch oder als Futter für das Vieh, und es ist nicht selten, daß der Rest so minderwertig ist, daß er in die Mistkule oder auf den Düngerhaufen wandert. Es muß dabei beachtet werden, daß der Erzeuger für sich selbst und für sein Vieh meist nicht in den Besitz vollwertiger Nahrung gelangt. Diese Feststellung ist von erheblicher Bedeutung, wie sich das im nachfolgenden noch erweisen wird.

Die Landwirtschaft und der Gartenbau sind heute sehr stolz darauf, eine Massenerzeugung zu haben; aber mit dieser scheint es doch schlecht bestellt zu sein, wenn ein großer Teil der Erzeugnisse als minderwertig angesprochen werden muß. Damit ist der Sinn der Massenerzeugung höchstfragwürdig geworden. Trotzdem wird immer wieder in großaufgemachten Aufsätzen mit schlagendstem, aber aufgebauschtem Zahlenmaterial für die Massenerzeugung geworben mit dem durch die eben gemachten Feststellungen wankend gewordenen Hinweis, daß ein Abgehen von Massenerzeugung eine Gefährdung der Ernährung des Volkes sei.

Im Streben nach Massenerzeugung im Pflanzenbau ist ein sehr Wesentliches in den Kulturmaßnahmen übersehen worden, was an folgendem Beispiel erläutert werden soll. Wenn man eine Wildpflanze mit einer Kulturpflanze vergleicht und hierzu zum Beispiel auf unsere Kohlpflanzenarten zurückgreift und aus dieser formenreichen Familie einerseits den Hederich wählt und andererseits einen Weißkohlkopf aus einer Hochzuchtklasse und diese nebeneinander stellt, so sollte man nicht meinen, daß diese beiden Pflanzen in sehr verwandtschaftlichen Beziehungen zueinander stehen (siehe Tafel Nr. 1, S. 77). Vergleicht man nun diese beiden Pflanzen miteinander, so muß zunächst vom Hederich gesagt werden, daß wir es da mit einer schönen, harmonisch aufgebauten Pflanze zu tun haben. Es ist an ihr so recht die dreigegliederte Pflanze zu erkennen, die aus der Wurzel, dem Stengel und den Blättern, der Blüte und den sich daraus entwickelnden Früchten besteht. Daß diese Pflanze eine Lebewesen ist, braucht dabei nicht besonders betont zu werden; aber es kann die Frage gestellt werden, was baut die Pflanze so schön und wohlgegliedert auf?

Keiner wird leugnen, daß in der Pflanze Kräfte walten, die sich gerade im Hederich in außerordentlichem Maße kundtun. Er ist zum Feind des Menschen geworden, weil er über so unglaubliche Kräfte in seiner Samen- und Keimkraft verfügt. Diese in dem Samen vorhandenen Kräfte sind von demselben Grundcharakter wie diejenigen, welche die Pflanze auch während ihres gesamten Wachstumsprozesses gestal-

Verwandlungsreihe innerhalb der als Nahrungs- und Futterpflanzen dienenden Kreuzblütler.

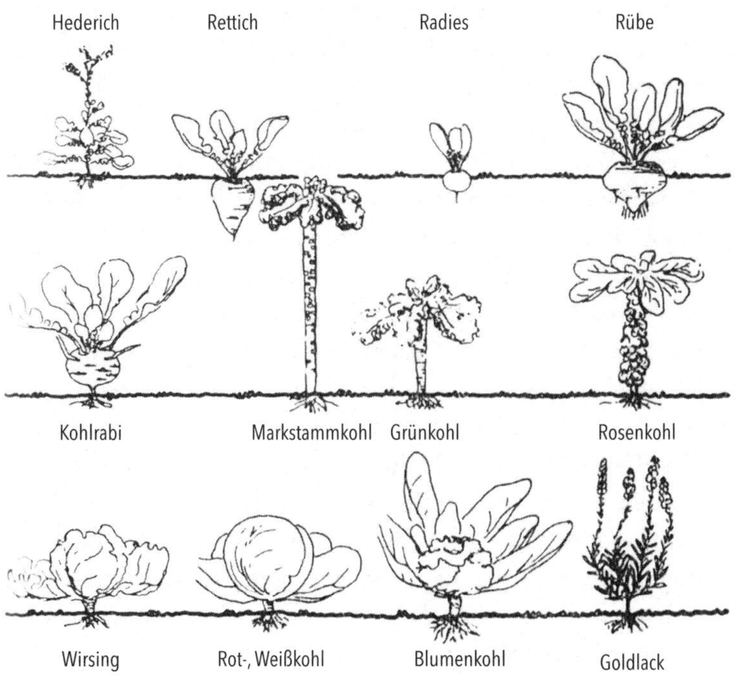

Wesensunterschiede zwischen Einjahrspflanze, Staude, Strauch und Baum

ten. In diesem Zusammenhang ist wohl auch zu verstehen, daß den verschiedenen Pflanzen auf Grund ihrer Eigenarten auch eine verschiedene Wirksamkeit an Kräften innewohnt. Derartige Kräfte, die z. B. dem Hederich die erstaunliche Samen- und Keimkraft vermitteln, bilden anderseits die Möglichkeit, allmählich aus der wilden Kohlpflanze eine Nahrungspflanze wie den hoch herausgezüchteten Weißkohl zu entwickeln. Es kann nicht als absurd erscheinen, wenn die in der Pflanze waltenden Kräfte als Baumeisterkräfte oder als Lebensbildekräfte, noch besser als ätherische Bildekräfte angesprochen werden. Die ungeheure Lebendigkeit dieser Bildekräfte, die wir in einem bestimmten Ausmaß bei der Hederichpflanze kennengelernt haben, dient auch dazu, den Weißkohlkopf zu bilden und ihn gleichzeitig zu erfüllen. In dem Hederich schuf sie die schön gegliederte Pflanze und diente zur Ausbildung des Stengels, der Blätter und Blüte. Beim Weißkohl ist sie in besonderem Maße in die unterste Region der Blattbildung am Stengel hineingestaucht und lebt sich da aus in der Ausbildung der riesigen Blattmasse, wie wir sie beim Weißkohlkopf vorfinden. Die Wirksamkeit der Bildekräfte beim Weißkohlkopf dürfte indessen keine größere sein als bei der Hederichpflanze. Da aber der Weißkohlkopf eine viel größere Pflanzenmasse vorstellt, erscheinen die in ihm befindlichen Bildekräfte durch die Blattmassenbildung besonders stark beansprucht und zum Teil aufgebraucht.

Die Blattmassen im Weißkohl sind durch neuere Züchtungsmaßnahmen nach der Mengenerzeugung hin und schließlich durch häufig einseitige Methoden, wie vieles Jauchen und Wässern, zu mißgestalteten Pflanzengebilden geworden. Übersteigerte Kulturmethoden stehen hier dem Naturwirken polar gegenüber und mindern schon dadurch die Kräftewirksamkeit in den so erzeugten Nahrungsmitteln herab. In diesem Zusammenhang sollte Beachtung finden, daß bei Stoffen, die man heute Vitamine nennt, Kräftewirksamkeiten an winzigste Substanzmengen gebunden sind. Welche Bedeutung den Vitaminen zugemessen wird, ist heute jedem bekannt.

Aus dieser Darstellung darf jedoch nicht der Schluß gezogen werden, daß man von der einmal erreichten Stufe in der Massenerzeugung für Gemüse und Früchte zurückgehen müsse. Vielmehr muß danach gestrebt werden, die Massenerzeugung so durchzuführen, daß die pflanzliche Masse eben mehr mit Bildekräften durchdrungen wird. In diesen Bildekräften lernen wir zugleich etwas kennen, das die Pflanze widerstandsfähig macht gegenüber allem, was Schädliches an die Pflanze herantritt an Witterungseinflüssen, an pilzlichem und tierischem Schädlingsbefall. Sie sind es auch, die es der Pflanze ermöglichen, Geschmacks- und Nahrungswerte in hohem Maße zu entwickeln, ferner Farbbeständigkeit zu erzeugen, dann aber auch die Struktur weitgehend zu erhalten bei der Zubereitung oder Konservierung von Gemüsen und Früchten. Je geordneter Bildekräfte in der Nahrungspflanze walten, desto mehr ist die Gewähr für die vorgenannten Eigenschaften geboten, die man wohl als innere Qualität bezeichnen kann. Erst wenn äußere und innere Qualität harmonieren, kann von einer echten, erstrebenswerten Qualität gesprochen werden. Wie kann es aber erreicht werden, die Bildekräfte in einer Kulturpflanze voll wirksam zu haben, so daß die echte Qualität entsteht?

Mit der Beantwortung dieser Frage betreten wir ein Gebiet, das als ein zentrales zu betrachten ist für die Bodenbewirtschaftung und für den Pflanzenbau und das im Düngen beruht. Über den wirklichen Begriff des Düngens befindet sich die heutige Landwirtschaft und der Gartenbau genau so im unklaren wie gegenüber dem Begriff »siedeln« und dem Begriff »intensiv«. Aus den Anregungen Dr. Rudolf Steiners, des

Begründers der biologisch-dynamischen Wirtschaftsweise, kann man in bezug auf das Düngen zu folgendem Kernsatz gelangen: »Düngen heißt weniger die Pflanzen ernähren als den Boden zu verlebendigen.« Ein Boden kann aber nur dann verlebendigt sein, wenn ihm Substanzen zugeführt wurden, die unmittelbar aus dem Lebensprozeß stammen, also durchweg organischer Natur sind; denn nur im Organischen walten dieselben Kräfte, die wir in der Pflanze schon als Baumeister- oder Bildekräfte schätzen lernten. In solchen organischen Stoffen, die unmittelbar aus dem Lebensprozeß stammen, sind die Bildekräfte besonders wirksam. Sie dienen wiederum zur Verlebendigung des Bodens und sie sind es auch, mit deren Hilfe die größere Pflanzenmasse der Kulturpflanzen erzeugt wird, gesund heranzuwachsen vermag und schließlich nach vollendeter Reife ein vollwertiges Nahrungsmittel darstellt.

Neben dem organischen Dünger gelangen im Kulturpflanzenanbau heute noch vielfach beherrschend mineralische Kunstdünger zur Verwendung. Diese mineralischen Kunstdünger sind anorganischer Natur, sie sind tote, einseitige Produkte und bilden in dem Lebensprozeß etwas Wesensfremdes, das zu seiner Verarbeitung und Organisierung die Bildekräfte beansprucht, die das gesunde Pflanzenwachstum gewährleisten sollten. Im allgemeinen regen die anorganischen Stoffe erfahrungsgemäß die Wasseraufnahme der Pflanzen sehr stark an, ja erfordern dieselbe geradezu. Im Zusammenhang damit werden größere Massen pflanzlicher Substanz gebildet. Dieser Vorgang findet eine gewisse Parallele auch beim Menschen. Wird zu viel Salz an die Speisen gegeben, so wird in dem Genießenden ein starkes Durstgefühl erzeugt, und er ist gezwungen, entsprechende Mengen Wasser in sich aufzunehmen, um die Salzwirkung abzuschwächen. Die langjährige Praxis mit der biologisch-dynamischen Wirtschaftsweise bei Verwendung von besonders gepflegtem Dünger hat bisher ergeben, daß auf den Kunstdüngergebrauch völlig verzichtet werden kann. Und trotzdem können dabei Mengenerträge erreicht werden, welche bisher nur der Kunstdüngeranwendung zugeschrieben wurden. Außer durch einen hohen Mengenertrag zeichnen sich solche Ernten aber durch eine besondere innere Qualität der Erzeugnisse aus, die bei der bisherigen Anbauweise meistens vermißt wird. Durch das Weglassen des mineralischen Kunstdüngers ist durchaus nicht die Volksernährung wie vielfach angenommen durch Mindererträge in Frage gestellt, wenn dem organischen Dünger die nötige pflegliche Beachtung in der Erfassung und Behandlung gezollt wird.

Mit den sorgfältigst gepflegten organischen Düngern wird nämlich in den Böden eine erstaunlich große Lebendigkeit hervorgerufen, welche die Pflanzen offenbar zu einer Eigendynamik befähigt, die die feinste Nutzung der in ihrer Umwelt vorhandenen Wachstumsfaktoren auch mineralischer Art gestattet. Zugleich sind ihnen dadurch, wie die Erfahrung weiter lehrt, Widerstandskräfte gegenüber allen krassen Einwirkungen zu eigen geworden. Dabei wird zum Abdüngen der Kulturflächen keine größere Menge Stalldünger und Kompost gebraucht, als wie dies heute allgemein für eine normale Dungbeschickung des Bodens üblich ist.

Die Mißerfolge, die durch die Anwendung von organischem Dünger oft bei der Hervorhebung der Vorzüge und Erfolge des Kunstdüngergebrauchs in den Vordergrund gerückt werden, sind durchweg auf Fehler zurückzuführen wie: Verwendung in rohem Zustand, Minderwertigkeit des Düngers infolge mangelhafter Pflege, übermäßig große Gaben oder Unzeit der Anwendung; alles Fehler, die vermieden werden müssen und zu vermeiden sind, wenn man dem Boden mit verständnisvoller Überlegung und richtigem Gefühl gegenübersteht.

Häufig wird auf die vielen angestellten Vergleichsversuche hingewiesen, die mit organischem Dünger in Form von Stallmist und Kunstdünger gemacht worden sind, wobei der Kunstdünger stets bessere Ertragsresultate erzielte. Solche Versuche sind meist nicht exakt genug durchgeführt worden und ergeben daher kein wahres, eindeutiges Resultat. Für den Stalldünger fehlt vor allen Dingen in den meisten Fällen jede Qualitätsangabe. Es ist nichts über seine Zusammensetzung, über seine Herkunft, über die Einstreu, über Haltung und Fütterung der den Dünger erzeugenden Tiere zu erfahren. Auch fehlen Angaben darüber, in welchem Zustand der Verrottung sich der Dünger befand. Das alles ist aber von ausschlaggebender Bedeutung zur Beurteilung des Düngerwertes.

Wohl bestehen über die organischen Dünger, insonderheit über den Stalldünger, manche Untersuchungen, aber diese Untersuchungen beschränken sich in den meisten Fällen auf die chemische Zusammensetzung und gehen gar nicht auf das ein, was als Bildekräfte in ihnen wirkt. Die Verschiedenheit des Stalldüngers, die sich in gewisser Beziehung schon bei der chemischen Analyse erweist, zeigt eine erstaunlich große Skala, wenn sich die Untersuchungen auch auf seine Kräftewirksamkeit erstrecken. Man wird dann feststellen, daß es eine kaum zu erfassende Anzahl der verschiedenartigsten Düngerqualitäten gibt. Danach erscheint es unfaßlich, daß in wissenschaftlich angesetzten Versuchen mit Stalldünger und Kunstdünger der erstere ohne nähere Qualitätsangaben verwendet wird. Man mag auch aus diesen kurzen Ausführungen entnehmen, wie bei den Vergleichsversuchen mit Kunstdünger, welche für die Feldbewirtschaftung eine ausschlaggebende Bedeutung haben, von Voraussetzungen ausgegangen wird, die tatsächlich nicht zutreffend sind.

In aller organischen Stofflichkeit, die für das Düngen eine Rolle spielt – wir haben es da mit zweierlei zu tun, mit tierischen und pflanzlichen Abfällen –, ist ein Auflösungsprozeß im Gange, der eine treffliche Bezeichnung in dem Worte »verwesen« hat. Es lösen sich demnach aus der organischen Stofflichkeit die ätherischen Bildekräfte, also das Wesenhafte, was die Stofflichkeit zusammenhielt, heraus. Das Verwesen macht es möglich, daß eine Umwandlung der Stoffe und ein Freiwerden der Kräftewirksamkeit sich vollziehen kann. Es kommt nun sehr darauf an, wie sich diese Umwandlung vollzieht bzw. wie sie geleitet wird, um die als Dünger wertvollen Kräfte und Stoffe zu erhalten. Wenn irgendwo tierische oder pflanzliche Abfälle unbeachtet verwesen, so entweicht bei diesem Auflösungsprozeß das allerwertvollste, was gerade düngende Eigenschaften hat und erhalten werden soll. Sobald bei dem Zerfall sich Gerüche bemerkbar machen, ist es ein Zeichen dafür, daß der Auflösungsprozeß einen für die Erhaltung der Dungwerte ungünstigen Verlauf nimmt, und daß das, was dann übrigbleibt, seiner düngenden Eigenschaften weitgehend beraubt ist. Es ist beim Anfall von tierischen und pflanzlichen Abfällen vor allem darauf zu achten, daß diese in möglichst frischem Zustand, also unmittelbar nach dem Anfallen entsprechend erfaßt werden.

Das geschieht durch ein geeignetes Aufsetzen dieser Abfälle, wobei jedesmal das, was aufgesetzt wird, sorgfältig abzudecken ist. Auf diese Weise kann der Auflösungsprozeß so geleitet werden, daß die Stofflichkeit vererdet und eine belebende Kräftewirksamkeit in der Stofflichkeit dennoch erhalten bleibt. Ist der Auflösungsprozeß richtig geleitet, so stellt er einen Vererdungsprozeß vor, also eine Bildung von Humus, der sehr belebt ist und infolge seiner Belebtheit verhältnismäßig wenig von der Stofflichkeit während des Umwandlungsprozesses eingebüßt hat. Mit dem sofortigen Aufsetzen aller anfallenden tierischen und pflanzlichen Abfälle nach einem durch die biologisch-dynamische Wirtschaftsweise sorgfältig herausgearbeiteten Kompostierungsverfahren ist es möglich, überall organische Stofflichkeit zu erfassen und sie in wertvollsten Dünger überzuführen.

Es wurde schon eingangs erwähnt, daß die Bildekräfte in den Kulturpflanzen durch die bisherigen Kulturmethoden nicht mehr so voll wirksam sind, wie es ehedem der Fall war. Das zieht weitgreifende Folgen nach sich. Einmal sind die Abfälle solcher Pflanzen in ihrer Bildekräftewirksamkeit abgeschwächt, und es ist verständlich, daß der Dünger von Tieren, die solche Kulturpflanzen als Futter genießen, ebenfalls einen Mangel an dieser Bildekräftewirksamkeit aufweist. Es ist bekannt genug, daß fast alle Kulturböden nicht mehr so voll »robust« und »pufferungsfähig« sind, wie es vor Jahren noch der Fall war. »Robust« und »pufferungsfähig« sind aber Eigenschaften, die den Grad der Lebendigkeit des Bodens ausweisen. Aus dieser kurzen Tatsachenfeststellung ist zu entnehmen, welche außerordentlichen Folgen es hat, wenn keine Achtsamkeit waltet für die Kräftewirksamkeit im Boden, in der Pflanze und im Tier. Erfahrungsgemäß besitzt in den Wirtschaften, die mit Kunstdünger arbeiten, der organische Dünger nicht die volle Kräftewirksamkeit selbst bei sorgfältigster Düngerpflege. Er befindet sich infolgedessen in einem gewissen Krankheitsstadium. Dieses Kranksein macht sich überall dort, wo heute Kulturpflanzen nach den Grundsätzen der Agrikulturchemie angebaut werden, geltend, wirkt sich in der Tierzucht aus und greift vielfach auch schon auf den Menschen über.

Es ist eine große Anzahl von Heilpflanzen bekannt, die eine Rolle in der Behandlung von Krankheiten des Menschen spielen. Die Krankheitsbehandlung in früheren Zeiten geschah in sehr vielen Fällen nur mit solchen Heilpflanzen.

Durch die ungewöhnlichen Fortschritte auf dem Gebiete der Chemie entstand eine große Anzahl synthetischer Heilmittel, welche die aus Heilpflanzen hergestellten eine Zeitlang verdrängten. Die heutige Heilpraxis gibt jedoch den aus pflanzlichen Stoffen gewonnenen Heilmitteln gegenüber den synthetischen bereits wieder den Vorzug. Was beim Menschen sich als dienlich herausstellte, nämlich die Anwendung pflanzlicher Heilmittel, erweist ähnliche Eigenschaften bei dem Versuch, das Kranksein des Bodens und der Pflanzenwelt zu beheben.

Dem Stalldünger und Kompost werden daher geringe Mengen sorgfältigst bereiteter Komposte aus Heilpflanzen beigesetzt. Durch die Verarbeitung von Heilpflanzen zu solchen Komposten werden in besonderen Verfahren die Eigenschaften der einzelnen Heilpflanzenarten für ihre Wirksamkeit außerordentlich verstärkt. Durch diese Heilpflanzenkomposte wird die Wirksamkeit von Bildekräften im Stalldünger und Kompost ganz bedeutend erhöht. Der damit behandelte Boden entfaltet danach eine solche Lebendigkeit, daß die in ihm wachsenden Kulturpflanzen sich gesund entwickeln und bei ihrer Ernte eine hohe, echte Qualität erreichen. Es würde im Rahmen dieser Schrift zu weit führen, die Wirksamkeit dieser Heilpflanzenkomposte im einzelnen zu behandeln und aufzuzeigen und dabei darzustellen, um welche Prozesse es sich handelt. Literatur, die tiefer in das Wesen der Heilpflanzenkompostverwendung, wie überhaupt in die biologisch-dynamische Wirtschaftsweise einführt, ist im Anhang aufgeführt; weitere eingehende Werke darüber sind im Entstehen begriffen.

Der mit geringsten Mengen von Heilpflanzenkomposten – es handelt sich hier um solche aus Schafgarbe, Kamille, Brennessel, Eichenrinde, Löwenzahn, Baldrian u. a. – behandelte Kuhdünger und Kompost verrottet bzw. vererdet in erstaunlich kurzer Zeit. (Siehe Tafel Nr. 2, S. 87.) Bei einer nur mittleren Temperaturentwicklung ist er ganz kurze Zeit nach der Präparation geruchlos, erhält eine mullige bzw. krümelige Struktur und die einzelnen Teilchen besitzen ein erhebliches Schwellungsvermögen. Nach Beendigung des Vererdungsprozesses, der nach einem einmaligen Umsetzen und spätestens in einem Jahr – bis auf seltene Ausnahmefälle – erreicht wird, kommt ein idealer Dünger zustande, der wie schönste Blumenerde aussieht und auch so duftet. Der Nachweis der Lebendigkeit eines so behandelten Kompostes und Stalldüngers ist in dem Vorhandensein wesentlich größerer Bakterienanzahl als normalerweise gegeben.

Die durch eine besondere Düngerpflege angewandte Mühe wird bereits nach der Fertigstellung des Düngers dadurch gelohnt, daß dieser Dünger mit der Schaufel verladen wird und mit der Schaufel auch vom Wagen aus sich ausstreuen läßt. Auch die Unterbringung erweist sich namentlich im Gartenbau einfacher, weil dieser Dünger nur eingeharkt bzw. eingeeggt zu werden braucht. Infolge seiner erdigen Struktur ist seine Verteilung im Boden eine ideale. Er geht sogleich in den Boden über und bildet keinen Fremdkörper in diesem, wie dies jeder Stalldünger dann tut, wenn er in einem nicht vererdeten Zustand in den Boden gelangt. (Siehe Tafel Nr. 14, S. 88.)

Unter die organischen Düngemittel wird auch heute ganz allgemein der Menschendünger gerechnet. Dieser Dünger aber wird von der biologisch-dynamischen Wirtschaftsweise abgelehnt, es sei denn, daß er mit tierischem Dünger vermischt zur Anwendung gelangt und dieser tierische Dünger bei weitem den menschlichen überwiegt. Gerade im Umkreis der Städte, namentlich der Großstädte, wird in den Kleingärten, auf den Siedlergrundstücken, in Gärtnereien und in den umliegenden landwirtschaftlichen Betrieben oft in sehr reichlichem Maße mit menschlichen Fäkalien gedüngt. Wer-

Tafel 2

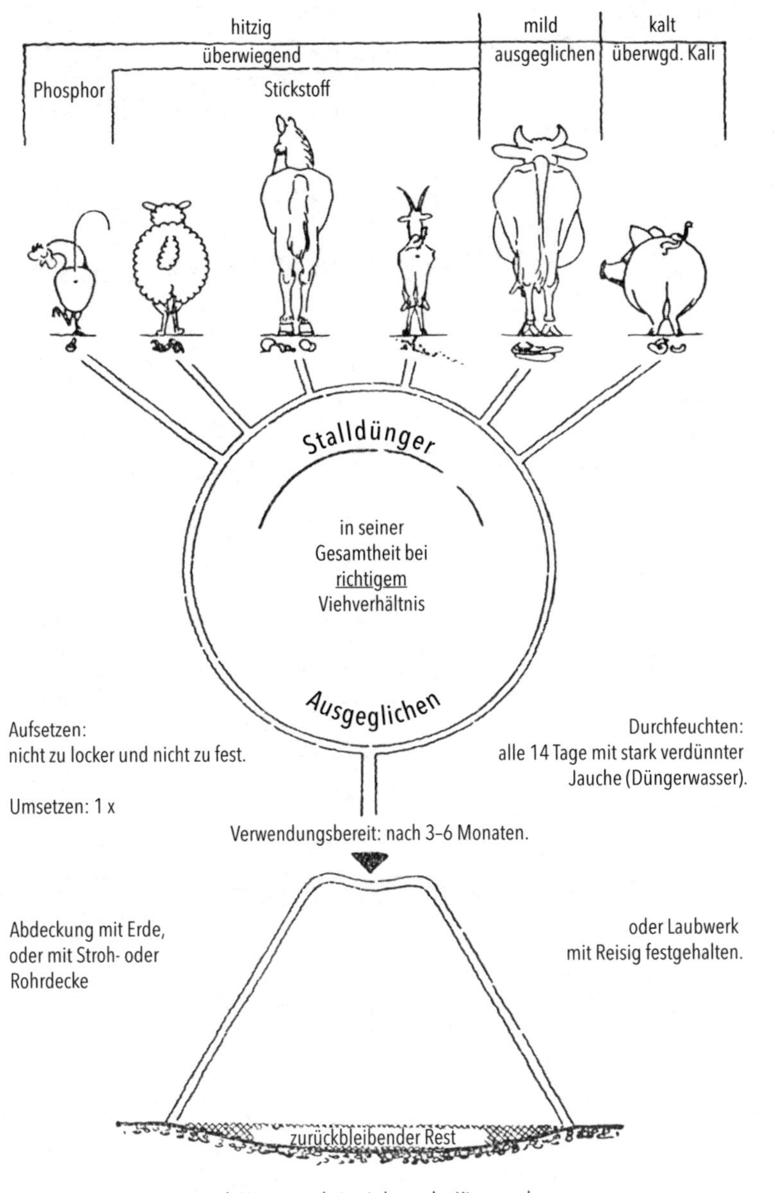

Stalldünger.
hitzig
mild
kalt
überwiegend
ausgeglichen
überwgd. Kali
Phosphor
Stickstoff
Stalldünger
in seiner
Gesamtheit bei
richtigem
Viehverhältnis
Ausgeglichen
Aufsetzen:
nicht zu locker und nicht zu fest.
Umsetzen: 1 x
Durchfeuchten:
alle 14 Tage mit stark verdünnter
Jauche (Düngerwasser).
Verwendungsbereit: nach 3–6 Monaten.
Abdeckung mit Erde,
oder mit Stroh- oder
Rohrdecke
oder Laubwerk
mit Reisig festgehalten.
zurückbleibender Rest
Je nach Untergrund eine Lehm- oder Kiesunterlage.

Einrichtung von Stufungen im hängigen Gelände.

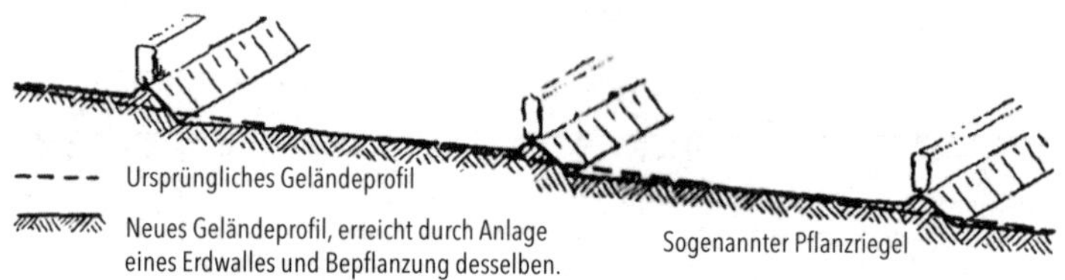

Grabenanlage und Rückenbau in feuchtem Gelände.

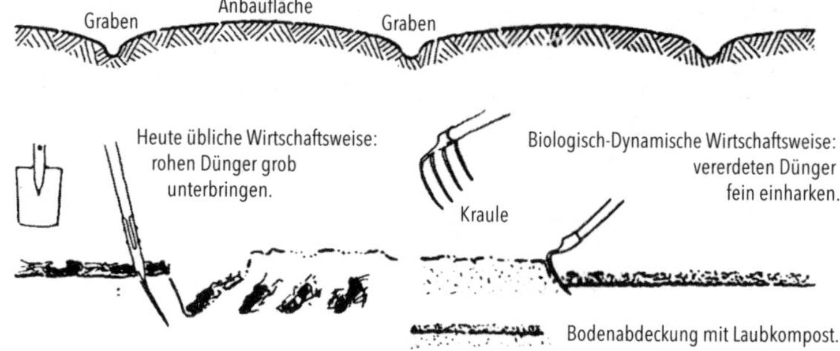

Laubkompost.

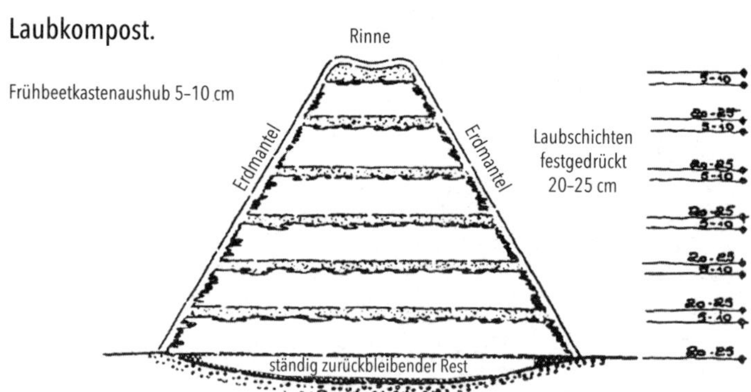

Je nach örtlichen Bodenverhältnissen: Lehm- oder Kiesunterlage.

Aufsetzen:	im November Mischlaub, das im Herbst fällt, in Schichten von 20–25 cm Höhe
Dazwischen:	Frühbeetkastenaushub (verrotteter Pferdemist) in Schichten von 5–10 cm.
Präparieren:	gleich nach dem Aufsetzen.
Umsetzen:	1 x Ende März.
Durchfeuchten:	alle 8 Tage mit Düngerwasser abwechselnd aus verdünnter Kuhjauche oder aufgelöstem Kuhdünger.
Verwendungsbereit:	Mitte Mai des nächsten Jahres.

den diese einer chemischen Analyse unterworfen, so stehen sie in ihrem Dungwert an der Spitze allen organischen Düngers; das gibt ja auch in neuester Zeit die Veranlassung, daß sie als Dünger so gern Verwendung finden. Die Beobachtung der Tiere auf den Weiden lehrt, daß diese aus einem gesunden Empfinden heraus die Futterpflanzenstellen meiden, auf welchen die gleiche Tiergattung geraume Zeit vorher gemistet hat. Dies allein schon sollte den Anlaß geben, über den Wert der menschlichen Fäkalien als Düngemittel bei Erzeugung von Nahrung für den Menschen nachzudenken.

Eine besonders große Gefahr bilden aber wiederum die rohen Fäkalien oder diejenigen, die auf den Rieselfeldern als Düngung zur Anwendung kommen. Es ist bekannt, daß das auf solche Weise herangezogene Gemüse bei der Zubereitung geradezu aus dem Topfe stinkt. Der Dauergenuß derartig gezogener Gemüse und Früchte bildet mit der Zeit die Ursache von gewissen Krankheitserscheinungen, wie zum Beispiel Furunkulose im menschlichen Organismus. Diese Feststellungen mögen auch dazu geführt haben, daß für die Fäkalienverwendung von gewissen Kreisen und ihren Vertretern, wie Leberecht Migge und anderen, sorgfältigste Kompostierungsmaßnahmen in Vorschlag gebracht und getroffen wurden, die dahin führen können, daß äußerlich feststellbare Krankheitserscheinungen beim Menschen kaum auftreten. Indessen ist es durch die sorgfältigste Kompostierung und sonstige Behandlung doch nicht möglich, das an feinsten mineralischen Stofflichkeiten den Fäkalien wieder hinzuzufügen, was der Nahrung beim Durchgang durch den menschlichen Organismus entzogen worden ist. Dieser Entzug während des Verdauungsvorganges in Hinsicht auf Feinststofflichkeit ist viel intensiver als beim Tier und macht sie deshalb, allein angewandt, für ein Düngen, das in der Verlebendigung des Bodens besteht, unbrauchbar.

Wenn man vom Düngen als von einer zentralen Maßnahme für den Kulturpflanzenbau sprechen kann, so würden die besten Bemühungen in dieser Hinsicht doch nicht zur vollen Wirksamkeit der erfolgten Düngung führen, wenn nicht eine ganze Reihe weiterer Faktoren Beachtung fände, die von wachstumsfördernder Natur sind. Diese Art des Düngens, die ein so großes Gewicht auf die Verlebendigung des Bodens legt, schafft damit auch eine ganz andere Voraussetzung für die Bodenbearbeitung. Ein Boden, der eine Reihe von Jahren unter der Einwirkung der biologisch-dynamischen Düngung steht, die übrigens bedeutend vielseitiger ist, als hier nur kurz skizziert werden konnte, ändert sich grundlegend in seiner Struktur. Diese wird dann krümelig, außerordentlich locker und ist so angereichert mit einer Kräftewirksamkeit, daß sich der Bodenorganismus wehren kann gegen alles, was aus Witterungseinflüssen heraus schroff auf ihn einwirkt, was man ja bekanntlich mit Pufferungsfähigkeit bezeichnet. So kann beobachtet werden, daß ein solcher Boden selbst bei ganz starken Platz- und Dauerregen nicht verschlämmt und verkrustet und selbst bei ganz großer Trockenheit die Feuchtigkeit zu bewahren vermag. Auch wurde festgestellt, daß die Frosteinwirkungen sich in ihm nicht so tief wie sonst geltend machen konnten.

Solch ein Verhalten des Bodens aus einer Eigendynamik heraus erspart einen Teil der Bodenbearbeitung durch Hakken und Gießen. In einzelnen Betrieben konnte daher schon erreicht werden, daß das Hacken und Gießen im Freiland zum Wegfall kommen konnte und daß die vorbereitende Bodenbearbeitung nur noch in einem Durchkraulen des Bodens besteht. Es wird demnach der Boden nicht durch Pflug oder Spaten umgedreht, sondern nur mit der langzinkigen Düngerharke durchzogen. Dadurch erübrigt sich ein Großteil von Arbeit, weil die sonst brachliegenden Naturkräfte für den Kulturpflanzenbau positiv eingeschaltet werden konnten. Um den Boden einem idealen Zustande nahezubringen, sind außer der erfolgten Belebung durch organische Stoffe Ausgleichungsmaßnahmen notwendig. Den meisten Kulturböden fehlt es heute an einer harmonischen Ausgeglichenheit, durch die allein ein gesundes Pflanzenwachstum auf die Dauer gewährleistet ist. Solch ein idealer Boden für den Kulturpflanzenbau enthält in einem ausgeglichenen Verhältnis zueinander die drei Grundstoffe Humus, Lehm und Kiesel. Die allermeisten Böden jedoch sind einseitig gestaltet, und es überwiegt in ihrer Zusammensetzung einer der drei genannten Grundstoffe, entweder Humus oder Lehm oder kieselige Bestandteile.

Auch hier zeigt die praktische Erfahrung, daß solche Böden allmählich einen gewissen Ausgleich in ihrer Wirksamkeit für das Pflanzenwachstum erfahren können, ohne dabei den betonten Charakter gänzlich einzubüßen. Dieser Ausgleich wird durch im Vergleich zur Anbaufläche sehr geringe Gaben von Spezialkomposten erzielt. So erhalten ausgesprochene Sandböden feine Lehmkompostzusätze, Moorböden außer Sand ebenfalls solche Lehmkomposte, tonige Böden feinsandige Komposte neben der sonst üblichen Düngung mit vollständig verrottetem Stalldünger und pflanzlichen Komposten. Die verwendeten Mengen dieser Komposte sind so gering, daß in bezug auf diese Mengen und ihre Wirksamkeit von einer Art Homöopathie gesprochen werden kann. Diese ist in der Medizin schon längst bekannt und auch wissenschaftlich anerkannt. Ihr ist in der Landwirtschaft nunmehr auch ein aussichtsreiches Auswirkungsgebiet erschlossen worden. Die Herstellung solcher Spezialkomposte geht aus der Tafel Nr. 5 (S. 93) hervor.

Die im Humus waltenden Bildekräfte wirken im Pflanzenwachstum substanzbildend und massenerzeugend. Die

Melirationskompost

Beste Bodenverbesserung erreicht durch Verkompostierung
von pflanzlichen Abfällen, wie:
gejätetes Unkraut,
Ernteabfälle,
Gras,
Grabenaushub
u.a. mehr als **Hauptbestandteile**.

Nebenbestandteile:

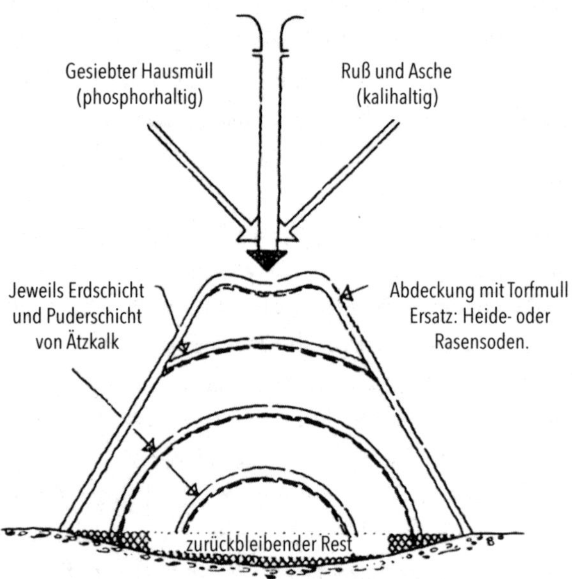

Je nach Untergrund eine Lehm- oder Kiesunterlage.

Aufsetzen:	sofort nach Anfall, daher wachsender Komposthaufen.
Präparieren:	1 x
Durchfeuchten:	alle 8 Tage mit Düngerwasser, abwechselnd aus verdünnter Kuhjauche oder aufgelöstem Kuhdünger.
Umsetzen:	12 Wochen nach Präparation
Verwendungsbereit:	nach 1 Jahr

Heidesodenkompost

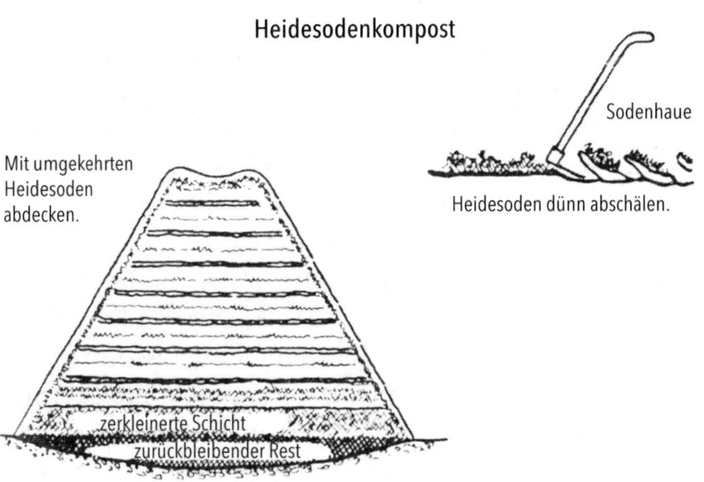

Aufsetzen: Heidekraut jeweils zueinander gekehrt. Zwischen Heidekr. Puderschicht von Ätzkalk, und zwischen die Erd seiten dünne Schicht Stalldünger.

Präparieren: nach dem Aufsetzen.

Durchfeuchten: alle 8 Tage mit Düngerwasser

Umsetzen: 1 x nach 5–6 Monaten.

Verwendungsbereit: nach 1–2 Jahren

Lehmkompost.

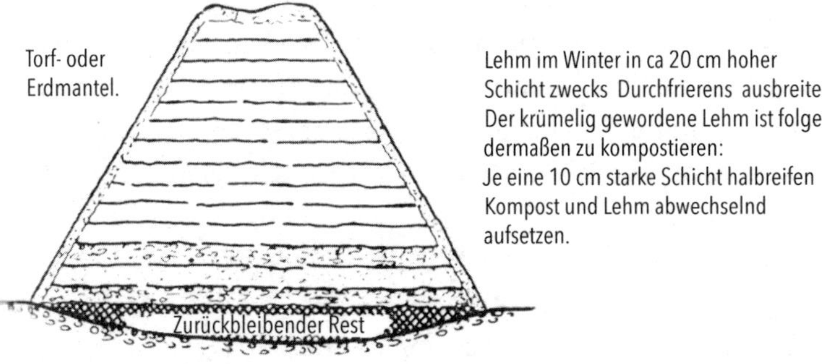

Lehm im Winter in ca 20 cm hoher Schicht zwecks Durchfrierens ausbreiten. Der krümelig gewordene Lehm ist folgendermaßen zu kompostieren:
Je eine 10 cm starke Schicht halbreifen Kompost und Lehm abwechselnd aufsetzen.

Präparieren: nach dem Aufsetzen.

Durchfeuchten: alle 8 Tage mit Düngerwasser abwechselnd aus verd. Jauche od. aufgel. Kuhdung

Umsetzen: 1 x

Verwendungsbereit: nach 1 Jahr

durch den Kiesel vermittelten Licht- und Wärmewirkungen als Bildekräfte gestalten dagegen die Pflanze fein, erzeugen die leuchtenden Farbtöne in Blüten und Früchten, schenken ihnen Duft und Geschmack und erfüllen schließlich bestimmte Pflanzen mit besonderen Nährwerten und andere wieder mit Heilwirksamkeiten. Diese Tatsache ist bereits durch folgendes Beispiel belegt: Überwiegen in einer Gegend die Humuswirkungen, wie das typisch im Gebiet der Marsch unterstützt durch die Luftfeuchtigkeit und den hohen Grundwasserstand in dem schweren humus- und kalkreichen Boden der Fall ist, so kann dort stets ein außergewöhnlich üppiges Pflanzenwachstum, also Grünmassenerzeugung festgestellt werden, jedoch ohne besondere Aromakräfte in der pflanzlichen Substanz. Hingegen zeigen Pflanzen in Höhenlagen unter besonderer Einwirkung von Licht und Wärme und auf kieselhaltigen Böden viel geringere Substanzentwicklung, aber bedeutend stärkeres Aroma, erheblich höheren Nährwert, größere Leuchtkraft und Farbbeständigkeit in Blüten und Früchten wie auch besondere Haltbarkeit der letzten. Diese Polarität zwischen Humus- und Kieselwirkungen wird überbrückt durch eine dritte Stofflichkeit – den Lehm. Im Lehm sind die Humuseigenschaften und Kieselkräfte ineinander verflochten wirksam, was sich besonders bei Anwendung auf einseitigen Böden in Form von Lehmkomposten so ausgleichend erweist. (Siehe Tafel Nr. 5, S. 93.)

Die Humuskräfte eines Bodens können durch ein Düngehilfsmittel besonders angeregt werden. Reiner Kuhdünger (Präparat 500) wird durch einen sorgfältigen Kompostierungsprozeß in seiner schon vorhandenen Humuskraft außerordentlich stark angereichert. Sehr geringe Mengen dieses präparierten Kuhdüngers, der durch ein sorgfältiges Verrühren in angewärmtem Regenwasser aufgelöst wird, genügen dann, um, über den Boden ausgespritzt, seine Humuökräfte ungewöhnlich stark aufzurufen. Diese besondere Anregung der Humuskräfte im Boden fordert aber für den Kulturpflanzenanbau eine weitere Maßnahme, welche die Pflanzen auch in den Genuß besonderer Wärme- und Lichtwirksamkeit setzt. Dies geschieht durch eine Spritzflüssigkeit, die aus feinstzermahlenem Bergkristall (Präparat 501), der ebenfalls in angewärmtem Regenwasser verrührt wurde, besteht. Diese Flüssigkeit wird auf die Blattmassen der Pflanzen ausgespritzt. Es ist überraschend, zu beobachten, wie das Grün der Pflanzen sich nach der Anwendung dieses Spritzmittels ändert, und zwar erscheint es frischer und Heller. Durch dieses Spritzmittel wird die Chlorophylltätigkeit in den Blättern der Pflanze günstig beeinflußt und gesteigert. Hunderte von praktischen Vergleichsversuchen haben immer wieder die besagte Wirksamkeit dieses Spritzmittels erwiesen.

Oft genug ist Gelegenheit geboten, Pflanzen während der Umstellung der Betriebe auf biologisch-dynamische Wirtschaftsweise neben kunstgedüngten Pflanzen wachsen zu sehen. Ein Vergleich zwischen diesen verschieden behandelten Pflanzen, vom Aufkeimen bis zur Reife hin beobachtet, ergibt die immer wiederkehrende Feststellung:

Die biologisch-dynamisch gedüngten Pflanzen bleiben gegenüber den kunstgedüngten in der Anfangsentwicklung des Sprosses und der Blattentfaltung im allgemeinen gesehen erheblich zurück, was oft Anlaß gegeben hat, durch diese alleinige Beobachtung die biologisch-dynamische Düngungsart sogleich abzutun.

Die genauere Untersuchung, wobei die Vergleichspflanzen aus dem Boden herausgenommen werden, zeigt jedoch, daß die biologisch-dynamisch gedüngten Pflanzen während ihrer Anfangsentwicklung scheinbar die gesamte Wachstumsenergie auf den Ausbau eines viel besseren und größeren

Wurzelwerkes, als es bei den kunstgedüngten Pflanzen der Fall ist, gerichtet hatten. Mit Hilfe dieses Wurzelwerkes sind sie alsbald in der Lage, die zunächst eingetretene Verzögerung in der Sproß- und Blattentwicklung rasch nachzuholen, ja häufig früher zur Reife zu gelangen unter Entwicklung der schon mehrfach genannten hoch-qualitativen Eigenschaften.

Es kann daraus der Schluß gezogen werden, daß die biologisch-dynamische Düngung durch das Erdige, während die Kunstdüngung hauptsächlich durch das Wasser wirkt.

Ein sehr wesentlicher Faktor für die Förderung der Wachstums- und Widerstandskräfte fand bisher keine Erwähnung, obwohl hier die dynamischen Einwirkungen offenbar am meisten zu verfolgen sind; es ist die Gestirnsbeachtung, die schon bei unseren Vorfahren im Pflanzenanbau volle Berücksichtigung fand.

Es können nicht nur der Sonne Wirkungen für das Pflanzenwachstum zugesprochen werden, sondern es sind neben den Sonneneinwirkungen auch solche der Planeten und der Fixsterne zu beobachten. Sie vermögen den Sonneneinfluß je nach ihrer Stellung während ihrer Laufbahn zur Sonne nach den verschiedensten Richtungen hin zu modifizieren. Auf diese modifizierten Sonnenkräfte pflegen die Pflanzen sehr zart zu reagieren. Dieses zeigt sich häufig in einer besonderen Qualitätsbildung.

Deshalb ist dies wichtige Gebiet der Gestirnsbeachtung einer eingehenden, exakten Prüfung hinsichtlich der Einflüsse auf das Pflanzenwachstum unterzogen worden. So konnte namentlich Frau Kolisko (L. Kolisko, Gaea Sophia, Band 4, Landwirtschaft, S. 63, »Der Mond und das Pflanzenwachstum«. – I. Voegele, Demeter 1930, Heft 12, »Dynamische Wirkungen und ihre praktische Anwendung«.) schon vor Jahren mit einer großen Zahl sehr exakt wissenschaftlich angestellter Forschungen aufwarten, die den Nachweis der Wirksamkeit des Mondlichtes auf das Pflanzenwachstum zum besonderen Gegenstand hatten. Das Ergebnis dieser Forschungen zeigt deutlich, daß das zunehmende Mondlicht mit einem Maximum zwei Tage vor Vollmond die Saat schneller keimen läßt, die Pflanzen größer in der Masse entwickelt und sich auch in einer größeren, qualitativ besseren Ernte kundtut als es bei Pflanzen der Fall ist, welche bei Vollmond oder im abnehmenden Mondlicht gesät wurden. Die Voraussetzung für ein solches Ergebnis ist allerdings, daß die Böden, in welche die Saat eingebracht wird, genügend Feuchtigkeit besitzen, oder kurz vor dem Pflanzen Regen gefallen ist.

Leider muß es hier mit diesem kurzen Hinweis auf die Gestirnsbeachtung, für welche zur praktischen Ausübung inzwischen schon erfolgreiche Methoden gefunden werden konnten, sein Bewenden haben.

Für die Züchtung, Saatgutgewinnung und -behandlung, besonders auch für das Pflanzen von Gehölzen wird die Gestirnsbeachtung künftig wieder von weittragender Bedeutung sein. Gesundheit, Widerstandsfähigkeit und größere Keimkraft sind Eigenschaften, die in den heutigen Züchtungs- und Anbaumethoden für Saatgut ebenfalls erforderlich sind. Es wird deshalb empfohlen, im Anbau nach der biologisch-dynamischen Wirtschaftsweise nur Originalsaatgut, noch besser das nach biologisch-dynamischen Gesichtspunkten behandelte Demeter-Saatgut zu verwenden.

Das Ausgleichen eines Bodens, also ihn in einer ständig gleichgearteten Stoff- und Kräftewirksamkeit zu erhalten, kann durch eine Reihe weiterer Maßnahmen unterstützt werden, so durch eine richtige Fruchtfolge des Kulturpflanzenanbaues, die in vielem von den heute üblichen Fruchtfolgen abweicht. Es wird auch hier dem Streben der Natur gefolgt, welche üppiges und gesundes Wachstum dort auslöst, wo sich eine Gemeinschaft aus den verschiedensten Pflanzen bilden konnte. Auch unter den Pflanzen kann beobachtet werden, daß sie sich in ihrem Zusammenleben auf dem Boden entweder glücklich ergänzen oder aber auch stören. Es ist durchaus nichts Neues, daß auch im Kulturpflanzenanbau in früheren Zeiten in dieser Beziehung wertvolle Erfahrungen gesammelt werden konnten, die dann zum Betreiben von Mischkulturen führten. Der Rahmen dieser Ausführungen gestattet jedoch nicht, noch näher auf die Anordnung solcher Mischkulturen einzugehen. Es kann sich hier nur darum handeln, kurz zu zeigen, wie in der Anwendung der biologisch-dynamischen Wirtschaftsweise alles erfaßt ist, was gesunde Bedingungen für den Kulturpflanzenanbau herbeizuführen vermag.

Die richtige Düngung, die Durchharmonisierung des Bodens durch feinstoffliche Erdzusätze sowie die Durchführung einer sinngemäßen Fruchtfolge in Mischkulturen, wo sich Wurzelpflanzen, Blattpflanzen und Blütenpflanzen in rhythmischer Anordnung und im Anbau ständig abwechseln, würde immer noch nicht genügen, um die erstrebten Vollwirkungen einer solchen naturgemäßen Wirtschaftsweise zu sichern. Es kommt darauf an, das durch die bereits genannten Maßnahmen erzeugte Lebendige in einem in sich geschlossenen Kreislauf wirken zu lassen. Dies ist aber nur möglich, wenn im Nehmen und Geben innerhalb des Betriebes weitgehend ein Ausgleich geschaffen werden kann, wie dies bereits zu Anfang dieser Ausführungen kurz erwähnt wurde. Das fordert allerdings, daß die Wesensglieder, aus denen ein gesunder Betrieb besteht, in ein harmonisches Verhältnis zueinander gebracht werden. Die Wesensglieder in einer idealen Landwirtschaft bestehen in einem bestimmten Teil Wald, in gewissen Baum- und Strauchpflanzungen, in einer zum übrigen abgestimmten Ackerwirtschaft, in Wiesen und Weiden, in kleinen auenmäßigen Landstrichen, in der

Nutzviehhaltung und in dem Wildgetier, das in einem solchen Organismus ebenfalls vorhanden sein muß. Schließlich darf als wichtiges Wesensglied der Landwirtschaft das Wasser, ohne welches kein Leben bestehen kann, nicht fehlen, sei es als natürlicher Teich oder Bach, oder mangels dieser als künstliche Wasserversorgungsanlage mittels Brunnen, Pumpen und Behälter. Im harmonischen Zusammenwirken aller dieser Wesensglieder ist die Gewährleistung gegeben, daß ein in sich geschlossener Kreislauf des Stofflichen und der Kräftewirkungen hergestellt werden kann, der wiederum die Voraussetzung ist für ein allseits gesundes Pflanzenwachstum und eine ebensolche Tierzucht. Ist nur eines dieser Wesensglieder innerhalb eines solchen Organismus zu stark herausentwickelt, wie dies heute bei der Mehrzahl aller landwirtschaftlichen und gärtnerischen Betriebe der Fall ist, so ist der Organismus in gewissem Sinne schon zerrissen und ungesund zu nennen.

Es mag wohl durch eine gewisse Konjunktur für eine Zeitlang mehr herausgewirtschaftet werden, das rächt sich aber doch im weiteren Verlauf durch das massenhafte Auftreten tierischer und pilzlicher Schädlinge, die das, was da zu viel und auf Kosten der übrigen Wesensglieder herausentwickelt ist, vernichten. Was wir als Unkräuter, pilzliche und tierische Schädlinge in der Ausübung der Landwirtschaft und des Gartenbaues bezeichnen, wird von der Natur anders gewertet. Die Natur ist immer bestrebt, dort ausgleichend zu wirken, wo der Mensch aus Unkenntnis ihre wunderbaren Zusammenhänge nicht beachtet und aus Eigennutz und Spekulation harte Eingriffe in die bestehende Naturgesetzlichkeit vornimmt. In diesem Fall helfen alle Schädlingsbekämpfungsmittel nichts, weil diese nur den im Augenblick entstandenen Schaden an der Oberfläche mit mehr oder weniger Erfolg wegzuwischen vermögen, aber niemals zur

Ursache des Übels vordringen. Die Ursache des Übels liegt durchweg in der Mißachtung des Ordnungsprinzips, das in der Natur für alles Lebendige besteht.

Um die wunderbare in der Natur waltende Gesetzmäßigkeit verstehen zu lernen, ist es notwendig, die Natur auch in ihren feinen Auswirkungen gründlich zu beobachten. So ist zum Beispiel den Pflanzengruppen wie Baum, Strauch, Stauden und Einjahrspflanzen eine ganz gewisse Tierwelt zugeordnet von kleinsten Insekten bis hinauf zur Vogelwelt, die in bezug auf die Stoff- und Kraftwirkungen bestimmte Funktionen auszuüben hat. Es besteht zunächst ein innig verwobenes Zusammenleben zwischen Pflanzen- und Tierwelt, aus dessen Studium vieles entnommen werden kann für eine harmonisch zusammenklingende Ausgestaltung landwirtschaftlicher und gärtnerischer Betriebe. Die solche Zusammenhänge berücksichtigende Ausgestaltung bildet zugleich die Sicherheit gegen ein seuchenhaftes Auftreten pilzlicher und tierischer Schädlinge im Betriebe. Ein harmonisch gestalteter Betrieb erwächst dadurch ganz aus der Eigenart der betreffenden Gegend, unter voller Nutzung der dort speziell vorhandenen Klima-, Lage- und Bodenverhältnisse.

Was hier für die Landwirtschaft und ihre Ausgestaltung nur in ganz kurzen Zügen als bedeutsam skizziert werden konnte, ist von noch stärkerer Bedeutung für den Gartenbau, der, ideal gesehen, eine reduzierte, konzentrierte und sehr verfeinerte Landwirtschaft in allen ihren Belangen darstellt. Aus dem Wald einer Landwirtschaft verbleiben für den Gartenbau einzelne wenige Bäume, ebenso aus den Baum- und Obstanlagen einer Landwirtschaft. Aus dem Acker ergeben sich die viel kleineren Anbauflächen für den Gartenbaubetrieb, aus den Wiesen und Weiden nur ein Rasenstück kleinen Ausmaßes, aus den Gewässern nur offene Wasserbecken, die zum Teil dazu dienen, das aufgefangene Regenwasser von den Dächern zu sammeln. Die Viehhaltung in Rinderherden und sonstigem Großvieh spiegelt sich wieder in der Haltung von einigen Stück Rindvieh und von ein oder zwei Pferden und einer kleinen Anzahl von Schweinen und Geflügel. Haben die Gartenbaubetriebe nur ein kleines Ausmaß, so müssen sich eine Reihe von Gärtnern zusammentun, damit sie gemeinsam auf einem Weidegut eine Viehherde halten, um auf diese Weise in den Besitz von Dünger zu kommen, dessen Urqualität ihnen in jeder Hinsicht bekannt ist. Das Wildgetier kann im Garten nur in der harmlosen Form der Vogelwelt, des Igels, der Kröte und des Maulwurfs geduldet und gepflegt werden.

Vielfach sind zwar die wichtigsten Wesensglieder in den Gartenbaubetrieben noch vorhanden, doch in ihrer Anordnung und in ihrer harmonischen Ausgeglichenheit bestehen arge Mißstände. Es ist zunächst nicht einfach, die Wesensglieder richtig anzuordnen, und es erscheint wichtig, ein Hilfsmittel zu haben, um die richtige Anordnung zu finden.

Nach langjähriger Untersuchung hat sich für mich herausgestellt, daß ein hilfreiches Vorbild in dem kleinsten lebendigen Organismus, den es gibt, in der Zelle, bestehen kann. (Siehe Tafel Nr. 6, S. 102) Aus dem Aufbau ihres Organismus leuchtet ein einfaches, klares Ordnungsprinzip hervor, welches die beste Unterlage bilden kann für die Ausgestaltung eines in sich geschlossenen Organismus und für die richtige Einordnung seiner Wesensglieder. Die Zelle als kleinster lebendiger Organismus besteht aus dem Zellkern und dem ihn umgebenden Zellsaft und als Abgrenzung dieses Organismus aus der Zellwandung. Im Zellkern sind die Lebensenergien für die Zelle gespeichert. Sie durchfluten den Zellsaft. Unterlegt man nun diese Anordnung, wie sie in der Zelle besteht, dem Vorhaben, einen Gartenorganismus zu gestalten,

Entwicklung des Ordnungsprinzips für den Aufbau eines Siedlungsorganismus.

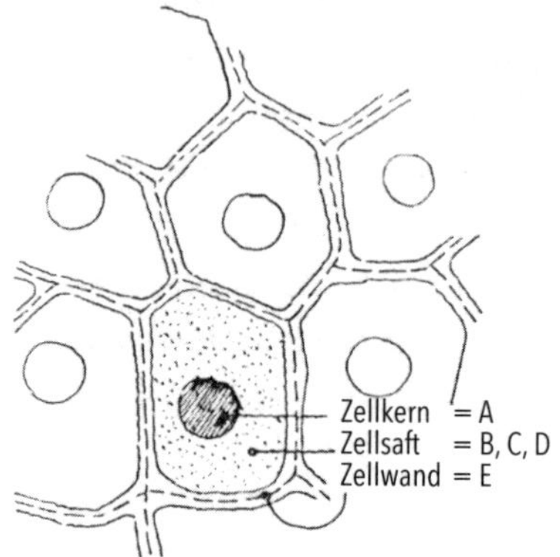

Vergrößerte Pflanzenzellen.

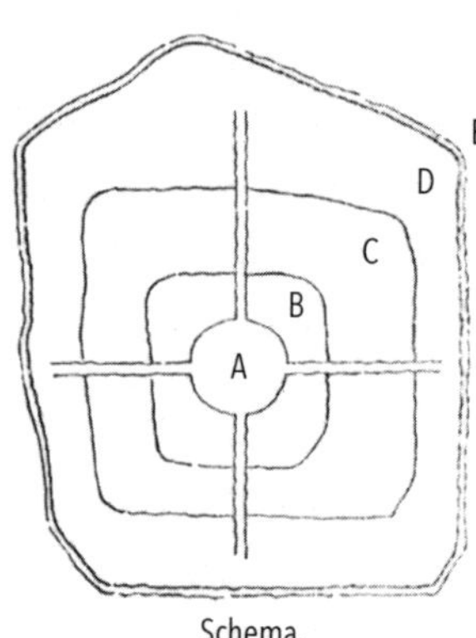

Schema.

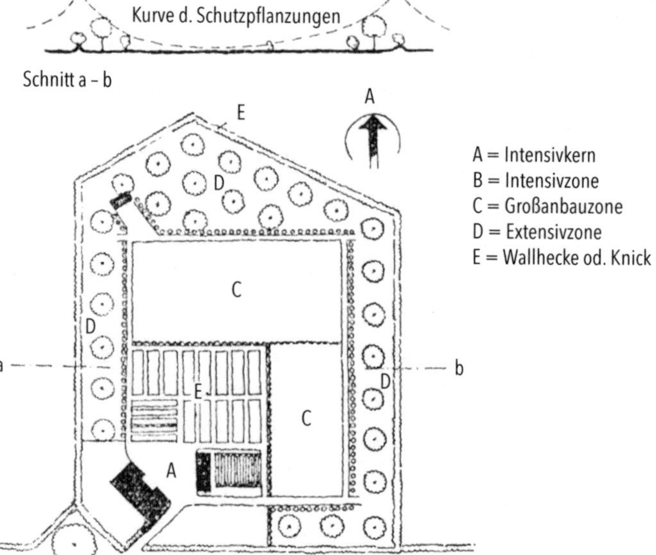

A = Intensivkern
B = Intensivzone
C = Großanbauzone
D = Extensivzone
E = Wallhecke od. Knick

so entspricht dem Zellkern in der Zelle der Mensch mit seiner Wohnstätte in dem Gartenorganismus. Vom Menschen gehen die Energien aus, die das Pflanzenwachstum im Gartenorganismus zu unterstützen haben. Alle Hilfsmittel, die der Wachstumsförderung dienen, vereinigt der Mensch mit seiner Wohnstätte, mit dem Stall, der Dünger- und Kompoststätte, dem Wasserbecken, den Frühbeeten und in einzelnen Fällen mit den Gewächshäusern zu einem Energiekern für den Gartenorganismus. Dem Saft einer Zelle entspricht im Gartenorganismus die Gesamtheit der Anbauflächen, der Zellwandung die abgrenzende äußere Heckenpflanzung um den Gartenorganismus herum.

Wege, Gräben, Heckenzüge und bandartige Beerenstrauchpflanzungen bilden die Leitungen, welche die Energien von ihrer Quelle aus in die Anbauflächen hineinfördern. Die Anbaufläche eines solchen Organismus wird aus verschiedenen sich um ihn herumlegenden Zonen bestehen. Diejenige Zone, die sich um diesen Kern am dichtesten schließt, kann als die Intensivzone bezeichnet werden. In dieser Zone wird der Anbau der empfindlichsten Kulturen getroffen, die ständig der Wartung des Menschen bedürfen. Hier müßte vorzugsweise mit Wanderglas gearbeitet werden. Die einzelnen Zonen werden voneinander durch Hekkenzüge abgegrenzt. Durch diese Heckenzüge und durch Beerenstrauchpflanzungen, welche die eine Seite der in die Anbaufläche führenden Wege einfassen, entstehen Kulturräume, die auch die einzelnen Zonen wiederum gliedern. Gewöhnlich werden drei Zonen innerhalb der Anbaufläche unterschieden, nämlich die bereits genannte Intensivzone als innerste, eine zweite, die Groß- oder Hauptanbauzone, die dem Anbau der weniger empfindlichen Gemüsearten dient, und schließlich die Extensivzone als dritte, in der die Früchte mehr feldmäßig gebaut werden, in der Wiese und Weide eingeordnet sind und die schließlich auch die Baumobstpflanzungen beherbergt.

Während die Intensivzone mit einer verhältnismäßig niederen Hecke abgegrenzt wird, ist diejenige um die Gemüseanbaufläche schon höher, und die Extensivzone ist schließlich mit einer sogenannten knickartigen Mischhecke, also mit einer verhältnismäßig hohen Hecke abgeschlossen. Diese Raumgliederungen sind von größter Wichtigkeit für einen intensiven Kulturpflanzenanbau, dessen Intensität darauf beruht, durch naturgemäße Anlagen die in der Natur vorhandenen Kräftewirkungen für den Pflanzenbau aufs beste zu nutzen.

Die Räume bildenden Heckenzüge verhindern es, daß der Wind übermäßig in die Kulturen hineinbläst. Sie bewirken, daß die am Tage eingestrahlte Wärme zu einem bestimmten Teil festgehalten wird. Das ist im Frühjahr von ausschlaggebender Bedeutung für die Frühkulturen. Die Temperaturverhältnisse weisen um diese Jahreszeit eine große Spanne auf zwischen der am Tage herrschenden Wärme und der in der Nacht einfallenden Kälte. Durch eine geeignete Raumgestaltung kann die schädigende Einwirkung der Frühjahrsfröste auf den Kulturpflanzenbau weitgehend gemindert werden. Ferner wird es durch die Hecken ermöglicht, die Luftfeuchtigkeit zu sammeln und die Taufähigkeit bedeutend zu erhöhen. Schließlich bleibt den Kulturpflanzen der Aufstrom der Kohlensäure aus dem belebten Boden als einer der wichtigsten Wachstumsförderer erhalten. Auf ungeschützten Kulturböden wird diese aus dem Boden herausströmende Kohlensäure vom Winde häufig weggeführt zum Schaden des Kulturbodens und der darauf angebauten Pflanzen. Durch Hecken und Beerenobstbänder wird dieser Nachteil weitgehend gemildert. Diese haben aber noch eine weitere Bedeutung für den Kulturpflanzenanbau; denn von ihnen gehen noch gewisse Kräftewirkungen aus, die in der großen Landschaft bzw. Landwirtschaft durch Wald, Baum und Strauch bewirkt werden. Außerdem sind die Hecken der Unterschlupf der im Gartenorganismus erwünschten Vogelwelt sowie des Igels und der Kröte. Solche Anlagen können nur schädigend wirken, wenn sie aus einem Unverständnis heraus verwendet werden, so daß eine zu eng gezogene Raumgliederung entsteht oder nur ein und dasselbe Heckenmaterial verwendet wird.

Wie aus den Ausführungen zu entnehmen ist, werden die Beerenobststräucher nicht in Quartieren aufgepflanzt, sondern durchziehen in ein- bis höchstens zweizeiligen Pflanzenbändern in aufteilender und raumgliedernder Weise den Gartenorganismus. Das hat insofern einen großen Vorteil, als eine bedeutend geringere Anzahl von Beerenobststräuchern ein gleiches Ergebnis jedoch bei weit besserer Qualität abwirft als die in Quartieren gepflanzten Sträucher, die häufig unter pilzlichem und tierischem Schädlingsbefall zu leiden haben. Dies ist bei den Beerenstrauchbändern ganz selten der Fall. Licht und Luft können sie in der richtigen Weise umspülen und bewirken reichsten Blütenansatz, der den ganzen Strauch von unten bis oben überzieht und eine ergiebige frühzeitige und regelmäßig wiederkehrende Beerenernte gewährleistet.

Ein Ähnliches gilt auch für die Obstbaumpflanzungen. Sie sind ganz herausgelegt an die Grenze des Gartenorganismus. Dort werden die Bäume in weiten Abständen voneinander gepflanzt, so daß Licht, Luft und Wind die Baumkronen in der richtigen Weise zu umspülen vermögen. Darin liegt allein schon eine grundsätzliche und vorbeugende Maßnahme gegen den Schädlingsbefall, für die Gesunderhaltung des Baumes, für eine regelmäßige Ernte von gesunden und sauberen Früchten. Die spekulative Einstellung, möglichst viele Obstbäume in den Garten zu pflanzen, rächt sich bitter dadurch, daß durch die Dichtigkeit der Pflanzung die Grundlage für den Schädlingsbefall geschaffen wird, der sich natürlich dahin auswirkt, daß er dem Baum allmählich die Gesundheit und die Widerstandsfähigkeit gegen Schädlinge raubt. Zum anderen aber läßt es die Überpflanzung eines Gartenorganismus mit Obstbäumen nicht zu, daß auf die Dauer unter ihnen gewinnbringend Kulturpflanzenanbau getrieben werden kann.

Gewinnbringende Obstbaumzucht kann getrieben werden, wenn sie mit Bienenhaltung verbunden ist. Die Bienen führen ja nicht nur die Befruchtung durch, sondern sie fördern das Wachstum durch das, was sie in feinster Weise an Bienenduft beim Fluge abgeben. Außerdem bewirken sie durch ihren Flug um die Obstbäume eine Verteilung der dort sich anhäufenden Kräfte bestimmter Art, welche sich für alle in der Nähe der Bäume befindlichen Gewächse gleichfalls als wachstumsfördernd erweisen.

Außer den Beerenobststräuchern sollten an den aufteilenden Wegen entlang, an Grabenrändern oder zur Unterteilung einzelner Anbauflächen auch Bänder mit Gewürzkräutern oder duftenden Blütenpflanzen gebaut werden. Es ist bekannt, daß der den Blüten entströmende Duft ebenfalls ein Wachstumsförderer ist. Dies trifft besonders für die Gewürzkräuter zu wegen ihres hohen Duftgehaltes. In dieser Feststellung dürfte auch eine Erklärung für den alten Bauerngarten liegen, der stets von duftenden Blütenpflanzen und Gewürzkräutern durchsetzt war. Der Bauer hat solche Pflanzen gewiß nicht nur aus ästhetischen Gründen in seinen Garten gesetzt. Sie brachten ihm als Wachstumsförderer Nutzen und waren wohl erst in zweiter Linie für ihn schön.

Hieraus mag entnommen werden, daß der Organismus der Zelle tatsächlich Grundlage sein kann für ein Ordnungsprinzip, das bei Verwendung lebendigen Baustoffes im kleinen wie im großen mit Erfolg Beachtung finden sollte. An dieser Stelle kann auch auf einen Einwand eingegangen werden, der darin besteht, daß solche Gedankengänge, wie sie hier dargelegt wurden, wohl für die Einrichtung einer Neuanlage eines Gartenbaubetriebes oder gar für eine kleinere Landwirtschaft in Frage kommen könnten, daß aber solche Angaben wohl kaum einen Wert haben für bereits bestehende Betriebe. Das Bild eines in sich geschlossenen idealen Organismus muß in einem selbst arbeiten, muß ständig als Maßstab, als Vergleich vor Augen stehen.

Wenn dann der Mensch versucht, diese Gedanken in seiner Arbeitsverrichtung zu verankern, so stößt er dabei unzweifelhaft darauf, zunächst in seinem Betriebe alles in Ordnung zu bringen, was mit dem Düngen zusammenhängt. Alsdann gilt es, die Fruchtfolgen und damit die Bodenbearbeitung neu zu ordnen und umzustellen. Dann erst kann der Bau im Grünen beginnen mit der Anlage von Hekken, Strauchwerk und Bäumen. Das, was solchem Streben im Wege steht, wird nicht auf einmal niedergerissen, sondern es geschieht allmählich ganz nach Maßgabe der Entwicklung. Wer so in aller Beschaulichkeit fortschreitet in der Verwirklichung dieser Gedankengänge und es versteht, allmählich aus seinem Betriebe einen in sich geschlossenen, lebendigen Organismus zu gestalten, der besitzt auch die Möglichkeit, aus ihm die Individualität sprechen zu lassen. Das kann ein Zeichen dafür sein, daß der Betrieb in sich selbst gesundet und im Nehmen und Geben in seinem Stoff- und Lebenskreislauf wieder ein harmonisches Wechselspiel erreicht hat. Das aber bedeutet gleichzeitig die Gewährleistung für gesunde Pflanzenzucht, gesunde Viehzucht und Gesundheit des Menschen und damit aber auch Gesundheit in allen wirtschaftlichen Verhältnissen.

Die Umstellung einer Wirtschaft auf die biologisch-dynamische Wirtschaftsweise beginnt zunächst mit den Düngungsmaßnahmen. Grundsätzlich erfolgt die erste Anwendung der biologisch-dynamischen Düngung nur dort, wo zu einer Frucht organischer Dünger wie Stalldünger und Kompost gegeben werden. Es wird also mit der bisherigen Düngungsweise auf allen Anbauflächen nicht sofort abgebrochen, sondern die Umstellung vollzieht sich allmählich und zwar stets mit organischen Düngergaben innerhalb des bisher in einer Wirtschaft üblichen organischen Düngerumlaufes. Die mineralische Kunstdüngeranwendung ist darnach nur allmählich abzubauen.

In der Kunstdüngerindustrie sind heute zweifellos viele Menschen beschäftigt, und sie erfährt, volkswirtschaftlich gesehen, eine sehr hohe Wertung, obwohl die Erfahrung in Landwirtschaft und Gartenbau diese als nicht mehr begründet erscheinen läßt.

Die Kunstdüngeranwendung ist ganz allgemein im Rückgang begriffen, einmal durch die wirtschaftliche Notlage, dann aber nicht zum geringsten Teil aus der bereits gewonnenen Erkenntnis, daß die Verwendung von Kunstdünger sich auf Grund der entstehenden Schädigungen und der für die Erzeugnisse erzielten ungenügenden Preise auf die Dauer nicht als lohnend erweist. Biologische Maßnahmen und mit ihr verbunden eine verstärkte Viehhaltung haben schon in weiten Kreisen zu einer sehr erheblichen Einschränkung der Kunstdüngeranwendung geführt. Die Kunstdüngerindustrie wird deshalb mit der Zeit ihre Produktion mehr und mehr einschränken und die ihr innewohnende Energie auf ein anderes Betätigungsfeld verlegen müssen.

Eine beschleunigte Umstellung auf die biologisch-dynamische Wirtschaftsweise kann dadurch erreicht werden, daß mit den Mitteln, die zur Beschaffung von Kunstdünger vorgesehen sind, organische Dungstoffe neben Stalldünger, Horn- und Knochenmehle beschafft werden. Durch die Anwendung der letzten ist die Überführung von Anbauflächen in die biologisch-dynamische Behandlung mit gutem Erfolg möglich.

In diesem Zusammenhang mag noch darauf hingewiesen werden, daß die Kunstdünger als anorganische Dünger innerhalb des für sie neuerdings ausersehenen Begriffes »Handelsdünger« nur eine bestimmte Gruppe einnehmen können; denn auch alle organischen Dünger wie Horn-, Blut-, Knochenmehle, Stalldünger usw. sind gleichfalls »Handelsdünger«.

Es ist nun noch wichtig, zu erfahren, ob durch die Anwendung der biologisch-dynamischen Wirtschaftsweise tatsächlich eine genügende Rentabilität erzielt werden kann. Darauf kann gesagt werden, daß diese Wirtschaftlichkeit eine sicher eintretende Folgeerscheinung ist, wenn in systematischer Weise und aus den gewonnenen Erfahrungen heraus die Umstellung bzw. die Einrichtung erfolgt. Bei einem solchen Vorgehen wird mit der Zeit die Wahrnehmung gemacht, daß der Arbeitsaufwand ein erheblich geringerer ist als bei einer anderen Wirtschaftsweise, also auch geringere Kosten verursacht. Die Anwendung von Kunstdünger fällt ganz weg. Die Erzeugnisse können nahezu zu hundert Prozent auf den Markt gebracht werden und erzielen wegen ihrer echten Qualität mindestens die Spitzenpreise. Das Einkaufen von Futtermitteln, die Reparaturen und Unterhaltung von Maschinen belasten kaum noch einen biologisch-dynamisch wirtschaftenden Betrieb. Die größere Vielfältigkeit im Anbau von Kulturpflanzen und die ausgeglichenere Tierhaltung schalten für den Betrieb die gefürchteten Konjunkturschwankungen aus und ermöglichen eine geruhsamere Wirtschaftsführung mit günstigeren Absatzverhältnissen, sie ersparen außerdem die Ausgabe für Schädlingsbekämpfungsmittel und die Kosten für den Tierarzt.

Der technische Aufbau einer Siedlerstätte

Die Rückschau und der kurze Überblick über das gegenwärtige und längst vergangene Geschehen ergaben, daß die vielen tausend Siedlungsfreudigen und Tatenlustigen mit dem Rüstzeug einer Landwirtschaft oder eines Gartenbaues in der Eroberung von Neuland auf dem Wege des Siedelns kaum etwas auszurichten vermögen. Landwirtschaft und Gartenbau sind selbst gezwungen, neue Möglichkeiten zu ersinnen, um sich herauszulösen aus der Gebundenheit, die zwischen ihnen und der beinahe lahmgelegten Industrie besteht. Dieses Besinnen auf die eigenen Kräfte ist überall merklich spürbar.

In diesen Zusammenbruch der Landwirtschaft und des Gartenbaues hinein wächst ganz keimhaft die soeben in kurzen Zügen geschilderte biologisch-dynamische Wirtschaftsweise, die schon einer ganzen Reihe von Landwirten und Gärtnern die Möglichkeit geben konnte, aus dem Zusammenbrechen heraus Gesundung für ihre Betriebe zu finden. Was sich schon in solch heilsamer Weise für krankende landwirtschaftliche und gärtnerische Betriebe in verhältnismäßig kurzer Zeit geltend machen konnte, das wird sich in ganz besonderem Maße als erfolgreich erweisen, wo Ödland oder sonst vernachlässigtes Land in Kultur genommen werden soll. Aus der biologisch-dynamischen Wirtschaftsweise heraus kann, wie die Erfahrung lehrte, eine ganz neue Bodenbewirtschaftung entstehen, die auch die wirtschaftlichen Belange innerhalb der Landwirtschaft und des Gartenbaues zur Gesundung führt. Das ist vor allen Dingen dadurch möglich, daß die jetzt erreichte Höhe der Massenerzeugung gehalten wird, aber dahin noch eine Erweiterung erfährt, daß die Quantitäten auch echte Qualitäten vorstellen, was die beste Gegenwehr gegen die Einfuhr ausländischer Gemüse und Früchte geben wird.

Der Siedler, als ein neuer Bodenbewirtschafter, ist in der Lage, überall dort, wo schlecht kultiviertes, vernachlässigtes oder völlig ödes Land sich vorfindet, mit dem Rüstzeug der biologisch-dynamischen Wirtschaftsweise die auf solchen Ländereien bestehenden unnatürlichen Verhältnisse in kurzer Zeit zu verwandeln.

Die wenigen einem Siedler zur Verfügung stehenden Geldmittel dürfen nur für die Anschaffung einer provisorischen Wohnstätte (Bauzeitwohnung siehe Tafel Nr. 11–12, S. 112 und 113) Verwendung finden, wobei alles Gewicht darauf zu legen ist, daß noch so viel Geld übrig bleibt, um das unbedingt nötige Rüstzeug des Siedlers für seine Kultivierungsmaßnahmen beschaffen zu können. Dieses besteht, wie schon in einer Übersicht erwähnt, aus:

a) dem Ankauf von Stalldünger,
b) der Schutzgestaltung, die hier zu einem Teil schon kurz beschrieben wurde,
c) der Beschaffung von schon reifem Kompost,
d) der Anschaffung von (holländischen) Frühbeetfenstern zur Verwendung als Wanderglas,
e) dem Kauf von Original- oder Demetersaatgut,
f) der Anschaffung von Vieh.

Das Vieh ist dann zu erwerben, wenn die ausreichende Futtergrundlage geschaffen worden ist. Auf deren Erreichung wird von vornherein schon während des Aufbaues der Siedlung aller Wert gelegt.

Der Handbetrieb – dem echten Siedler wird kaum eine andere Möglichkeit zur Verfügung stehen – gestattet es, daß

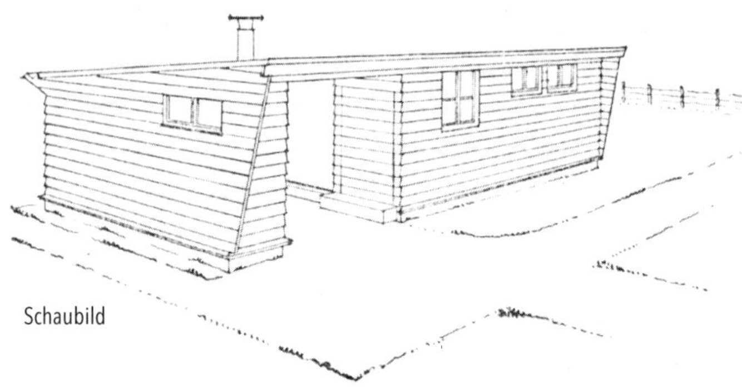

Schaubild

Siedler-Wohnschuppen, (Bauzeitwohnung)

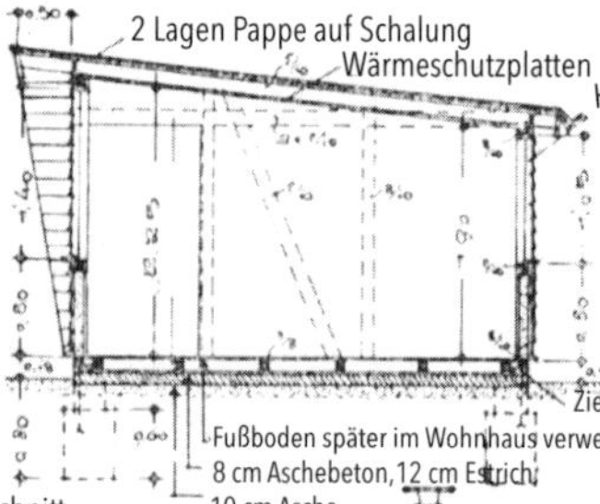

2 Lagen Pappe auf Schalung

Wärmeschutzplatten

Holzrinne m. Pappe ausgelegt

Ziegelflachschicht

Fußboden später im Wohnhaus verwenden.

8 cm Aschebeton, 12 cm Estrich

10 cm Asche

Schnitt

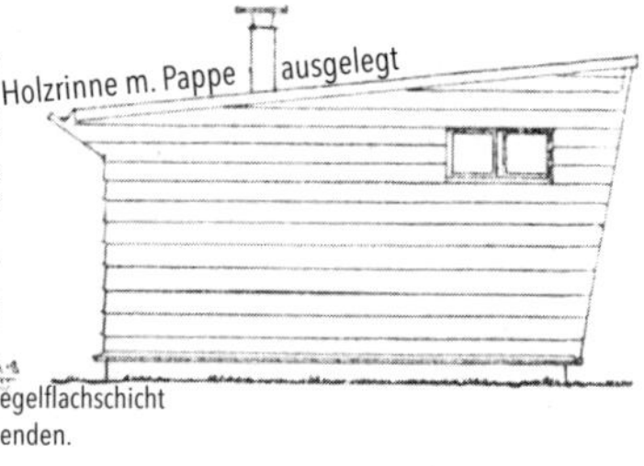

Westansicht

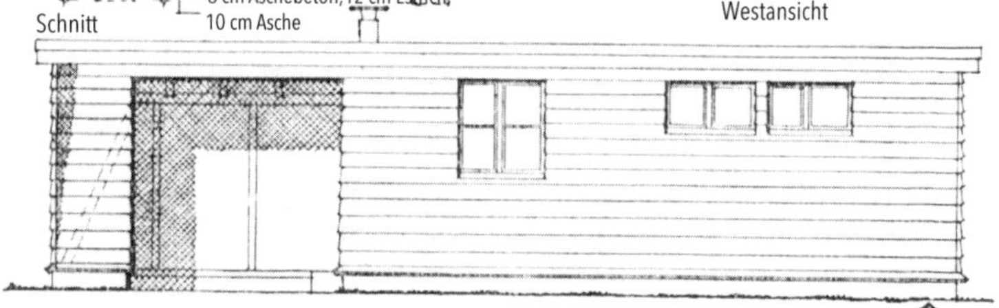

Südansicht

10,00

3,20

4,30

2,10

Geräte
Boden gestampft

Oberlicht

Kammer

Wohnraum, später Arbeitsraum

sp. Hühnerstall

Oberlichte

3,70

3,50

Grundriß

Maßstab: 1 0 1 2 3 4 m

Bauzeitwohnung, später Stallung

in der Siedlung »Oytener Moor«

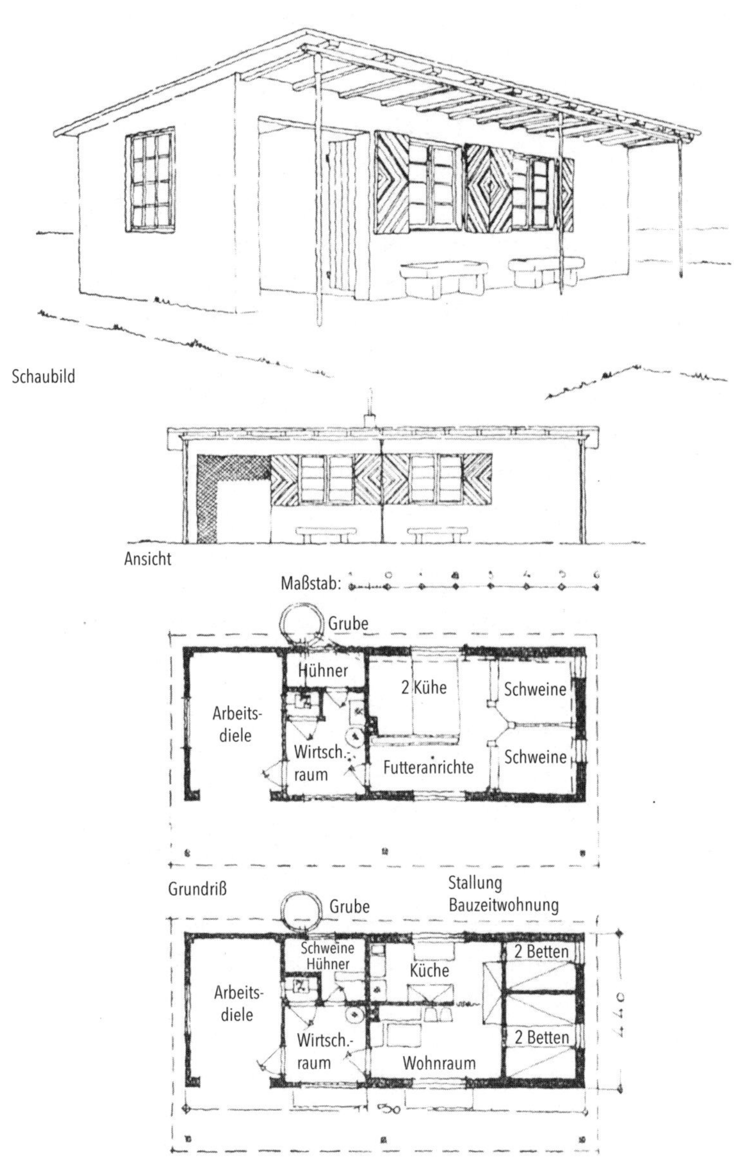

Entwurf: Rudolf Richter, Architekt, Bremen

nur verhältnismäßig kleine Landstücke in Kultur genommen werden können. Bisher wurde das Besiedeln eines Landstükkes aber so gehandhabt, daß es konstruktiv in möglichst gleiche Teile bei einem bestimmten Größenzuschnitt aufgeteilt wurde. Ganz gleich, ob es sich um ein vermoostes, versauertes Wiesenland, um mit Heide bestandenen Sandboden oder sonst ein Land mit schlechter, struppiger Grasnarbe handelte, es wurde dieses Land mit Pflügen recht und schlecht aufgerissen und auf dieses Stück Land dann der Siedler zur weiteren Kultivierung angesetzt. »Sachverständige« belehren dann meist die Siedler, daß in einem solchen ungenutzten Boden düngende Eigenschaften vorhanden sind, welche durch eine reichliche Kalkung des Bodens aufgeschlossen werden müßten. Eine weitere Dungzufuhr besonders an organischem Dünger sei daher vorerst nicht notwendig. Es wird dann empfohlen, auf solche Böden Kartoffeln oder Bohnen zu pflanzen. Von beiden Früchten weiß man, daß sie auf rohen Böden verhältnismäßig gut gedeihen, und daß durch ihren Anbau, der mit Hacken und Anhäufeln verbunden ist, der Boden sozusagen schnell reif gemacht wird.

Wie wirken sich aber derartige Maßnahmen zur Kultivierung eines solchen Bodens aus? – Meistens so, daß die ersten Kulturen in Kartoffeln und Bohnen sich nur ganz kümmerlich entwickeln; besonders bei den Kartoffeln ist das der Fall. Es zeigt sich nur zu bald, daß der Drahtwurm den jungen Pflanzen stark zusetzt und, was vom Drahtwurm verschont bleibt, trägt zur Ernte nur kümmerliche Kartoffeln aus, die zudem noch voller Schorf sind. Es muß in aller Deutlichkeit festgestellt werden, daß unter hundert Siedlern neunundneunzig diese Erfahrung machen mußten, ohne daß ihnen bisher ein besserer Weg der Kultivierung gezeigt wurde.

Was bedeutet es nun, wenn die Pflanzennarbe, die sich ja in irgendeiner Form selbst auf den schlechtesten Ländereien vorfindet, durch das Umpflügen in den Boden gebracht wird? — Wir haben den Boden als einen lebendigen Organismus kennengelernt, der in unglaublich feiner Weise in seiner lebendigen Struktur durchorganisiert ist. Es ist ein wunderbares Verwobensein zwischen mineralischen, humosen Bestandteilen und solchen einer kleinsten, feinsten Pflanzen- und Tierwelt, die in manchen Formen Übergänge der Pflanzenwelt in die Tierwelt aufzeigen und schließlich über die verschiedensten kleinsten Tierarten bis zum Regenwurm hin eine unglaublich reiche Skala an Wesen enthält. In schlechten Böden findet sich dieser belebte Boden nur in ganz dünner Schicht unmittelbar unter der Pflanzendecke, während der Boden weiter unten nur ganz wenig von dieser Lebendigkeit enthält. Durch das Pflügen wird diese dünne belebte Schicht samt der meist kümmerlichen Pflanzendekke in eine Region untergebracht, in der keine Lebendigkeit mehr herrscht. Die Folge davon ist, daß diese untergebrachte dünne Bodenschicht ihre Belebtheit zunächst einbüßt; durch das Pflügen jedoch wird meist eine Durchlüftung des Bodens erreicht. Wo dies der Fall ist, stellt sich alsbald wieder nach einer bestimmten Richtung hin eine neue Belebtheit ein, deren Aufgabe es sein dürfte, die als Wesensfremdes im Boden liegende Pflanzendecke erdengleich zu machen. Jeder belebte Boden hat die mehr oder weniger ausgeprägte Kraft, alles das erdengleich zu machen, was in ihn an organischen Fremdkörpern hineingerät. Man kann diesen Prozeß in gewissem Sinne Vorverdauung nennen.

Oft ist der Boden nicht in der Lage, diese Vorverdauung aus eigener Kraft durchzuführen, besonders wenn es sich um große Mengen organischer Stoffe handelt, wie wir sie in der Form eines rohen Düngers oder solcher Pflanzensubstanzen kennen, die unmittelbar aus dem Lebensprozeß stammen, zum Beispiel untergebrachte Grünmassen, die aus einer Gründüngung herrühren oder eine bei Kultivierung von Neuland untergebrachte Pflanzendecke. In solchen Fällen zeigt es sich, daß dem Boden plötzlich aus der Naturgesetzlichkeit heraus Hilfskräfte zugeführt werden, die ihn bewegen, diese organischen Rohstoffe erdengleich zu machen. Das genauere Studium dieser Hilfskräfte läßt erkennen, daß es sich da um Wesen in bestimmten Entwicklungsstadien handelt, die wir als pilzliche oder tierische Schädlinge an den Kulturpflanzen bereits kennen. Auf solchen Böden tritt als tierischer Schädling in ganz besonderem Maße der bereits oben erwähnte Drahtwurm auf. Würde er nur ein Jahr lang vorhanden sein, so könnte man sich noch zufrieden geben; aber er bleibt vier oder fünf Jahre m solchen Böden, eigentlich solange, bis die rohen in den Boden eingebrachten Pflanzenstoffe erdengleich geworden sind. Das ist nur ein einziges Beispiel dafür, wie die Natur aus ihrer Kräftewirksamkeit heraus immer wieder Fehler auszugleichen versucht, die der Mensch aus Unkenntnis bei seinen Kulturmaßnahmen begeht. In der Bekämpfung des Drahtwurmes wird meistens so vorgegangen, daß der Boden eine reichliche Kalkung erfährt. Es ist allgemein bekannt, daß die auf einem gekalkten Boden wachsenden Kartoffeln stets schorfig werden. Der Kalk verursacht aber in dem noch wenig belebten Boden weitere Schädigungen, die vor allen Dingen darin bestehen, daß er durch seine absorbierende Kraft ein Gutteil der so gering vorhandenen Bodenlebendigkeit an sich bindet, und diese bei dem notwendigerweise ständig stärker durchgeführten Kalken völlig zu erlöschen droht.

Die Aufgabe des Kalkes bei seiner Verwendung in der Landwirtschaft besteht doch darin, den Boden zu neutralisieren, das heißt die entstandenen Säuren wegzunehmen. Man ist aber nicht in der Lage, mit dem Kalk zur Ursache des Säurebildungsprozesses selbst durchzudringen. Dieser besteht darin, daß der Boden in falscher Weise gedüngt wurde oder in seiner Zusammensetzung zu einseitig war, und diese Einseitigkeiten zum Beispiel durch zu hohen Grundwasserstand oder durch zu große Bindigkeit des Bodens noch unterstützt wird. Der Kalk in Form von Ätzkalk findet innerhalb der biologisch-dynamischen Wirtschaftsweise nur Verwendung beim Aufsetzen von Komposthaufen.

Dort hat er die Aufgabe, die in einem aus Pflanzenteilen aufgesetzten Haufen zu stark auftretende Lebendigkeit, welche zur Verbrennungserscheinung führen würde, durch seine aufsaugende Kraft so zu verringern, daß der Verrottungs- bzw. Verwesungsprozeß in milder Weise verläuft. Der Siedler darf also den Ätzkalk lediglich in dieser Form anwenden.

Wie soll nun bei der Kultivierung eines Neulandes richtig verfahren werden? – Zunächst darf der Siedler auf keinen Fall das ihm zur Verfügung gestellte Land durch den Dampfpflug oder sonst irgendeinen Pflug oder Fräse bearbeiten lassen, sondern er muß die grundlegenden Kultivierungsmaßnahmen selbst durchführen. Diese bestehen darin, daß sich der Siedler durchaus nicht bemüht, sogleich sein ganzes Land zu kultivieren, sondern daß er sich von diesem ein Stück herausschneidet. Dieses Stück wird so groß bemessen, daß es ihm die grüne Selbstversorgung seiner Familie für das Kultivierungsjahr zu sichern vermag. Es muß dabei dasjenige Stück gewählt werden, auf dem er seine vorübergehende Wohnstätte, später auch das eigentliche Wohn- und Wirtschaftshaus errichtet. Dieses Stück Land richtet er gleich von vornherein als eine Intensivzone ein.

Voraussetzung hierzu ist jedoch, daß vor Beginn der praktischen Arbeit ein gut durchgearbeiteter Aufbau- und Bestellungsplan vorhanden ist (s. Tafel Nr. 6, S. 102 u. 16–19 im Anhang S. 170ff.), der von tatsächlich sachkundiger und mit der biologisch-dynamischen Wirtschaftsweise vertrauter Seite aufgestellt werden muß. Solche Pläne sind in Siedlerkreisen bis heute noch kaum bekannt. Im Plan hat der Siedler einen Rückhalt für alle seine Verrichtungen, die er dann in systematischer Weise nacheinander vollführt. Er muß sich mit dem Plan natürlich schon monatelang zuvor beschäftigt haben; der Plan ist das Ergebnis von Beobachtungen, von Studien und lang angestellten Überlegungen.

Wenn der Siedler nun planmäßig sich auf seinem Stück Land die sogenannte Intensivzone abgesteckt hat, so beginnt er damit, die Pflanzendecke dieses Stückes Land in ganz dünner Schicht und in spatenblattgroßen Stücken mit der Sodenhaue abzusoden (siehe Tafel Nr. 7, S. 119). Diese kleinen dünnen, Soden genannten Stücke dürfen von Beginn der Pflanzendecke ab nach dem Boden zu gerechnet nicht stärker als 3 bis 4 Zentimeter sein und werden nun sorgfältig zu einem Komposthaufen auf dem im Plane schon vorgesehenen Kompostplatz aufgesetzt. (Aufsetzen des Komposthaufens siehe Tafel Nr. 3, S. 120.) Sobald nun diese Intensivzone frei von der Pflanzendecke geworden ist, wird sie durch aufrecht gestellte Matten und später durch Heckenzüge zu einem Kulturraum gestaltet. Der Siedler ist meist nicht in der Lage, sich ein Pflanzenmaterial zu beschaffen, das ihm zugleich Schutz für seine Intensivzone gewähren könnte. Hier muß er sich den Raum zunächst mit anderen Mitteln gestalten. Das kann er erreichen durch Verwendung von Schilfmatten (siehe Tafel Nr. 8, S. 121), welche an ein um die Intensivzone gebautes, stabiles Gerüst geheftet werden. Diese Schilfmatten sind nicht ganz dicht gebunden, so daß sie dem Winde keinen absoluten Widerstand bieten; denn das hätte zur Folge, daß die Matten in verhältnismäßig kurzer Zeit beschädigt würden. Außerdem würde der Wind in dem Schilfmattenzaun einen solchen

Tafel 7

Rasensodenkompost

Sodenhaue

Mantel aus Rasensoden, Grasnarbe nach innen.

Schicht aus zerstochenen Soden

zurückbleibender Rest

Grasnarbe ca 3 cm stark abschälen.

Aufsetzen: schichtweise die Grasnarben zueinander gekehrt, zwischen die Grasnarben eine puderfeine Ätzkalkschicht.

Präparieren: 1 x

Durchfeuchten: Alle 8 Tage mit Düngerwasser abwechselnd aus verdünnter Kuhjauche oder aufgel. Kuhdünger.

Umsetzen: 1 x

Verwendungsbereit: nach 1 Jahr.

Leguminosenkompost

Beste Dungmasse erreicht durch Verkompostierung von Gründüngerpflanzen wie: Lupinen, Ackerbohnen, Wicken usw. vor Blütenbildung gemäht, auch gedroschenes Bohnen- u. Erbsenstroh.

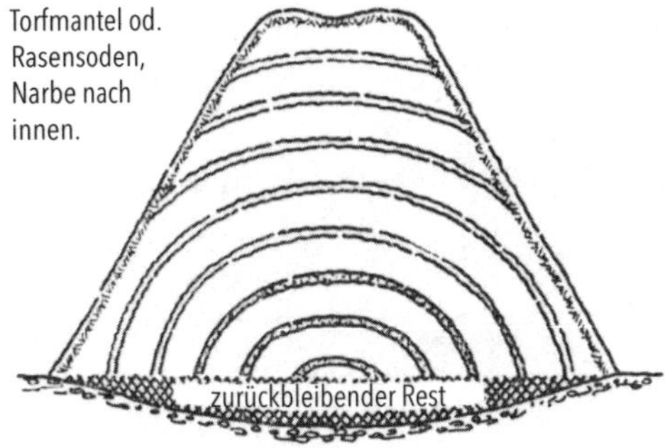

Aufsetzen:
Grünmasse jeweils 15 cm hoch packen, etwas antreten, mit Ätzkalk überpudern und mit einer dünnen Schicht halbreifen Kompost abdecken.
Weitere Behandlung siehe oben, Rasensodenkompost.
Nach 1 Jahr verwendbar.

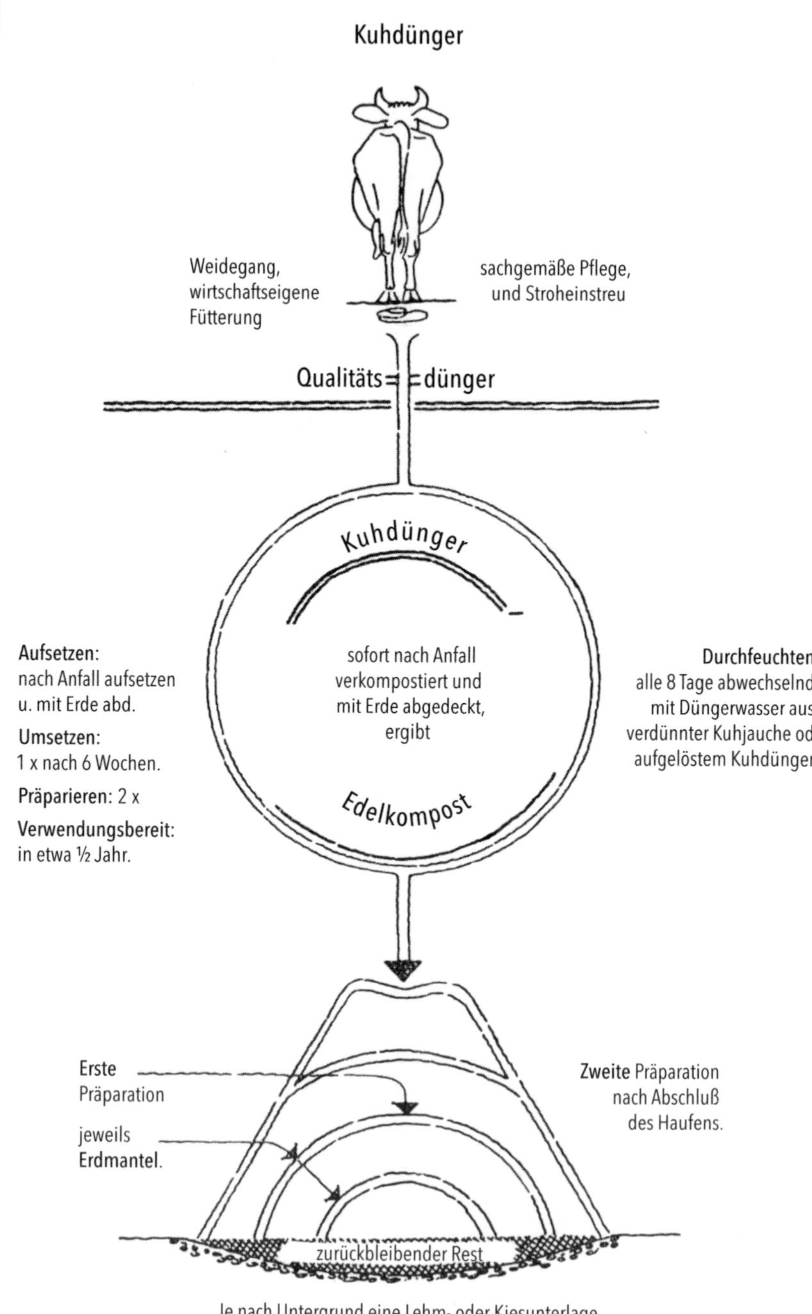

Je nach Untergrund eine Lehm- oder Kiesunterlage.

Windschutz aus Schilfmatten

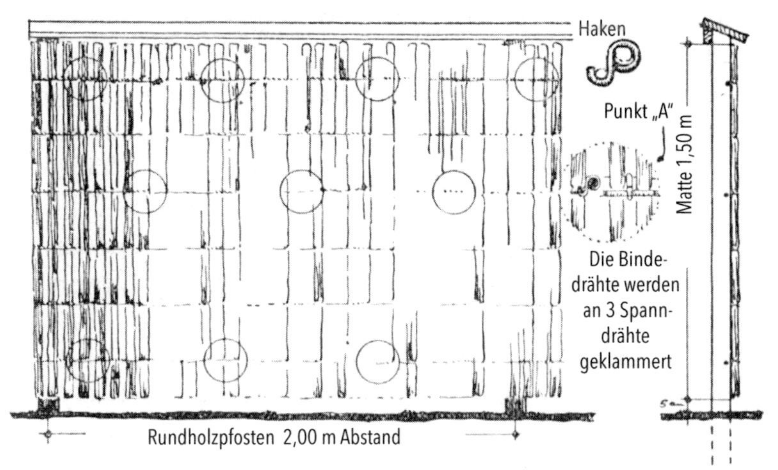

Holländischer Wanderkasten

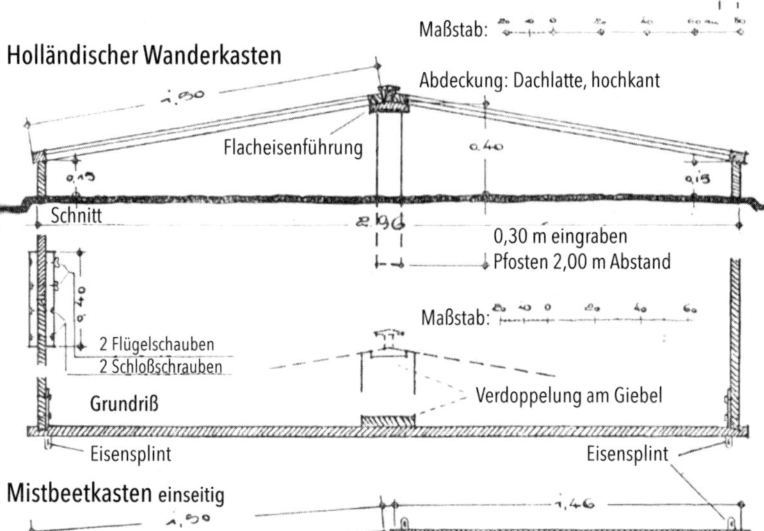

Mistbeetkasten einseitig

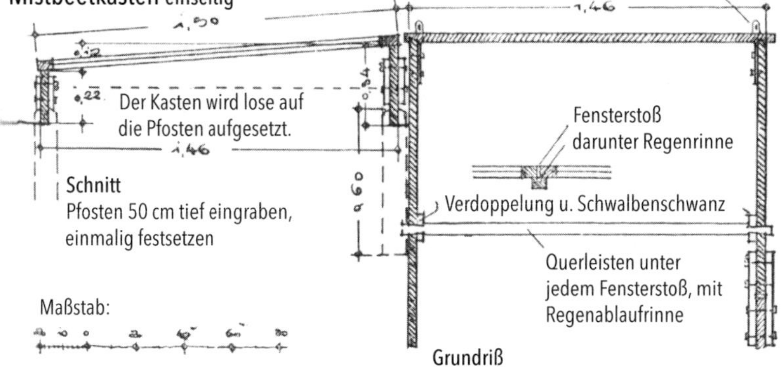

Widerstand finden, daß er beim Anprall über die Schilfwand hinweg doch in den Raum bläst. Dadurch, daß die Matten locker geflochten sind, wird die gefährliche Wucht des Windes gebrochen, und er schädigt die in Kultur befindlichen Pflanzen nicht. Eine solche Schutzwand kann auch durch Reisigverflechtungen geschaffen werden, ähnlich wie es bei Anfertigung von Faschinen geschieht; das Reisig darf aber nicht zu dicht geflochten werden. Es müssen auch hier genügend Zwischenräume erhalten bleiben. Aber auch schon durch Aufschütten von Erdwällen in Höhe von 60 bis 100 cm läßt sich ein gewisser Schutz erreichen. Auch die aus den Soden aufgesetzten Komposthaufen können anfangs in einer langen Miete entlang der Intensivzone so aufgesetzt werden, daß sie einen Schutzwall bilden.

Erst nach der Umhegung der Intensivzone wird die sorgfältige Durcharbeitung des Bodens vorgenommen. In leichten Böden geschieht sie durchweg so, daß die erste Kultivierungsmaßnahme mit der Kraule vorgenommen wird. Die Kraule wird in den Boden gesetzt soweit ihre Zinken reichen und damit hackend durchgezogen und der Boden dadurch aufgelockert. Wenn angängig, bleibt der Boden bis kurz vor der Bestellung liegen. Auf diese Weise ist eine längere Durchlüftung und damit auch Garmachung des Bodens möglich. Je nach dem Anbaugut wird kurz vor der Bestellung Stalldünger in völlig verrottetem bzw. vererdetem Zustand oder reifer Kompost auf das Land ausgebreitet und zwar so, daß zunächst nur die Hälfte des vorgesehenen Düngers Anwendung findet. Dieser sehr sorgfältig verteilte Dünger wird mit der Düngerharke so untergebracht, daß er sich in feinster Verteilung in der obersten Bodenschicht befindet. Die andere Hälfte des Stalldüngers oder Kompostes wird als eine Art Bodenbedeckung auf das Kulturstück gebracht, wenn die Pflanzung bereits erfolgt ist oder die Aussaaten im Freiland

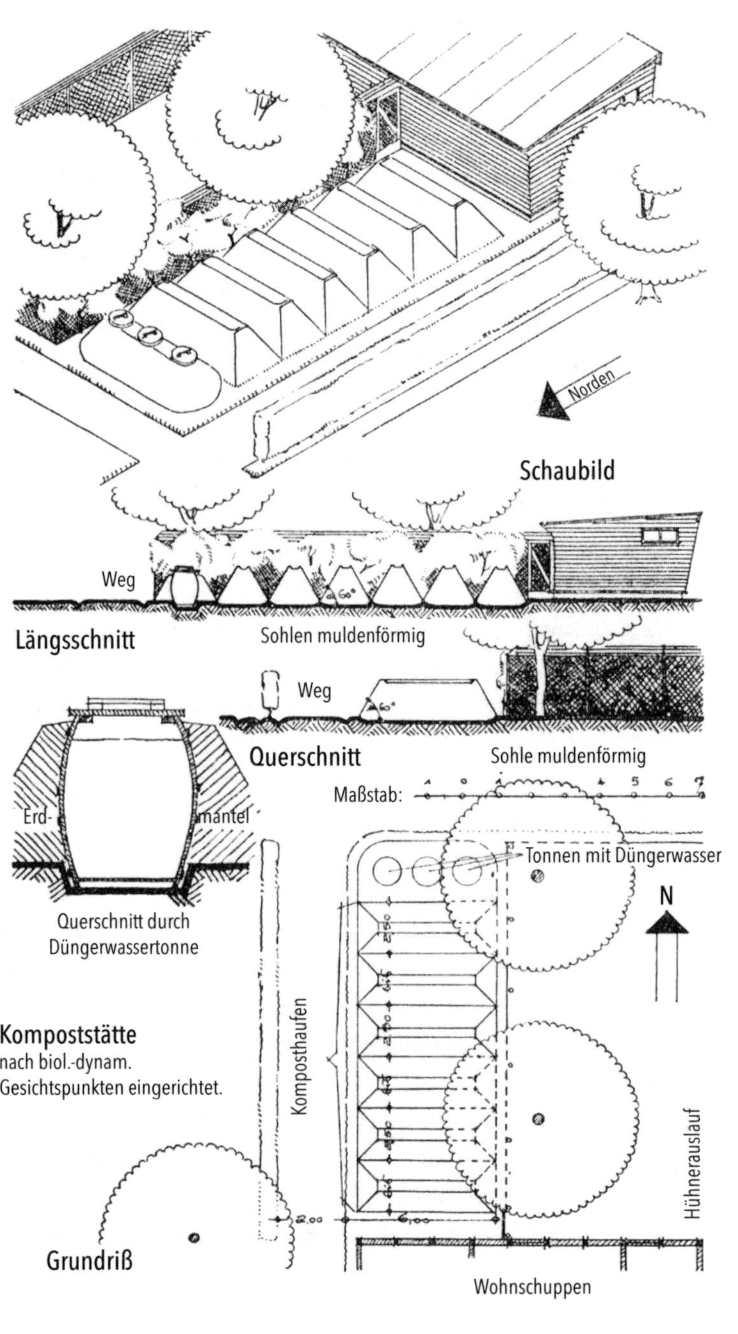

Kompoststätte
nach biol.-dynam.
Gesichtspunkten eingerichtet.

selbst sich schon zu Pflänzlingen entwickelt haben (siehe Tafel Nr. 13, S. 132).

Bei schweren Böden gestaltet sich die Kultivierung mit Hilfe der Düngerharke bedeutend schwieriger. Hier ist es angebracht, die Arbeit mit einem etwas schwereren Gerät doch auch in der Form der Düngerharke oder Kraule auszuführen. Bei dem hackenmäßigen Einsatz der Kraule in den schweren Boden sollte ein schmälerer Erdstreifen auf die andere Seite bewegt und durchzogen werden, als es bei der Durcharbeitung auf leichten Böden der Fall ist. Nur wenn der Boden außerordentlich zäh in seiner Struktur ist, empfiehlt sich die Spatenarbeit.

Die Intensivzone legt sich um ein Kerngebilde herum, welches, wie schon im 2. Kapitel dieser Schrift erwähnt, aus dem späteren Wohnhaus samt den Stallungen und dem Schuppen besteht. Unmittelbar um dieses Kerngebilde sind diejenigen Einrichtungen anzuordnen, welche dem Gärtner und Siedler dazu dienen, besonders intensiv zu wirtschaften. Möglichst im Norden eines der genannten Gebäude wird der Kompostplatz eingerichtet. Es ist von großer Bedeutung, daß der Kompostplatz so liegt, daß er unter ständiger Obhut steht (siehe Tafel Nr. 9, S. 123). In der Pflege und richtigen Bereitung des Kompostes ist dem Siedler von Grund auf alles in die Hand gegeben, um wirklich fruchtbar arbeiten zu können. Der Kompostplatz soll windgeschützt sein und ständig unter einer leichten Schattendecke liegen, die aus dem Schatten des Schuppens, aus dem der in der Nähe gepflanzten Bäume oder aus dem Schatten irgendeiner Wand bestehen kann, sei es ein Bretter- oder Schilfzaun oder eine Schilfüberdachung. Wertvoll ist es, daß die Kompoststätte mit einer Hecke umpflanzt wird, durch welche die Zufahrt nicht beeinträchtigt werden darf. Außer dem Kompostplatz sollte in der Nähe der Gebäude ein offenes Wasserbecken sein, in welchem das Regenwas-

Gießwasser-Becken, (Beton)

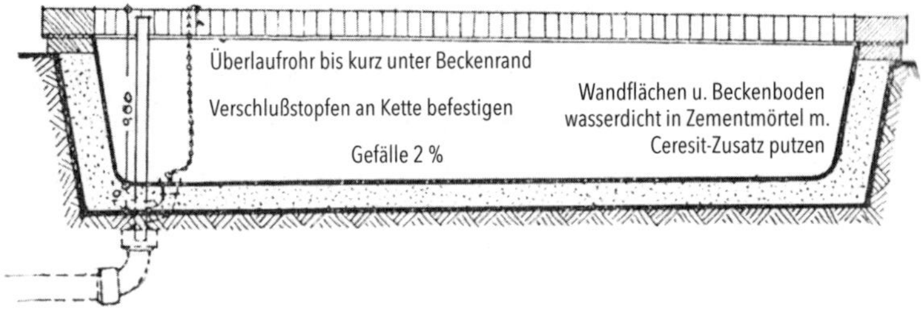

Überlaufrohr bis kurz unter Beckenrand
Verschlußstopfen an Kette befestigen
Gefälle 2 %
Wandflächen u. Beckenboden wasserdicht in Zementmörtel m. Ceresit-Zusatz putzen

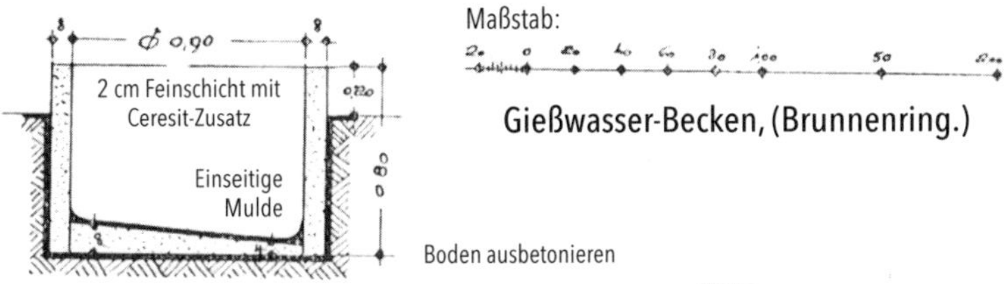

Ø 0,90
2 cm Feinschicht mit Ceresit-Zusatz
Einseitige Mulde
Boden ausbetonieren
Maßstab:

Gießwasser-Becken, (Brunnenring.)

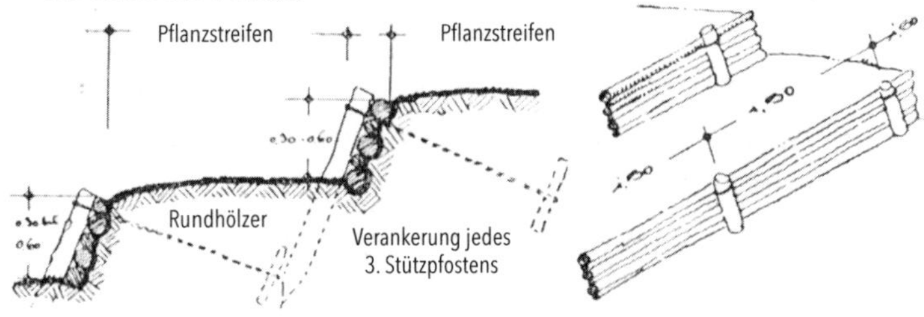

Pflanzstreifen
Pflanzstreifen
Rundhölzer
Verankerung jedes 3. Stützpfostens

Gestufte Böschung, aus geschälten Rundhölzern

Stufen im Gefälle nach vorn
Schaubild.

Treppe, aus Naturstein

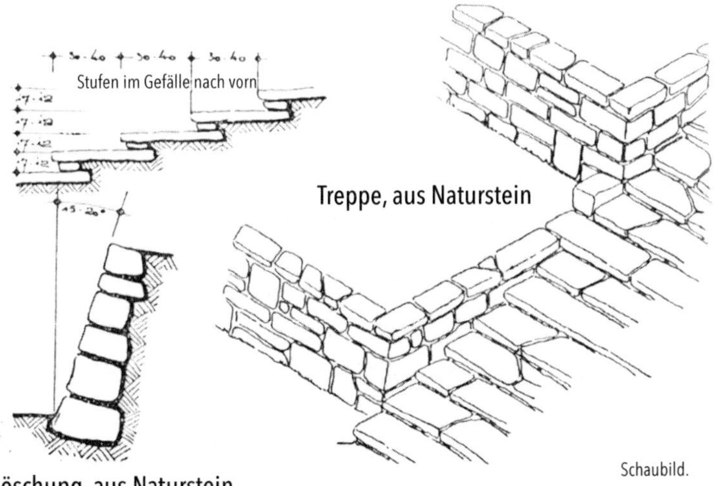

Böschung, aus Naturstein

ser von den Dächern der Gebäude gesammelt wird und das der vollen Besonnung ausgesetzt sein soll; denn nur so durchwärmtes und dadurch belebtes Wasser zeigt sich geeignet, um Jungpflanzen in der richtigen Weise aufziehen und um allen unter Glas befindlichen Kulturen bequem Wasser zuführen zu können. Das Wasserbecken ist möglichst groß, jedoch flachgründig vorzusehen (siehe Tafel Nr. 10, S. 125).

Die Kompoststätte und das offene Wasserbecken bedingen es weiterhin, daß auch die Frühbeetanlagen ganz in die Nähe des Kerngebildes gerückt liegen; sie erfordern besondere Pflegemaßnahmen, denn in ihnen wachsen dem Gärtner und Siedler die ersten Pflanzen zu, die es ihm gestatten, Frühgemüsebau treiben zu können.

Unmittelbar an die teilweise durch Pferdemist oder Wollabfälle geheizte Frühbeetanlage schließt sich das Wanderglasquartier an. Wie aus späteren Ausführungen noch hervorgeht, ist dies für den Siedler von außergewöhnlich wirtschaftlicher Bedeutung.

Je nach der Größe der Siedlung wird es zuweilen auch notwendig sein, neben der Frühbeetanlage ein kleines Anzuchthaus zu haben. In kalten Wintern ist es kaum zu erreichen, bestimmte Pflanzen früh genug im Frühbeet heranzuziehen und pflegen zu können; im Anzuchthaus kann dies vorteilhaft geschehen. Wohl kommt ein solches Anzuchthaus für einen einzelnen Siedler der Kosten wegen kaum in Frage, sondern es werden immer eine Anzahl Siedler gemeinsam durch einen besonders befähigten Siedler ein Anzuchthaus unterhalten müssen, das die Siedler mit dem nötigen Pflanzenmaterial versieht.

An die Gebäude, das heißt an Stall und Schuppen sollte sich stets auch der Hühnerauslauf anschließen. Es ist zweckmäßig ihn so anzuordnen, daß er bei den Kulturarbeiten an den Frühbeeten und dem Wanderglas nicht stört.

Der echte Siedler wird wohl nie mit dem Hausbau zuerst beginnen, wie das heute fast allenthalben üblich ist, sondern er wird sich erst den Schuppen erstellen und diesen zunächst eine Zeitlang als Notwohnung einrichten. Der Platz, auf dem das Wohnhaus erstellt werden soll, wird inzwischen auch zur Kultur benutzt. Die Einrichtung des Schuppens ist so zu treffen, daß von ihm aus die ganze Entwicklung planmäßig vor sich gehen kann und später keine Umordnung größerer Art mehr notwendig ist. Im Schuppen muß noch so viel Raum übrig bleiben, daß Glas, Geräte, Matten usw. geschützt untergebracht und außerdem noch verschiedene wichtige Verrichtungen vollzogen werden können, wie die Pflege der Fenster, das Flechten von Matten, das Vertopfen von Jungpflanzen, das Trocknen von Kräutern zu Tee, Gewürzen usw. Auf alle diese Dinge ist beim Bau des Schuppens, der auch nachher ganz unentbehrlich ist, Rücksicht zu nehmen. Der Wohnschuppen (Bauzeitwohnung) ist so einfach im Aufbau zu planen, daß ihn der Siedler möglichst selbst aufzustellen und zu zimmern vermag. Am besten eignen sich hierzu Schuppen mit einem Pultdach (siehe Tafeln Nr. 11 und 12, S. 112 und 113), die außen mit einer Stülpschalung aus Brettern versehen sind, aber auch massiv in Ziegelsteinen bei fast gleichem Kostenaufwand gebaut werden können.

Außer diesen Einrichtungen besteht die Intensivzone aus den am meisten als geschützt erkannten Anbauflächen innerhalb der aufzubauenden Siedlung. Auf diesen Anbauflächen wird später das sogenannte Feingemüse oder das erste Frühgemüse und das kultiviert, was im Herbst noch besonderen Gewinn bringen kann und verhältnismäßig schnell heranwachsen soll. Vorerst kann jedoch der Siedler nicht darauf bedacht sein, solche Früh- und Feingemüse zum Verkauf heranzuziehen, sondern er wird während des Aufbaues allen Wert darauf legen müssen, diese Intensivzone voll auszunützen, um damit seine eigene Versorgung weitgehend zu sichern. Zu einer normalen Ernte auf diesem noch neuen Lande kann er nur dadurch kommen, daß er das Glas als gesteigerten Wachstumsfaktor mitverwendet.

Sobald es dem Siedler gelungen ist, die Intensivzone so einzurichten, daß ihm ein normaler Anbau derjenigen Gemüse und Früchte gelingt, die er zur Selbstversorgung im ersten Jahre des Aufbaues gebraucht, schreitet er auf dem ihm zugeteilten Stück in der Entwicklung der Anbauflächen weiter. Im Anschluß an die Intensivzone wird planmäßig die Hauptanbauzone herausentwickelt. Wiederum geht der Siedler so vor, daß er diese Hauptanbauzone nach außen hin schützend abgrenzt, vielleicht durch Anlage eines Erdwalles oder durch Schaffung provisorischer Schutzwände irgendwelcher Art, wie bereits oben beschrieben.

Ist auf diese Weise wieder ein neuer Raum geschaffen, so fängt er innerhalb desselben an, die Rasensoden abzuheben, sie zum Kompostplatze hinzufahren und dieses zusammengefahrene Material alsdann zu Komposthaufen aufzusetzen. Nun wird das Land wiederum mit der Kraule so bearbeitet, daß seine Oberflächenstruktur trotz Auflockerung weitgehend erhalten bleibt. Das so aufgelockerte Land wird nun nicht mit dem kostbaren Stalldünger versehen, sondern es werden auf ihm Schmetterlingsblütler angebaut. Diese bedürfen des Stalldüngers nicht, besitzen aber für den Siedler die überaus wichtige Eigenschaft, den Boden mit Dungkräften anzureichern und aufzufrischen dadurch, daß sie Stickstoff zu sammeln vermögen. (In ihrer Verwendung zur Gründüngung sind die Schmetterlingsblütler längst bekannt.) Sie schenken dem Landbauer eigentlich zwei Ernten, eine unterirdische durch die Wurzelknöllchen und die damit verbundene Stickstoffansammlung und eine oberirdische in den Grünmassen, welche einmal zu Futterzwecken sehr wertvoll sind, und zum anderen auch in ihren Grünmassen auf armen Böden eine außerordentliche Humusanreicherung herbeiführen. Jedoch sollten nicht, wie es bisher üblich war, die Grünmassen untergepflügt, sondern abgemäht werden und dann als Kompost Verwendung finden. Mit den abgemähten Grünmassen der Schmetterlingsblütler wird ähnlich vorgegangen, wie dies eingehend beim Beschreiben des Aufsetzens von Rasensoden erläutert wurde (siehe Tafel Nr. 7, S. 119).

Schmetterlingsblütler können auch ein zweites Mal auf demselben Lande angebaut werden. Der zweite Anbau wird nicht abgemäht, sondern bleibt stehen und friert im Winter herunter. Dadurch wird eine ausgezeichnete Bodengare erreicht, und es wird verhindert, daß Schädigungen durch die in den Boden gebrachten Grünmassen als eine dem Bodenorganismus fremde Stofflichkeit auftreten. Häufig zeigen sich solche in zu geilem Pflanzenwachstum, in einer zu großen Lockerung des Bodens, wodurch das Auftreten pilzlicher und tierischer Schädlinge begünstigt wird, wie sie in Mehltau, Rost- und Drahtwurmplage nur zu bekannt sind.

Auf leichteren Böden eignen sich folgende Schmetterlingsblütler zum Anbau: zunächst einmal die Lupine; sie ist diejenige Pflanze, mit welcher der Boden am besten vorzubereiten und in Kultur zu bringen ist, weil sie verhältnismäßig große Grünmassen auch auf den schlechtesten Sandböden entwickelt. Sie eignet sich aber in der jetzt noch im Handel befindlichen bitteren Form nicht zu Futterzwecken. Unter diesen Lupinen ist es die gelbe, die als beste für ausgesprochene Sandböden in Betracht kommt. Der Siedler muß die Lupine so verwenden, daß er sie im Frühjahr aussät,und nachdem sie gekeimt und sich etwas entwickelt hat, sät er eine zweite Schmetterlingsblütlerart in die Lupine hinein und zwar die Serradella, welche sich ebenfalls für magere Sandböden eignet. Die Lupinen wachsen bis zur Blütenentwicklung heran, werden dann abgemäht und aus ihren Grünmassen wird ein vorzüglicher Kompost bereitet. Jetzt hat die untergesäte Serradella Luft und Licht und Raum, um sich rasch zu entwickeln. Die Serradella stellt ein gutes Viehfutter dar. Ist noch kein Vieh vorhanden, kann sie auf dem Lande stehen bleiben, um eine ausgezeichnete Bodengare zu bereiten, nachdem sie vom Frost zerstört ist. Weiter eignet sich für Sandböden die Zottel oder Sandwicke; sie wird auch vornehmlich im Herbst ausgesät und kann dann als Futter dienen oder aber auch wieder herunterfrieren und die schon erwähnte Bodengare erzeugen.

Eine gründliche Vorbereitung von Neuland mit schwerem Grund ist ebenfalls durch Schmetterlingsblütler günstig zu erreichen. Hierzu eignen sich insbesondere die Acker- oder Pferdebohnen. Auch Wicken sind für diesen Zweck ebenfalls recht brauchbar. Die Acker- oder Pferdebohnen geben wiederum einen großen Grünmassenertrag ab, und es empfiehlt sich ebenfalls so vorzugehen, daß nach der Einsaat dieser Bohnen, wenn sie sich schon etwas entwickelt haben, später Wicken eingesät werden, die sich nach dem Abmähen der Acker- oder Pferdebohnen ebenfalls gut entwickeln können, wiederum ein gutes Futter ergeben oder auf dem Lande verbleiben, im Winter herunterfrieren und so die erwünschte Bodengare hervorrufen.

Auf diese Weise werden die Flächen der Hauptanbauzone durch Schmetterlingsblütler gründlich und richtig vorbereitet. Im darauffolgenden Jahr kann dann auf diesen Flächen der Anbau der verschiedensten Kulturpflanzen vorgenommen werden, besonders weil für diese Anbauflächen der inzwischen reif gewordene Rasensodenkompost zur Verfügung steht. Mit dem kostbaren Kompost ist allerdings sehr sparsam zu verfahren. Deshalb werden sogenannte Saatrillen mit der Herzhacke gezogen und in diese Saatrillen die Saat eingebracht und der Kompost darauf gelegt und gut angedrückt (siehe Tafel Nr. 13, S. 132).

Ist die Hauptanbauzone so in Kultur genommen, daß in ihr schon eine normale Bestellung erfolgen kann, so wird die dritte Zone, die sogenannte Extensivzone, der Urbarmachung unterworfen. Wiederum gilt es, diese Zone nach außen hin schützend abzugrenzen. Es wird dabei in derselben Weise vorgegangen, wie dies schon bei der Intensivzone und auch bei der Hauptanbauzone näher bezeichnet wurde. Die in der Hauptanbauzone erfaßten Flächen dienen zunächst auch dem Futteranbau, der nachher bei Vollendung der Extensivzone in dieser zur Hauptsache betrieben werden soll.

Nach dem Urbarmachen der Extensivzone sind gemäß Aufbauplan die Hecken-, Strauch- und Baumanlagen zu pflanzen. Alle baumartigen Gewächse werden in der Intensivzone gepflanzt, während die Hecken- und Strauchbänder in Form von Johannis-, Stachel-, Himbeeren und Brombeeren die einzelnen Zonen voneinander trennen und unterteilen. Gleich bei der Entwicklung der Hauptanbauzone hat sich der Siedler von einer Forstbaumschule das Jungpflanzenmaterial für seine Hecken in etwa dreijährigem, einmal verpflanztem Material im Frühjahr zu beschaffen. Diese billigen, schon gut bewurzelten Jungpflanzen schult er noch einmal auf, um sie erst im kommenden Frühjahr als kräftig bewurzelte und gut garnierte Heister zu Hecken anzupflanzen. Die Hecken werden hinter die Schutzwände gepflanzt und können sich auf diese Weise vor Wind geschützt sehr schnell und gut entwickeln, besonders wenn der Boden die vorher beschriebene Vorbereitung erfahren hat (siehe Tafel Nr. 13, S. 132).

Wichtig ist es, daß nach der Anlage der Pflanzungen der Boden gründlich durchwässert und auf die Pflanzenstreifen

Tafel 13

Bewährte Aussaat- u. Pflanzweisen

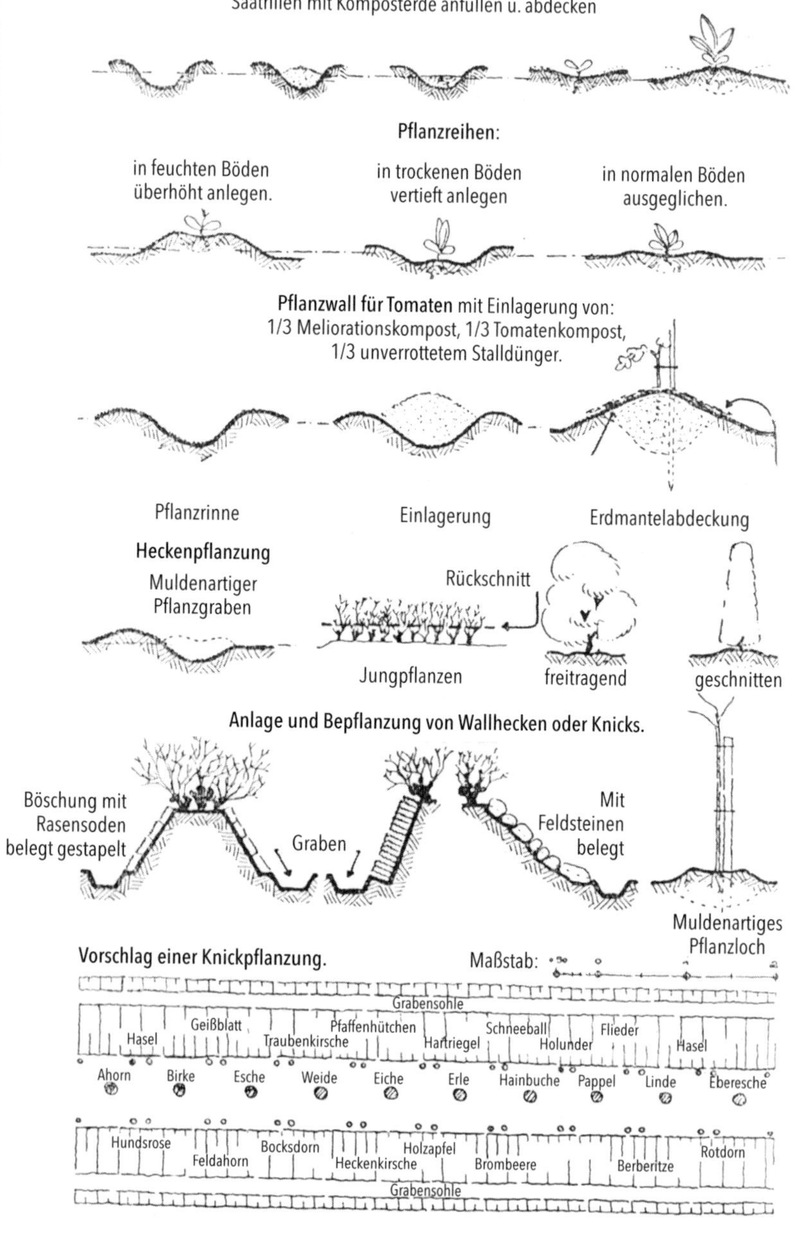

gut verrotteter, präparierter Stalldünger gebracht wird, der dann nochmals eine Abdeckung durch Kartoffelkraut, Laubkompost oder Waldstreu erhält. Eine besondere Düngung der Holzgewächse vor dem Pflanzen ist nicht erforderlich. Die Pflanzungen werden durchweg am besten im Frühjahr vorgenommen. Nach der Pflanzung sind die Heister und Sträucher sehr stark zurückzuschneiden, damit sie sich von unten herauf dicht entwickeln können durch das Austreiben der unteren Augen an den zurückgeschnittenen Stengelteilen.

Beim Pflanzen des Beerenobstes wird genau so verfahren wie bei der Hecke. Zweckmäßig werden sowohl die Pflanzgräben der Hecken als auch die Pflanzmulden für die Sträucher und Bäume schon im Herbst ausgehoben. Dabei werden die Gräben und Mulden nicht tiefer gemacht, als daß sie gerade das Wurzelvermögen der Pflanzlinge fassen können. Diese Pflanzgräben und Mulden können im Winter gründlich ausfrieren, wodurch der Boden gut zermürbt wird. Gleichfalls im Herbst wird durchgereifter, präparierter Kompost in die Gräben, Mulden und auf die Aushuberde – pro Mulde nur ein bis zwei Schaufeln Kompost – sorgfältig und gleichmäßig gestreut und nach vier bis sechs Wochen leicht eingeharkt. Dies ist die ganze Vorbereitung und Düngung für die Pflanzmulden und Gräben zur Hecken-, Strauch- und Baumpflanzung.

Die Baumpflanzung erfolgt dann im Frühjahr. Beim Erwerb der Bäume ist alle Achtsamkeit darauf zu legen, daß diese kernig und nicht zu schnell gewachsen, vollkommen frei von Ungeziefer und pilzlichem Befall sind; ferner sollen sie ein gut ausgebildetes Wurzelwerk haben. Die Bäume sollen auch nicht aus Einschlägen des Herbstes stammen, sondern sie werden im Frühjahr, also zur Pflanzzeit, unmittelbar aus ihrem bisherigen Standquartier herausgenommen. Der Siedler sollte sie selbst in der Baumschule auswählen, nachdem er vorher gründliche Beobachtungen angestellt hat. Nur solche Bäume dürfen in Busch- oder Hochstammform gepflanzt werden, die sich in der betreffenden Gegend kerngesund zu entwickeln vermögen. Das Zurückgreifen auf lokale Sorten für die Mehrzahl der zu pflanzenden Bäume wird die beste Gewähr dafür bieten. Es ist empfehlenswert, sich bei der zuständigen Landwirtschaftskammer zu erkundigen, welche Sorten sich in der betreffenden Gegend, in der gesiedelt werden soll, bisher am besten bewährt haben.

Die Obstbäume sind soweit auseinanderzupflanzen, daß die Hochstämme mindestens 12 Meter, das Buschobst 6 bis 7 Meter voneinander zu stehen kommen; dabei ist dem Hochstammobst der Vorrang zu geben, auch wenn auf eine Ernte viel länger als bei Buschobst gewartet werden muß. Die Möglichkeiten der Unterkulturen sind bei ihnen sehr viel bessere. Dies ist besonders wichtig in Siedlergärten, wo es auf eine gute und gründliche Ausnutzung einer jeden Fläche sehr ankommt. Dies schaltet nicht aus, daß dennoch Buschobst in dem Maße gepflanzt wird, als es die Selbstversorgung der Familie erfordert.

Statt dieser so dringend notwendigen Ordnung, die in jedem lebendigen Organismus in der hier beschriebenen Weise herrschen muß, um zu einer Wirtschaftlichkeit zu gelangen, waltet meistens auf allen Siedlungen eine große Planlosigkeit. Der Siedler ist fast durchweg von dem Gedanken geleitet, daß er, wenn er viel pflanzt, auch viel ernten wird; jedoch nach geraumer Zeit erweist sich genau das Gegenteil. Der große Aufwand in der Beschaffung von Obstbäumen und Obststräuchern, das Pflanzen in zu dichten Beständen und Quartieren erweist sich nur zu bald als ein großer Fehler in der Bewirtschaftung des Landes im Hinblick auf die Erträgnisse. Nicht nur, daß allerhand pilzliche und tierische

Schädlinge mächtig auftreten, was selbst mit teuren Bekämpfungsmitteln kaum einzuschränken ist, bleibt das Ergebnis in der Menge gering und in der Qualität recht minderwertig. Es kann nicht genug darauf hingewiesen werden, daß in der Entwicklung der Siedlung diejenige Ordnung walten muß, die sich aus dem folgerichtigen Aufbau der Siedlung von selbst ergibt. Auch die Wirtschaftlichkeit des lebendigen, in sich geschlossenen Organismus, der für jeden Betrieb innerhalb des Landbaues – sei es ein landwirtschaftlicher oder ein gärtnerischer oder eine Siedlung – maßgebend ist, beruht darauf, daß im Anbau eine Ordnung herrscht, die alle Rücksicht nimmt auf die vorliegenden lokalen Verhältnisse und die daraus entstehenden Absatzmöglichkeiten, sofern die Siedlung über ihre Selbstversorgung hinaus noch Produkte erzeugen soll. Im geringsten Aufwand an Düngermitteln, an mechanischen Kräften und an Zeit für die Verwandlung der schlechten Böden, so daß sie normale Ernten ermöglichen, liegt der wirtschaftliche Wert eines solchen Aufbauvorgehens.

Der organisatorische Aufbau im Siedlungswesen

Bisher war hier nur von dem Aufbau einer einzelnen Siedlerstätte die Rede. Dies erfolgte aus dem Grunde, um an einem Beispiel zu zeigen, wie es möglich ist, auch schlechten Boden durch geeignete Maßnahmen und durch ein überlegtes Vorgehen in der Urbarmachung kulturreif zu gestalten. Eine einzelne Siedlerstätte kann, so aufgezogen, wiederum die Zelle eines ganzen Organismus bilden, der in den meisten Fällen aus einer Reihe solcher Siedlerstätten bestehen wird. Siedeln ist im Grunde genommen der außerordentlichen Schwierigkeit wegen nicht Sache eines Einzelnen; es sollte aus der Gemeinschaft von Siedlungswilligen heraus erfolgen und sich sodann auf ein größeres zu besiedelndes Gebiet erstrecken (siehe Tafel Nr. 17 u. 19 im Anhang S. 170f.). Die kleinste Siedlergemeinschaft wird die Familie bilden, die die einzelne Siedlerstätte bewirtschaftet.

Je nach Boden, Lage und klimatischen Verhältnissen, Größe des zu besiedelnden Gebietes und dann, je nachdem ob dieses Siedlungsgebiet in der Nähe des Stadtbannes oder weiter hinausgerückt in mehr ländlichen Bezirken liegt, werden Siedlungsstätten verschiedenen Charakters vonnöten sein. Grundsätzlich ist vorerst zu unterscheiden zwischen Siedlungen rein ländlicher Art und solchen, die rein gärtnerisch betrieben werden.

Der bäuerliche Siedler betreibt vornehmlich Viehzucht und Ackerbau und zwar in einem Ausmaß, daß dadurch möglichst die ganze Selbstversorgung gesichert ist. Ihre durchschnittliche Größe müßte zwischen 25 und 40 Morgen liegen. Häufig sind sie jedoch auch größer zugeschnitten. Für ihren Größenzuschnitt spielt der Zustand des zu besiedelnden Bodens eine besondere Rolle, sowie die weiteren örtlichen Verhältnisse, Klima und Lage. Die bäuerliche Siedlung ist die bisher meist vertretene Art innerhalb des Siedlungsgebietes. Die in letzter Zeit gemachten Erfahrungen mit der Einrichtung von bäuerlichen Siedlungen sind keine günstigen gewesen; das lag an der Art des Aufbaues und der darin geübten Wirtschaftsmethode, die bereits eine genügende Kennzeichnung erfuhren. Das braucht keineswegs zu entmutigen, denn die bäuerliche Siedlung läßt unter Beachtung der biologisch-dynamischen Wirtschaftsweise einen erheblichen Aufschwung erhoffen. Sie wird sich besonders dort als geeignet erweisen, wo es sich um die Erschließung und Kultivierung von Moorgebieten handelt, welche die geeignetste Nutzung durch Viehzucht erfahren. In der Viehzucht liegt eine Hauptaufgabe der bäuerlichen Siedlung. Der Handbetrieb im Anbau des Futters und in der Tierpflege läßt Qualitäten erreichen, die auch unter heutigen Verhältnissen die Viehzucht noch lohnend gestalten.

Durch die vorwiegend betriebene Viehzucht ist der Anbaucharakter von vornherein festgelegt. Doch muß auch für diese Siedlungsart das Ordnungsprinzip für die Organismusbildung maßgebend sein. Hier dient die Einrichtung der Intensivzone zum Anbau der für die Selbstversorgung notwendigen Gemüse und Früchte und zur Einrichtung von Jungviehweiden, die naturgemäß bis nahe ans Haus heranzuführen sind. Schaf-, Kaninchen-, Geflügelzucht und -Haltung bilden neben der Rindviehhaltung den Haupteinsatz auf solchen Siedlungen. Die Schafhaltung gründet auf der Tatsache, daß in neuerer Zeit mehr Gewicht auf die Inlandwolle gelegt wird als vordem; weiterhin auf der wertvollen und nach ärztlicher Erfahrung besonders für Diätkuren empfohlenen Schafmilch und schließlich auf die außerordentliche Genügsamkeit des Schafes in der Nahrungsaufnahme im Vergleich zu seinen Leistungen.

Je nach Lage und Boden gibt es auch für den bäuerlichen Siedler viele Möglichkeiten, besondere Spezialkulturen zu treiben, so zum Beispiel Samenzucht in Gemüsepflanzen, Anbau von Spargel, Frühkartoffeln und Spätkohl. Neuerdings wird es auch wieder lohnen, Ölfrüchte in den Anbau hereinzuziehen.

Als bäuerliche Siedler sollten durchweg nur gelernte Landwirte, Bauernsöhne und Landarbeiter angesetzt werden, die von Grund auf Beziehungen zu Vieh und Scholle haben. Nur diese werden erfolgreich siedeln können.

Der gärtnerische Siedler geht mehr darauf aus, neben der Sicherung seiner grünen Selbstversorgung vor allen Dingen Spezialkulturen zu betreiben, die es ihm gestatten, daraus die Ergänzung für seinen vollen Lebensunterhalt zu schaffen.

Meistens vermag der rein gärtnerische Siedler kein Vieh zu halten aus Mangel an Land. Die Größe eines solchen Betriebes beträgt drei bis sechs Morgen.

Die Erfahrungen mit der biologisch-dynamischen Wirtschaftsweise bringen es mit sich, daß ein neuer Bodenbewirtschafter auftritt, der beide Eigenschaften der vorgenannten Siedler, nämlich die des Bauern und die des Gärtners in sich vereinigt, und den wir als Intensivsiedler bezeichnen möchten. Der Intensivsiedler wird den größeren Teil der Wirtschaft (Hauptanbauzone und Extensivzone) so bebauen, wie es heute ein handintensiver Kleinbauer macht, während der viel kleinere Teil (Intensivzone) in der unmittelbaren Nähe des Wirtschaftshofes einer gärtnerischen Vollnutzung unterliegt. Diese gärtnerische Intensität im Anbau auf Grund gesteigerter Erfahrungen im bewußten, zielvollen Gebrauch der Naturkräfte ist imstande, den Betrieb stark auszugleichen, fast das ganze Jahr über Einnahmen zu haben und auch, wenn nötig, Vorräte über die Selbstversorgung hinaus zu erzielen. Solche Siedlerstellen sind wohl in den meisten Fällen von Grund auf neu zu entwickeln und zwar so, wie es schon eingehend hier für den Aufbau einer Siedlung dargestellt wurde. Der Intensivsiedler betreibt demnach eine eigene Viehzucht, die es ihm erlaubt, seinen Betrieb zu einem vollen Organismus auszubauen und weitgehend den geforderten Ausgleich im Nehmen und Geben innerhalb dieses Betriebes herzustellen. Unter den mannigfaltigen Siedlertypen, die noch nachfolgend Erwähnung finden, sollte der Intensivsiedler die Kerngruppe bilden innerhalb der Siedlergemeinschaften. Die Größe einer Intensivvollerwerbssiedlerstätte liegt zwischen acht und zwanzig Morgen.

Je nach der Größe der Siedlerwirtschaft, welche der Intensivsiedler betreibt, wird die gärtnerische Bebauungsfläche größer oder kleiner sein. Je kleiner der Betrieb, desto größer im Verhältnis der gärtnerische Anbau. Jedenfalls ist bei dieser Art von Wirtschaft zu fordern, daß der Siedler ein bis zwei Stück Rindvieh, beginnend mit einem Stück, halten kann, um damit den für die Bodenbewirtschaftung unentbehrlichen Stalldünger in reiner Urqualität selbst zu haben.

Neben seiner eigenen Vollversorgung wird der Intensivsiedler stets danach streben, solche Spezialkulturen zu treiben, die er leicht abzusetzen vermag, so insbesondere Feingemüse, Spargel, Erdbeeren, Beerenobst. Aber auch Saatzucht könnte ein Sondergebiet des Intensivsiedlers sein. Als Obstbauer schließlich vermag der Intensivsiedler durch die verfeinerte Arbeitsweise aus der biologisch-dynamischen Wirtschaftsweise heraus ein Qualitätsobst zu züchten, an dem heute ein außerordentlicher Mangel besteht, der größtenteils vom Ausland ausgeglichen wird.

Die Intensivsiedlung kann nur der gelernte Gärtner betreiben, welcher, nachdem er genügend gärtnerische Erfahrung gesammelt hat, einige Zeit noch in einer kleinbäuerlichen Wirtschaft lernt, um sich eingehende Kenntnisse über Viehzucht und Ackerbau anzueignen. Die Erfahrung hat gezeigt, daß sich im allgemeinen der Landwirt weniger dazu berufen fühlt, die gärtnerische Intensität in seinen Betrieb einzuführen und darin auszuüben.

Es wird jetzt gut zu verstehen sein, warum eigentlich der Intensivsiedler die Kerngruppe innerhalb der Siedlungsgemeinschaften, die häufig nur aus Stadtrand- und Nebenerwerbssiedlern bestehen, bilden muß. Er kennt sowohl die bäuerliche wie die gärtnerische Arbeit von Grund auf und ist in seinen Maßnahmen, was den Anbau betrifft, vielseitig und beweglich genug, um nicht der Konjunktur unterworfen zu sein. Der Intensivsiedler kann in einem solchen Fall Lehrer und Berater der Siedlungsgemeinschaften sein. Er besitzt in seinem Betrieb die Einrichtung, um auch die Pflänzlinge für die Siedler heranzuziehen und unter Umständen ihnen auch ein eigengezogenes Saatgut zur Verfügung zu stellen. Er kann aber auch den Absatz in die Hand nehmen für die Nebenerwerbssiedler, welche über ihre Selbstversorgung hinaus noch Spezialkulturen betreiben. Für den Stadtrandsiedler kommt Letzteres nicht in Frage. Volkswirtschaftlich ist es weiterhin von großer Bedeutung, daß der Intensivsiedler nicht nur daran denkt, seine eigene Vollversorgung zu schaffen, sondern daß er darüber hinaus noch Produkte anzubieten vermag. Daher sollte es sich jede Siedlergemeinschaft zum Grundsatz machen, als Kerngruppe einige Intensivsiedler auf dem zu besiedelnden Gebiet aus den obengenannten Gründen anzusetzen.

Sehr wichtig ist es, Einsicht darin zu erhalten, was heute alles unter dem Begriff Siedler als Bodenbewirtschafter erfaßt ist. In den bisherigen Ausführungen haben wir den bäuerlichen Siedler, den gärtnerischen Siedler und nun auch den Intensivsiedler kennengelernt. Alle drei sind als Vollerwerbssiedler zu betrachten.

Neben den Vollerwerbssiedlern ist eine Anzahl Nebenerwerbssiedler zu nennen, das heißt Siedler, die noch irgendwie eine anderweitige Beschäftigung als Erwerb betreiben und deren Familienmitglieder die Siedlerstellen bewirtschaften. Nebenerwerbssiedler können sein:

- Landarbeiter,
- Heimarbeiter wie Holzschuhmacher, Korbmacher, Besenbinder usw.
- Kurzarbeiter in der Industrie.

Solche Nebenerwerbssiedlungen bestehen zum Teil bereits in der Nähe von Gutswirtschaften, Dörfern und Industrieunternehmungen. Ihre Landstellen sind zwei bis zehn Morgen groß. Oft halten solche Siedler ein Stück Rindvieh, einige Schweine und Geflügel.

Als eine nächste Untergruppe können die ländlichen Siedler oder Gutshelfer in Betracht gezogen werden. Größere Gutsbetriebe, die noch auf lange Zeit hinaus trotz aller Hilfen sich in geldlichen Schwierigkeiten befinden, werden, bis es ihnen gelingt, ihren Betrieb wieder gesund zu gestalten, gut daran tun, ihre Arbeitskräfte um den Gutsbetrieb herum anzusiedeln, ihnen Land unter Umständen als Eigentum zu überlassen, auf dem diese sich seßhaft machen können. Es würde dadurch den Gutsbetrieben ein Arbeiterstamm zur Verfügung stehen, der zuverlässig ist und sich dem Gut gegenüber verpflichtet fühlt. Die Gutsarbeiter erhalten aus der Gutswirtschaft ihren Dünger, ihr Fleisch, ihre Spätkartoffeln, Milch und Getreide in Form von Deputaten, während sie sich ihre Grünversorgung und das Obst selbst auf ihrem Stück Land heranziehen können. Ihre Wohnstätten sollten durchweg Einfamilienhäuser sein. Nebenbei können die Gutshelfer Geflügel und Kleintiere halten. Auf diese Weise ist es in Gutswirtschaften möglich, einen Großteil des Lohnes in Naturalien zu leisten, und es sind nur noch verhältnismäßig kleine Barbeträge für bestimmte Anschaffungen aufzubringen. Bei dieser Gelegenheit darf darauf hingewiesen werden, daß im Siedeln nicht, wie irrtümlich angenommen wird, die Aufgabe besteht, die großen Gutsbetriebe auszuschalten und aus ihnen Siedlungen zu machen. Die großen Gutsbetriebe sind volkswirtschaftlich gesehen von großer Wichtigkeit. Es kann sich höchstens darum handeln, daß Gutsbetriebe, die auf Grund eingehender Prüfung erwiesenermaßen auf viele Jahre hinaus nicht mehr rentabel bewirtschaftet werden können (und zwar aus Boden-, Klima- und Lageverhältnissen heraus und nicht etwa infolge der Unfähigkeit des Bewirtschafters), aufgeteilt und besiedelt werden.

Die immer größer gewordene Not infolge der Arbeitslosigkeit hat nun noch einen neuen Typ unter den Bodenbewirtschaftern geschaffen, den Stadtrandsiedler, dem heute ein besonders großes Arbeitsfeld eingeräumt werden muß. Viele Arbeitslose und Halbbeschäftigte können hier wieder in eine brotschaffende Tätigkeit treten. Dabei müssen die Beträge aus der Arbeitslosen- oder Wohlfahrtsunterstützung an die Siedlungswilligen anfänglich weitergeleistet werden, außerdem muß während der Einrichtungszeit der Siedlungen auch noch für Kost und Unterbringung gesorgt werden. Wie der Name schon sagt, werden sich diese Siedlungen um den Stadtbann herum entwickeln. Die Stadtrandsiedler bringen in den meisten Fällen keinerlei Mittel für ihr Siedlungsvorhaben mit; sie sind ganz auf die Darlehen und Zuschüsse durch den Staat bzw. die Kommunen angewiesen, während die Vollerwerbs- und Nebenerwerbssiedler meistens ein bestimmtes Eigenkapital einzusetzen vermögen.

Leider ist gerade bei diesen Stadtrandsiedlungen, welche augenblicklich im Brennpunkt des Interesses für Siedlungen stehen, wieder der Grundfehler gemacht worden, daß dem einzelnen Siedler zu gering bemessenes Land zugeteilt wurde und dabei alle Kraft vorerst darauf verwendet wird, Siedlungshäuser zu bauen, anstatt zuerst das Land fruchtbar zu gestalten. Zweifellos hat man schon viel gelernt in der Errichtung dieser Siedlerhäuser in bezug auf die dabei verwendeten Mittel. Dennoch wäre es viel ratsamer, den Siedlungsweg zu gehen, der hier ganz allgemein für den Siedler beschrieben worden ist. Man käme dann zu sogenannten Aufstiegssiedlungen. Jeder der Siedler muß erst durch seiner Hände Arbeit beweisen, daß er in der Lage ist, den Boden fruchtbar zu gestalten und zu erhalten. Erst nach der erfolgreichen Kultivierung des Bodens sollte der Siedler das Anrecht erwerben, nunmehr ein Haus auf diesem von ihm bewirtschafteten Grundstück zu erstellen. Erst dann dürften ihm die Mittel gewährt werden, die dem Hausbau dienen können.

Das zugemessene Gelände für Stadtrandsiedler sollte mindestens ein bis zwei Morgen groß gewählt werden. Auch hier sollten nur Siedler eingesetzt werden, welche die allgemeinen Grundlagen der Bodenbewirtschaftung durch eine vorhergegangene Tätigkeit in Kleingärten beherrschen. Hier sind vor allem Schulungen und Musterbeispiele unbedingt nötig. In diesen Stadtrandsiedlungen wird die Bodenbewirtschaftung vornehmlich gärtnerischer Natur sein. Dessen ungeachtet sollte auch die Stadtrandsiedlung alles daran setzen, eine entsprechende Viehhaltung zu ermöglichen. Wenn dies infolge der zu kleinen Betriebe nicht möglich ist, müßte den Stadtrandsiedlungen gemeinschaftlich ein Bauernhof mit Viehwirtschaft zur Verfügung stehen, aus der heraus das Düngerbedürfnis der Stadtrandwirtschaft bestritten werden kann. Auch für die Stadtrandsiedler könnte das gelten, was bereits für die Nebenerwerbssiedler Beachtung fand, daß nämlich ihre Siedlerstelle durch die Familie bewirtschaftet wird, während die Siedler selbst dann noch als Arbeiter in Obstplantagen, Spargelanlagen oder in nahegelegenen industriellen Betrieben Beschäftigung finden. So ist es dem Siedler möglich, neben der vollen Selbstversorgung mit Naturalien auf seiner Siedlerstelle noch die nötigen Barmittel zu verdienen. Keinesfalls aber kommt es für den Stadtrandsiedler in Betracht, über seine eigene Selbstversorgung hinaus Produkte heranzuziehen, die er zu verkaufen gedenkt.

Unter dem Begriff Wohnsiedlung fallen heute alle von Bausparkassen-, Heimstätten- und Gartenstadtbewegung getragenen Siedlungsbestrebungen. Sie gelten insbesondere dem Eigenheim. Die Wohnsiedlung selbst liegt ganz nahe an den Stadtbann herangerückt. Die Zukunft zwingt wahrscheinlich hier zur Einschränkung eines übertriebenen Wohnkonsums. In diesen Gärten, die ebenfalls größere Ausmaße als seither üblich erhalten sollten, kann die Grünversorgung für jede Familie heranwachsen. Zweckmäßig sollte die Düngerbeschaffung entweder durch den Naturdüngerhandel als Zusatz zu dem anfallenden Gartenkompost oder durch eine überwiegende viehstarke Landwirtschaft in der unmittelbaren Nähe erfolgen. Auch die Wohnsiedler könnten gemeinsam Obstbau und Spätkartoffelbau zur Versorgung ihrer Heimstättenkolonie betreiben.

Schon die Bezeichnung Wohnsiedlung drückt aus, daß hier die Lösung der Wohnungsfrage im Vordergrund steht. Es wäre zu wünschen, daß für diese Wohnsiedler die Bestrebungen maßgebend sind, die heute ganz allgemein für die Stadtrandsiedlungen in bezug auf den Hausbau gutgeheißen werden. Auch bei der Stadtrandsiedlung hat die Bodenbewirtschaftung die primäre Rolle zu spielen und erst aus der rentablen Bewirtschaftung heraus darf die Wohnungsfrage gelöst werden.

Endlich können die Kleingärtner ebenfalls noch in den Begriff Siedlung, wie er heute verstanden wird, eingeschlossen werden, zumal es sehr oft Aufgabe der Kleingärtner ist, aus einem Ödland durch Fleiß, Liebe und in aller Beschaulichkeit ein Stück fruchtbares Land zu gestalten. Sehr häufig ist es der Fall, daß die große Masse der Siedlungswilligen sich in Kleingärten aus einer Liebhaberei heraus für die heutigen Siedlungsaufgaben geschult hat, die sie nun erfüllen sollen. Die große Bewegung der Kleingärtner entstand wohl aus dem Bedürfnis, einen Ausgleich gegenüber dem Stadt- und Berufsleben zu finden. Die Kleingärten waren mehr zur Erholung und Auffrischung des durch die Tagesarbeit ermüdeten Körpers gedacht als zur Erzielung landwirtschaftlicher und gärtnerischer Produkte. In diesen Garten sollte sich auch das Basteln ausleben können, sowie die Freude und Liebe am Pflanzenwachstum und an der Kleintierwelt. Der beschaulichen Betreibung mancherlei Liebhaberei war mit der Einrichtung dieser Gärten breitester Raum gegeben; sie wurden Quellen der Lebensfreude.

Die Kriegsjahre und die Not an Nahrungsmitteln brachten die Kleingärten hoch zu Ehren; denn oft wurde aus ihnen in diesen schlimmen Jahren die ganze Grünversorgung der Kleingärtnerfamilien bestritten. Auch heute noch ist vielfach der Ehrgeiz geblieben, den Eigenbedarf von Obst und Gemüse aus dem Kleingarten zu decken. Wenn auch die Grünversorgung auf alle Fälle in den Kleingärten zu fördern ist, so sollten sie doch in der Hauptsache der Erholung und der Liebhaberei dienen.

In diesen Gärten und ebenso in denjenigen der Wohnsiedler und Stadtrandsiedler werden als Dünger häufig menschliche Fäkalien verwendet und zwar oft noch in allerrohester Form. Gewiß ist es schwierig, Stalldünger für die Kleingärten zu beschaffen, aber auch diese Schwierigkeiten lasten sich aus dem Wege räumen, wenn die schon gut organisierten Kleingartenvereine und Gemeinschaften sich mit zuverlässigen Stalldünger- und Naturdüngerfirmen in Verbindung setzen und die Wirksamkeit geringer Naturdüngermengen durch biologisch-dynamische Bearbeitung erhöhen. Es könnten alsdann die vorhandenen Komposte und dazugekaufter Stalldünger in konzentrierte Dünger verwandelt werden.

Die Übersicht über die verschiedenen Arten von Siedlungsstätten, wie sie hier aufgezeigt werden konnten, bildet zugleich eine Orientierungsmöglichkeit für alle, die sich aktiv im Siedeln betätigen wollen. Auf eines muß dabei besonders Bedacht gelegt werden und zwar, daß es auf viele Jahre hinaus nicht mehr möglich sein wird, so viel Menschen in der Industrie zu beschäftigen, wie dies bisher der Fall war. Die Industrie ist nicht voll beschäftigt, woran auch für die nächsten Jahre sich kaum etwas ändern dürfte, so daß wir leider noch lange mit der verkürzten Arbeitszeit zu rechnen haben werden. Für diese Kurzarbeiter könnte nun die Nebenerwerbssiedlung so viel für den Lebensunterhalt abwerfen, daß sie zusammen mit dem Lohn, den sie in der Industrie erhalten, doch sich und ihre Familie zu ernähren vermögen. Allein daraus wird klar, daß ein Großteil der jetzigen Arbeitslosen eigentlich mehr als Nebenerwerbssiedler oder Stadtrandsiedler in Frage kommen. Nur diejenigen aus ihren Reihen sollten als Vollerwerbssiedler angesetzt werden, die tatsächlich schon mit dem Landbau längere Zeit vertraut gewesen sind.

Eng um die Städte herum besteht fast überall schon der Gartenkranz von Kleingärten, und ein neuer Kranz scheint sich um diesen kleineren in den immer zwar noch keimhaft entstehenden Stadtrandsiedlungen zu bilden. Je mehr es in die Ländlichkeit hinausgeht, um so lockerer und ausgedehnter reihen sich die verschiedenen Betriebe des Landbaues aneinander. Große, mittlere und kleine Betriebe bilden ein Mosaik ganz aus Boden, Lage und Klima heraus gestaltet. Um Dörfer, Fabriken und Bauernhöfe herum gruppieren sich die Gemeinschaftssiedler, Gutssiedler und Nebenerwerbssiedler. Je nachdem die Vollerwerbssiedler mehr gärtnerischer oder ländlicher Art sind, liegen sie mehr oder weniger nah an den Stadtbann gerückt. Die rein gärtnerischen Betriebe jedoch werden sich aus ihrer Natur heraus mehr in der Nähe der Städte entwickeln. Es darf keinesfalls verkannt werden, daß die Siedlungsaufgabe nur darin bestehen kann, schlecht bewirtschaftetes Land in gute Kultur zu bringen und die Selbstversorgung einer großen Anzahl von Menschen zu sichern, darüber hinaus aber aus den Vollerwerbssiedlungen Produkte auf den Markt zu bringen, welche die Auslandsware ablösen. Das könnte weitgehend hinsichtlich der Feingemüse und des Obstes der Fall sein. Ein planvolles Siedeln wird für sich auch die Aufgabe zu lösen haben, daß das, was in den

Siedlungen erzeugt wird, auch richtig abgesetzt werden kann. Dazu werden die Siedler Absatzorganisationen selbst schaffen und allen Wert darauf legen müssen, daß nur Produkte in bester Qualität den Konsumenten zugeführt werden. Ein ganz Wesentliches könnte auch hier durch die Siedlung eingeleitet werden, nämlich die unmittelbare Verbindung zwischen Konsument und Produzent, die ja, was den Landbau betrifft, heute weitgehend zerstört ist.

Alles Sicheln sollte aus der Gemeinschaft heraus erfolgen. Man kann heute nur zu oft beobachten, daß sich siedlungswillige Menschen in einem Verein zusammenschließen, irgendein Stück Land erwerben und nun beginnen, dieses Land ungeregelt und planlos zu bearbeiten, anstatt für eine solche Siedlung vorher einen Generalplan aufstellen zu lassen, der nicht nur darin bestehen darf, jedem ein Stück Land zuzuteilen, sondern vor allen Dingen die Aufschließung des Siedlungsgeländes in einwandfreier Weise zu ermöglichen (siehe Tafel Nr. 17 u. 19 im Anhang). In den meisten Fällen gilt es, das Siedlungsgelände durch den Bau eines Weges aufzuschließen, der zu jeder einzelnen Siedlerstelle unmittelbar hinführt. Oft ist es notwendig, bei hohem Grundwasserstand erst eine Entwässerung des Geländes durch ein gut funktionierendes Grabennetz, welches wiederum einen guten Vorfluter besitzt, vorzunehmen. Für einen großen Teil der Siedlungen trifft es zu, daß sie auf Grundstücken eingerichtet werden, die hinsichtlich des Witterungseinflusses ungünstig gelegen sind. Dort ist es gleichfalls Aufgabe eines solchen Siedlervereins oder einer Siedlergruppe, gemeinsam den ersten großen Schutz gegen ungünstige Witterungsverhältnisse zu schaffen. Kurz gesagt, erst heißt es, aus der Gemeinschaft heraus Wege zu bauen, Gräben zu ziehen und Schutzmaßnahmen gegen Witterungsschaden zu treffen. Bis dahin sind die Siedler am besten gemeinschaftlich in einem

Barackenbau unterzubringen und haben dort auch ihre Verpflegung zu erhalten. Sind diese Schutzarbeiten ausgeführt, dann beginnt für den einzelnen Siedler die Bearbeitung des ihm zugeteilten Landes. Es erweist sich dann der große Nutzen in der gemeinsamen Zufahrt, Entwässerung und Entlüftung des Landes und des geschaffenen Schutzes.

Diese Gemeinschaftsarbeit und der gegenseitige Helferdienst, der vorerst für die Wohnschuppen der einzelnen Siedler und später bei der Errichtung der Bauten in Tätigkeit tritt, schweißt gesunde Gemeinschaften zusammen, die gegen alle Unbill sich bewähren werden. Aus den einfachsten Verhältnissen heraus mit Hilfe der Gemeinschaft, dem Einsatz aller Kräfte und dem vollen Bewußtsein, daß es um eine Pionierarbeit geht, wächst die Siedlung langsam heran. Aus der Gemeinschaft heraus erfolgt auch der gegenseitige Austausch von Saaten, Pflanzen, bestimmter Gerätschaften und auch die Haltung von Viehherden.

[…]

Praktische Ratschläge für den laufenden Betrieb in Siedlungswirtschaften

Dem Siedler wird es stets auch für seinen laufenden Betrieb oberster Grundsatz sein müssen, mit dem geringsten Aufwand dennoch einen möglichst großen Nutzen zu erreichen. Auch hierin kann die Natur Lehrmeisterin sein, dies um so mehr, wenn es dem Siedler gelingt, die ätherischen Bildewirksamkeiten in ihr zu verstehen und zu verwerten. Aus einem unmittelbaren Anschauen der im Pflanzenwachstum sichtbaren Erscheinungen heraus ist es ihm dann möglich, die entsprechenden Kulturanweisungen selbst zu finden. Darin liegt das ABC für jeden Landwirt, Gärtner und Siedler; denn infolge der überaus mannigfaltigen Klima-, Lage- und Bodenverhältnisse haben allgemein bestehende Kulturanweisungen wenig Wert, besonders wenn die Pflanzen durch eine zarte und eingehende Behandlungsweise eine größere Reaktionsfähigkeit auf diese besitzen.

Die systematische Anwendung der biologisch-dynamischen Düngung in dem nach der biologisch-dynamischen Wirtschaftsweise entwickelten Betrieb bringt es mit sich, daß der Boden im Laufe der Jahre immer weniger durch mechanische Bodenbearbeitung behandelt werden muß. Es genügt alsdann, den Boden nur noch mit der Kraule oder der Egge durchzureißen. Der Boden besitzt eine sich zunächst mehrende Eigendynamik, die durch geschickte Fruchtfolge in den Pflanzen gehalten werden kann. In einer immerwährenden Pflanzendecke liegt die beste Gewähr für gleichmäßig bleibende Belebung eines harmonischen Bodens. Diese Pflanzendecke sollte jedoch aus einer ganzen Pflanzengesellschaft bestehen oder durch eine rasche Fruchtfolge der verschiedensten Kulturpflanzen erreicht werden. Die Ansprüche der einzelnen Kulturpflanzen an den Boden sind außerordentlich verschieden und beeinflussen denselben auch in dieser Hinsicht erheblich. Es zeigt sich auch hier, daß das Wesen der Pflanze und ihre Beziehungen zum Boden während des Wachstums genau bekannt sein müssen, wenn die Lebendigkeit des Bodens bewahrt werden soll.

Durch eine Bodenbedeckung mit organischen Substanzen in beinahe verrottetem Zustand ist ein vollwertiger Ersatz gegeben für eine völlige Überdeckung des Bodens mit Kulturpflanzen, die besonders im Frühjahr, wenn es am meisten darauf ankommt, die Bodenkräfte zu nutzen, sowieso kaum zu erreichen ist. Solch eine Bodenbedeckung kann durch Auflegen fast völlig verrotteten präparierten Stalldüngers durchgeführt werden. Bei dieser Gelegenheit mag auch erwähnt werden, daß die Düngung des Bodens besser öfters und in geringen Mengen geschieht, als alle paar Jahre und dann in großen Mengen. Auch hat sich erwiesen, daß es dem Boden und dem Pflanzenwuchs besser bekommt, wenn nur stets die Hälfte des vorgesehenen Düngers in die Bodenoberfläche eingeharkt oder -geeggt wird und die andere Hälfte zur Abdeckung des Bodens dient.

Die Bodenbedeckung kann in hervorragender Weise aber auch durch Laubkompost erreicht werden, welcher dann Verwendungsreif ist, wenn seine Struktur diejenige der obersten Bodenschichten in einem Laubwald angenommen hat. Demnach darf dieser Laubkompost nicht ganz zu Erde verfallen, sondern es ist sehr darauf zu achten, daß er eine lockere Masse bleibt, in der noch die kleinen, feinen Blattstückchen wahrgenommen werden können. Dieser Laubkompost bildet mit der eben bezeichneten Struktur eine Art lebendige Haut über dem Erdboden, wenn er zur Bodenbedeckung verwendet wird. Durch diese ist eine Atmung und ein Austausch der Kräftewirksamkeit möglich. Die Bodenbedeckung bringt es mit sich, daß das Hacken und Gießen wegfallen kann, weil durch diese Haut der Boden in einer gleichmäßigen Lebendigkeit, Feuchtigkeit und Lockerkeit gehalten wird. Diese Haut wehrt alles ab, was sich kraß von außen her auf den Boden auswirken könnte. Auch das Unkraut kann durch diese Haut nur in ganz geringem Maße hindurchwachsen und das Wenige, was da noch herauswächst, läßt sich leicht jäten, weil es in sehr lockerem Boden wurzelt. Die Bodenbedeckung bedeutet also für den Gärtner und namentlich auch für den Siedler eine bedeutsame Arbeitsersparnis. Sie verbleibt während der ganzen Vegetationsperiode auf dem Boden und erst im Herbst wird sie als eine reif gewordene Erde leicht eingeharkt. Wie der Laubkompost hergestellt wird, ist auf Tafel Nr. 14, S. 88 zu ersehen.

Die Wesensunterschiede von Einjahrspflanze, Staude, Strauch und Baum haben wir bereits in einer bestimmten Hinsicht kennengelernt bei der Aufstellung eines Ordnungsprinzips für die harmonische Ausgestaltung eines landwirtschaftlichen oder gärtnerischen Organismus. Die festgestellten Wesensunterschiede interessieren uns aber noch in einer anderen Weise und zwar, damit wir aus ihnen ihre Ansprüche in bezug auf das Düngen kennenlernen (siehe Tafel Nr. 1, S. 77). Auch hier ergibt die unmittelbare Anschauung dieser verschiedenen Pflanzen ein gänzlich verschiedenes Bedürfnis nach Dung. Es ist bereits festgestellt worden, daß die Pflanzen unter der Einwirkung der Boden- oder Humuskräfte und den Licht- und Wärmewirkungen heranwachsen. Betrachtet man die Einjahrspflanze gegenüber dem Baum, so ist ohne weiteres festzustellen, daß die Einjahrspflanze viel stärker unter dem Einfluß der Humuswirkungen des Bodens steht als der Baum. Im Düngen mit organischen Substanzen, mit Stalldünger und Kompost unterstützen wir aber vornehmlich die Humuswirkungen des Bodens. Die Licht- und Wärmewirkungen werden, wie wir es schon erfahren haben, durch die überall in feinster Verteilung vorhandenen kieseligen Substanzen den Pflanzen vermittelt.

Der Baum ist gegenüber der Einjahrspflanze mit seiner Grünentfaltung in der Krone vom Boden weggerückt und den besonderen Licht- und Wärmeeinwirkungen in der Atmosphäre ausgesetzt. Staude und Strauch sind in dieser Beziehung Stufen zu der Entwicklung des Baumes hin. Sowohl Staude wie Strauch und Baum waren in der Lage, nach dem Baume zu in gesteigertem Maße die Licht- und Wärmewirkungen der Vegetationsperiode in sich einzulagern und damit die Möglichkeit zu haben, gegenüber der Einjahrspflanze alljährlich wieder ihr Grün, je nachdem ob Baum, Strauch oder Staude auf mehrere oder auf viele Jahre hinaus zu entfalten. Der Baum zeigt deutlich, daß er von den Einflüssen der Bodenkräfte am weitesten abgerückt ist und daß er vornehmlich unter dem Einfluß der Licht- und Wärmewirkungen steht. Daraus ist ein wertvoller Hinweis für das Vorgehen mit organischem Dünger gegeben. Während die Einjahrspflanze verhältnismäßig stark im Genuß der Humuswirkungen stehen muß, weicht die Staude schon etwas davon ab, der Strauch noch mehr und der Baum fordert nur noch in geringem Maße die Düngung durch humose Stofflichkeiten.

Meistens genügt es, daß sich ein Obstbaum im Mitgenuß der Düngung befindet, welche die Unterkulturen unter ihm erhalten. Es gibt nur wenige Fälle, bei welchen Obstbäumen in besonderem Maße Dünger zugeführt werden muß. In dieser Beziehung werden heute große Fehler begangen. Der Obstbaum wird so gedüngt wie eine Einjahrspflanze und dadurch gezwungen, diese Säfte- und Kräftewirkungen in sich zu verarbeiten, also außerordentlich stark zu treiben und zügellosen Holzwuchs zu entwickeln, der dann ständig durch Schneiden korrigiert werden muß, wodurch er besonders in seiner Eigendynamik empfindlich gestört wird. Dieses Korrigieren verhindert jedoch nicht, daß die ziemlich rohen, noch nicht verfeinerten, also treibenden Säfte- und Kräftewirkungen im Baum z. B. in Fusicladium an Blättern und Früchten ihren Niederschlag finden.

Daß viele Bäume auch sehr häufig Läuse haben, sowohl Blattläuse wie Blutläuse, bei anderen wieder eine starke Krebsbildung oder auch tierischer Schädlingsbefall zu finden ist, dürfte in sehr vielen Fällen auf solche falschen übermäßigen Düngungs- und Behandlungsmaßnahmen zurückzuführen sein. Die vorgenannten Schädigungen werden aber auch besonders dann hervorgerufen, wenn die Bäume in ihrer Anfangsentwicklung durch übertriebene Düngung üppig wachsen und nach Verbrauch der Vorratsdüngung in eine Wachstumsstockung geraten. Die dadurch eintretende Saftverdickung bildet ebenfalls Anlaß zum Läusebefall und hieraus wieder ergibt sich eine ganze Reihe weiterer Schädigungen. Statt der so stark betriebenen Einwirkung durch organischen oder auch künstlichen Dünger sollte mehr Bedacht auf das Dynamische der Licht- und Wärmewirkung, dem eigentlichen Element für die herausgerückte Grünentfaltung des Baumes genommen werden. Es zeigt sich, daß bei einem solchen Vorgehen die Bäume nicht zügellos wachsen, sondern in ihrer Eigendynamik sich voll entfalten, gesund entwickeln und auf Grund dieser wieder erlangten Eigendynamik nur das an Humus- und Säftewirkungen aus dem Boden aufnehmen, was sie für ihre normale und gesunde Entwicklung auch in bezug auf ihre Früchte benötigen.

Wie sehr gerade das Obst unter dem Einfluß der besonderen Licht- und Wärmewirkungen steht, ist in jenen Gegenden zu beobachten, in denen durch einen vorgelagerten Wasserspiegel diese Wirkungen auf das Obst reflektiert werden. Dies trifft in besonderem Maße am Nordufer des Bodensees zu, das ja als Gebiet für Qualitätsobsterzeugung bekannt ist. Diese Reflexwirkungen färben das Obst intensiv, machen es haltbar und erhöhen bedeutend die Geschmackswerte. Leider wird diese Feineinwirkung gerade in diesen Gegenden durch ein zu starkes Düngen und ausgiebige, nachhaltige Anwendung von Giftspritzungen als recht grobe Maßnahmen sehr stark beeinträchtigt, so daß von dem ehemals so köstlichen Bodenseeobst heute nur noch wenig in ähnlicher Qualität angeboten werden kann. Hier zeigen sich in krasser Weise die grundlegenden Fehler, welche im Obstbau von heute gemacht werden. Man muß sich immer wieder darüber wundern, daß bei so vielen in Deutschland vorhandenen Obstbäumen so wenig Qualitätsobst erzielt wird. Die hier soeben geschilderten falschen Maßnahmen machen das aber verständlich.

Der alte Spruch, daß man im Wein den eingefangenen Sonnenschein genießt, trifft auch für alle Obstbaumfrüchte zu. Die Aroma- und Geschmackswerte dieser Früchte sind besonders durch die Licht- und Wärmewirksamkeiten erzeugt, die dem Baum zugute kommen durch sein Herausgerücktsein aus der unmittelbaren Bodennähe. Die heutigen Maßnahmen beim Düngen und bei der Schädlingsbekämpfung im Obst- und Weinbau lassen jedoch diese Licht- und Wärmewirksamkeiten nicht mehr in vollem Maße zur Auswirkung kommen. Durch die Schädlingsbekämpfung können wohl in gewisser Weise die durch das Düngen gemachten Fehler unter erheblichem Geldaufwand zeitweilig beseitigt werden, jedoch werden gleichzeitig dadurch Boden und Baum, in denen inzwischen das Gift in den Säftekreislauf eingedrungen ist, in ihren Bildekräften weiter abgebaut und geben dadurch ihre Eigendynamik mit der Zeit völlig auf.

In ganz erheblichem Maße ist das im Weinbau der Fall. Läßt man dort die schon stattlich gewordene Anzahl der erfolgenden Giftspritzungen plötzlich weg, so stirbt im gleichen Jahr noch der bisher so behandelte Weinstock ab. Er hat sich an die Giftspritzungen ebenso gewöhnt wie ein Morphinist an das Rauschgift. Durch diese Spritzen wird das wenige an Bildekräftewirksamkeiten künstlich hochgehalten bei gleichzeitig weiterem Abbau derselben. Wo daher übermäßig gedüngt wurde und auch die Giftspritzen Verwendung fanden, ist es zur Durchführung eines Heilprozesses notwendig, den Abbau im Düngen und in der Giftspritzung allmählich zu treffen und zwar so, daß jeweils die letzte der Spritzungen unterbleibt und an ihre Stelle eine biologisch-dynamische Behandlung besonders mit den Spritzmitteln

501 und 508 tritt, also mit dem Bergkristallpräparat und mit dem Ackerschachtelhalmtee.

Häufig stehen die Obstbäume in Grasgärten, in Weiden- oder Wiesengelände. In den Grasgärten wird im allgemeinen wenig daran getan, diese durch Schwarzeggen zu durchlüften und durch jährliche feinere Kompostgaben zu beleben. In einem solchen Fall bildet die Grasdecke einen von Jahr zu Jahr dichter werdenden, sich verfilzenden Abschluß, der den Obstbäumen sehr unzuträglich ist und häufig die Schuld trägt, daß diese kein rechtes Holzwachstum mehr entwickeln können. Flechten und Moos setzen sich am Stamm und Gezweig an, unterbinden dadurch die Atmung und verursachen den Befall solcher Bäume durch eine große Anzahl tierischer und pilzlicher Schädlinge. Dieser Zustand erhöht sich noch, wenn außerdem die Bäume in solchen Grasgärten zu dicht gepflanzt sind, wie es häufig anzutreffen ist. Hier ist es geboten, eine kleine Lüftungsscheibe anzulegen unmittelbar um den Stamm herum, die nicht zur Düngung dient, sondern zur Belebung des Bodens in dem an sich wenig belebten Baumwurzelgebiet. Außerdem ist, wie schon erwähnt, alljährlich eine feine Kompostdüngung nach vorher erfolgtem Schwarzeggen durchzuführen.

Endlich muß eine Stammbehandlung des Baumes eintreten mit dem Ziel, die Rindenbildung ständig glatt zu halten. Das wird durch einen im Winter erfolgenden, alljährlich sich wiederholenden Anstrich mit einem Gemisch von je einem Drittel Lehm, Kuhdünger und Flußsand oder Quarzmehl erreicht. Dieser Anstrich bewirkt außerdem noch, daß der Säfteaufstrom im Frühjahr nicht zu früh einsetzt und die Bäume erst später zum Blühen gelangen. Das hat den Vorteil, daß die Blüten weniger durch den Frost zerstört werden, der gerade um diese Zeit vielerorts eintritt. Unter Obstanlagen ist auch eine tiefer gehende Bodenbearbeitung zu vermeiden, weil die feinen, aufnehmenden Haarfaserwurzeln sich meistens nahe an der Oberfläche des Bodens befinden. Je flacher die Bodenbearbeitung ist, desto günstiger ist diese für das Baumwachstum.

Finden diese Ratschlage im Obstbau Beachtung, so kann schon sehr viel erreicht werden für die Heranzucht eines gesunden, schmackhaften und lagerfesten Qualitätsobstes. Für die Siedlungen würde das von großer Bedeutung sein, da die Liebe zum Obstbau sich gerade in bestimmten Feinarbeiten zum Segen des ganzen Obstbaues auswirken kann. Es darf nochmals darauf hingewiesen werden, daß das Düngen selbst nur mit völlig verrottetem, aus ehemals pflanzlichen und erdigen Abfällen bestehendem Kompost durchgeführt werden soll (siehe Tafeln Nr. 4 und 5, S. 92–93 und 7, S. 119), Meliorationskompost, Rasensodenkompost und Leguminosenkompost.

Beerenstrauchobst kann man schon mit etwas gröberer Stofflichkeit, also auch mit verrottetem Stalldünger in den Pflegemaßnahmen begegnen. Das gilt insbesondere für die Brombeeren und Himbeeren. Diese sind ausgesprochene Düngerzehrer, etwas weniger sind es Johannisbeeren und noch weniger die Stachelbeeren. Aber auch hier ist es Gebot, Dünger in völlig vererdetem Zustand zu reichen. Es wird dabei so vorgegangen, daß die Pflanzstreifen, auf denen die Sträucher stehen, ganz leicht aufgelockert werden; denn auch hier ist es so, daß die feinsten Haarfaserwurzeln sich dicht an der Oberfläche des Bodens befinden und durch tiefes Lockern erheblich gestört werden. Nach dieser leichten Lockerung wird Stalldünger ausgebreitet, leicht eingeharkt und darüber noch etwas Stalldünger als eine Art Bodenbedeckung gebreitet. Kann darüber noch eine Decke aus Kiefern- oder Fichtennadeln gelegt werden, so ist für das Beerenobst das Beste getan, um ein gesundes Wachstum, ein reiches

Blühen und damit auch schöne gesunde und reichliche Früchtebildung zu erzielen. Schon beim Pflanzen ist darauf zu achten, daß das Beerenobst stark zurückgeschnitten wird. Dies gilt namentlich für Johannisbeeren und Stachelbeeren; denn nur die jungen Ruten sind Blüten und Früchteträger, und es sollte aller Wert darauf gelegt werden, große, lange Ruten zu erzielen. Bei den Beerensträuchern bildet sich sehr schnell kräftiges, dunkles Holz, von dem alljährlich ein Teil herauszuschneiden ist, so daß sich genügend junge Ruten entwickeln können.

In ähnlicher Weise wie das Beerenstrauchobst sind auch die Erdbeeren zu behandeln, welche für den Siedler in ihren Früchten eine willkommene Verkaufsware darbieten. Auch die Erdbeeren lieben es, möglichst wenig in ihrem Wachstum gestört zu werden und lohnen es, wenn sie eine Düngerdekke und darüber eine Decke aus Kiefern- oder Fichtennadeln erhalten. Der Boden unter dieser Nadeldecke bleibt locker, lebendig und feucht, alles Eigenschaften, die der Erdbeere besonders für ihr Wachstum, für ihr Blühen und Fruchten dienlich sind. Solch ein Vorgehen gestattet es, die Erdbeeren von Unkraut fast freizuhalten und sehr viel Arbeitsaufwand durch den Wegfall im Hacken und Gießen zu ersparen. Das Aroma so herangezogener Erdbeerfrüchte erweist sich als sehr fein und kommt dem Geschmack der Walderdbeeren sehr nahe, trotzdem sich große und auch haltbare Früchte entwickeln, die beim Konservieren ihre Farbe, ihren Geschmack und ihre feste Struktur bewahren.

Der zum Verkauf Gemüsebau betreibende Vollerwerbssiedler darf nicht darauf bedacht sein, Gemüse auf großen Flächen zu bauen, sondern soll dies auf kleinere Flächen beschränken, den Anbau aber um so intensiver gestalten. Er kommt hierdurch zu einer Gemüsebautechnik, die bis ins kleinste hinein durchdacht und ausgeführt, sich auch heute noch als wirtschaftlich erweisen wird. Die kleine Anbaufläche erlaubt es, dem Ideal möglichst nahe zu kommen, den Boden zu allen Jahreszeiten genutzt zu halten. So wird eine dem Gemüsebau dienende Fläche innerhalb der Siedlung, die einer besonderen Intensität unterliegen soll, höchstfalls 2 bis 3 Morgen betragen. Auch für den Gemüseanbau hat sich der Siedler vorher ein Ordnungsprinzip zurechtgelegt. Zunächst teilt er den ganzen Gemüsebau ein in Vorfrüchte, Hauptfrüchte, Nachfrüchte und Zwischenfrüchte.

Vorfrüchte sind: Spinat, Rapunzel, Salat und Kohlrabi.

Zwischenfrüchte sind: Radies, Kohlrabi und Salat.

Nachfrüchte sind: Rosenkohl, Grünkohl, Rapunzel, Spinat, Spätkohlrabi und Teltower Rübchen.

Hauptfrüchte sind: alle anderen Gemüsearten.

Während die Vor- und Nachfrüchte mehr quartiermäßig, also in geschlossenem Stand gebaut werden, ist es empfehlenswert, die Hauptfrüchte in Mischkulturen mit Zwischenkulturen zu bauen. Kohlrabi, Kopfsalat und Radies lohnen sich nur im Zwischenfruchtbau bei Freilandkulturen.

Die gesamten Gemüsearten lassen sich wiederum einteilen in Starkzehrer, Leguminosen, Schwachzehrer und schließlich Tomaten.

Zu den Starkzehrern zählen alle Kohlarten, Gurken, Rhabarber, Sellerie, Porree, Mais, Frühkartoffeln, Spinat und Salat. Auch in dieser Klasse könnten nochmals die besonders stark Zehrenden gegenüber den schwacher Zehrenden eine Einordnung finden.

Zu den Leguminosen gehören dicke Bohnen, Erbsen, Buschbohnenund Stangenbohnen.

Zu den Schwachzehrern zählen Möhren, Schwarzwurzeln, Zwiebeln, rote Beete, Rettiche, Radieschen, Rüben und die gesamten Gewürzkräuter.

Um den Anbau möglichst intensiv treffen zu können, gilt es das Ordnungsprinzip noch weiter zu verfolgen.

So können raumgestaltende Gemüsepflanzen festgestellt werden, zum Beispiel Stangenbohnen, Mais, unter Umstanden zahlen hierzu auch noch die Sonnenblumen. Mit ihnen lassen sich Kulturräume zum Windschutz für die übrigen Pflanzungen schaffen. Derart entstehende Räume dienen aber auch dazu, die Luftfeuchtigkeit zu erhalten.

Zu Randpflanzungen an Wegen entlang eignen sich vorzüglich Schnittlauch, Sauerampfer und Petersilie.

Die ordnende Übersicht im Gemüsebau kann aber noch eine weitere Ergänzung dahin erfahren, daß man sich darüber klar wird, welche Pflanzen sich innerhalb der schon oft genannten Pflanzengesellschaft gegeneinander in ihrem Wachstum fördern. Hier seien einige Beispiele genannt. Porree und Sellerie, Karotten und Erbsen, Gurken und Bohnen, Kohlrabi und rote Bete, Zwiebeln und rote Bete, Frühkartoffeln und Mais, Frühkartoffeln und Erbsen, Frühkartoffeln und dicke Bohnen. Die Beachtung der gegenseitigen Förderung der einzelnen Kulturpflanzen für ihr Wachstum führt dann zu dem so wichtigen Mischkulturpflanzenanbau.

Die Tomatenpflanze läßt sich in keine der genannten Gruppen einordnen. Sie ist ein richtiger Eigenbrödler. Zwei Eigenarten, die in Bezug erfolgreicher Kulturmaßnahmen für sie von grundlegender Bedeutung sind, sollen hier kurz genannt werden. Die eine ist, daß die Tomate am besten immer wieder dort gebaut wird, wo vorher schon Tomaten standen. Sie macht damit eine große Ausnahme innerhalb des Gemüsebaues. Die zweite ist, daß die Tomate möglichst auf einem sehr rohen Dünger gepflanzt werden soll, und daß sie am liebsten und am gesundesten sich entwickelt, wenn diesem rohen Dünger Kompost zugesetzt wird, der aus den Abfällen von im vergangenen Jahre gepflanzten Tomaten hergestellt wurde. Wird dann die Tomate noch auf sogenannte Pflanzdämme ausgepflanzt und steht sie im Genuß von reflektierender Lichtwirkung, so entwickelt sie sich völlig gesund, kommt zu einem frühen Fruchtbehang und trägt diese Fruchttrauben bis zum Eintritt des Frostes im Herbst voll aus.

Der Intensivsiedler wird auch bei den Leguminosen und Schwachzehrern eine feine Düngung in Form von pflanzlichen Komposten geben und zwar, wenn die Saat in Rillen gelegt wird, als eine gewisse Abdeckung, oder bevor die Pflänzlinge ausgepflanzt werden, in die Pflanzrillen hinein. Diese feine Düngungseinwirkung bei sparsamster Verwendung von Dünger, was sich allerdings nur mit biologisch-dynamisch behandelten Düngern vornehmen läßt, ist eine der bedeutensten Maßnahmen im Kulturpflanzenbau. Das Düngerbedürfnis innerhalb der Gruppen Starkzehrer, Leguminosen oder Schwachzehrer differenziert sich auch wieder ganz nach dem Wesen der Pflanze, und es kann in dieser Beziehung nicht genügend beobachtet werden, was in besonderem Maße zu unterstützen ist während der verschiedenen Wachstumsepochen der einzelnen Kulturpflanzen in bezug auf Humuswirkungen oder Licht- und Wärmewirkungen. An einem einzigen Beispiel soll gezeigt werden, wie aus einem unmittelbaren Anschauen heraus der Hinweis erwächst, den Prozeß der Humuswirkungen oder den der Lichtwirkungen bei der Kultur der Gemüsepflanzen mehr zu unterstützen. Das läßt sich sehr eindeutig bei den Kreuzblütlern erkennen, welche die Hauptgruppe unserer Gemüsepflanzen bilden (siehe Tafel Nr. 1, S. 77).

Während bei einem nicht in Kultur genommenen Kreuzblütler die drei Wesensglieder der Pflanze, wie Wurzel, Stengel und Blätter, Blüten und Frucht, harmonisch zueinander ausgebildet sind, ist immer eins der genannten Glieder bei den Kulturpflanzen besonders ausgeweitet und massig geworden. Dort hinein haben sich auch die ätherischen Bildekräfte, welche die Licht- und Wärmewirkungen zur Geltung bringen, zusammengedrängt und konnten diesen Teil der Pflanze zur Nahrung machen. Im Anschauen der Tafel, auf welcher die verschiedenen Kreuzblütler eine bestimmte Anordnung erfahren haben, ist festzustellen, daß zunächst diejenigen ätherischen Bildekräfte, welche die Licht- und Wärme Wirkungen zur Geltung bringen und besonders auch im Duft, in Geschmack und in der Blütenfarbe sich zeigen, bei dem Rettich und Radieschen bis in die Wurzeln hinein geschossen sind, was ja auch an der Farbe und dem umgewandelten Geschmack des Radieschen und mancher Rettiche, die auch rötlich gefärbt sind, wahrzunehmen ist. Bei der Kohlrübe ist das ebenfalls festzustellen, obwohl ja die Kohlrübe schon den oberen Teil ihrer Wurzel, der sich meist grünlich färbt, aus dem Erdboden heraustreten läßt.

Im weiteren Verfolg der in eine Reihe gestellten Kohlpflanzen stößt man auf den Kohlrabi. Der Kohlrabi stellt einen zusammengestauchten und knollig ausgeweiteten Stengel dar. In diesem Stengel sind auch die Licht- und Wärmewirksamkeiten, die sich sonst in der oberen Region ausleben, hinuntergezogen und verursachen dort den milden süßlichen Geschmack und die Zartheit des Kohlrabis.

Der Markstammkohl als der nächste in der Reihe hat sowohl die Humuskräfte, die sich sonst im Blattwerk ausleben, als auch die Licht- und Wärmewirksamkeiten, die normal mehr im Blütenbereich der Pflanzen walten, in den Stengel hereingezogen. Dadurch kann sich im Stengel ein besonders gutes, zartes und süßliches Viehfutter bilden.

Grünkohl, Braunkohl oder Blätterkohl sind Pflanzen, in der das Blattartige stark heraufgetragen wird in die Zone, wo sonst Licht- und Wärmewirksamkeiten herrschend sind, was sich auch an der Blattbildung des Grünkohls zeigt, denn die Blätter werden durch diese Einwirkungen ganz kraus gestaltet.

Beim Rosenkohl als der nächstfolgenden Pflanze kommt ein starker Stengel zur Ausbildung, der sich mit kleinen Rosen, das heißt mit kleinen Kohlköpfen völlig besetzt und der in der obersten Region eine Blätterkrone trägt. Hier ist es so, daß das Blattartige wieder mehr am Stengel selbst zum Ausdruck kommt, aber doch nicht in größeren Blättern, sondern zunächst in Sprossen zur Entwicklung gelangt.

Beim Wirsingkohl ist die Stengelbildung wieder ganz verschwunden. Die noch beim Rosenkohl darin sich auslebenden Kräfte werden hier überwogen durch die starke Humuswirksamkeit und bilden große Blattmassen zunächst noch in einem lockeren Kopf. Im Weißkohl wird diese Blattmasse schon fester und endet eigentlich im Rotkohl in einer noch größeren Verfestigung der Blattmassen und offenbart damit die Vorherrschaft der Humuswirksamkeiten gegenüber den Licht- und Wärmewirksamkeiten. Ihre Krönung findet diese im Blumenkohl, wo die Blütenbildung samt dem, was sich sonst im Stengel auslebt, in die Blattregion hinuntergestaucht ist und dort das monströse Gebilde gestaltet, das als Blumenkohl gegessen wird, eine Blütenbildung, welche die Humuswirkung zur Masse schuf.

Wie die Licht- und Wärmewirkungen in der ihnen im Pflanzenwachstum zugemessenen Region sich normal entwickeln, zeigt uns bei den Kreuzblütlern der Goldlack. Er entfaltet frei die bei den übrigen Kreuzblütlern zur Nahrung für Wurzeln, Blätter und Stengel dienenden Bildekräfte. Sie entströmen dem Goldlack in dem intensiven, beliebten Geruch und sie glühen in der leuchtenden Farbe dieser Pflanze.

Das Düngerbedürfnis für eine Pflanze tritt dort stark in Erscheinung, wo das Blattartige und die Stengelbildung gefördert werden soll. Betrachten wir daraufhin diese ganze

Pflanzenreihe noch einmal, so ist festzustellen, daß der Rettich, das Radieschen keine Starkzehrer sind, daß der Kohlrabi bestimmte Ansprüche an Humuswirkungen stellt, daß der Anspruch schon wächst beim Markstammkohl und beim Grünkohl, noch größer wird beim Rosenkohl oder Sprossenkohl und rasch ansteigt beim Wirsingkohl über Weißkohl, Rotkohl bis zum Blumenkohl hin, der als der stärkste Zehrer gelten kann.

Es ist überzeugend, daß aus der unmittelbaren Anschauung dieser Kulturpflanzenreihe sich der Grad des Düngerbedürfnisses ergibt aus dem Wechselspiel der Humus- und der Licht- und Wärmewirksamkeiten. Mit dieser Feststellung ist zwar kein Rezept gegeben, aber es ist eine Richtlinie entwikkelt für jeden, der denkend seine Arbeiten im Pflanzenanbau verrichtet.

Mehrfach schon ist auf die Verwendung des Wanderglases innerhalb des Intensivanbaues für den Siedler hingewiesen worden. Es wurde betont, daß die Verwendung des Glases weniger zum Treiben als zum Fördern der Gemüse dient, die sich nachher ohne Glas weiterentwickeln und auf diese Weise kräftige und gesunde Nahrung ergeben. Wie Wanderkästen zu bauen sind, geht aus der Tafel Nr. 8, S. 121 hervor, wie sie besetzt und gehandhabt werden, veranschaulicht die Tafel Nr. 15, S. 164, welche einen Wanderkastenfahrplan innerhalb einer Intensivzone aufzeigt.

Auf diesem Fahrplan sind drei Wanderkästen angesetzt. Jeder von ihnen ist durch eine besondere Schraffur gekennzeichnet. Die jeweilige Bewegung der einzelnen Wanderkästen läßt sich durch die verschieden gestaltete Schraffur gut verfolgen. Die drei Wanderkästen werden während eines Jahreslaufes zur Förderung der Kulturen über zehn verschiedene Beete hinweg bewegt, die in ihren Ausmaßen auf den Wanderkästen genau zugeschnitten sind.

Wanderkasten-Fahrplan innerhalb einer Intensivzone

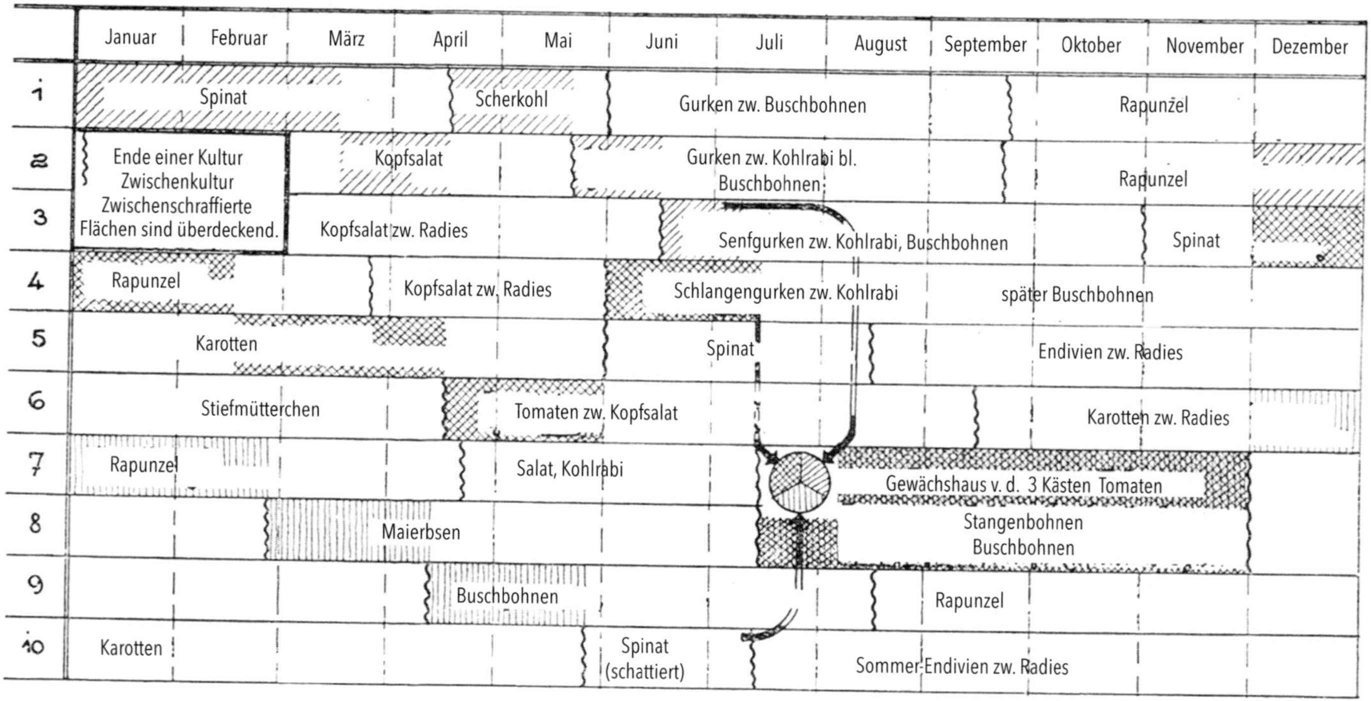

	Januar	Februar	März	April	Mai	Juni	Juli	August	September	Oktober	November	Dezember
1		Spinat			Scherkohl		Gurken zw. Buschbohnen				Rapunzel	
2	Ende einer Kultur Zwischenkultur Zwischenschraffierte Flächen sind überdeckend.			Kopfsalat			Gurken zw. Kohlrabi bl. Buschbohnen				Rapunzel	
3			Kopfsalat zw. Radies					Senfgurken zw. Kohlrabi, Buschbohnen			Spinat	
4	Rapunzel			Kopfsalat zw. Radies			Schlangengurken zw. Kohlrabi			später Buschbohnen		
5		Karotten					Spinat			Endivien zw. Radies		
6		Stiefmütterchen			Tomaten zw. Kopfsalat						Karotten zw. Radies	
7	Rapunzel				Salat, Kohlrabi				Gewächshaus v. d. 3 Kästen Tomaten			
8				Maierbsen					Stangenbohnen Buschbohnen			
9					Buschbohnen				Rapunzel			
10	Karotten					Spinat (schattiert)			Sommer-Endivien zw. Radies			

Die Beetbezeichnung erfolgt durch Nummern, die aus der senkrechten Kolonne am Fahrplan zu ersehen sind. Die Leiste über dem Fahrplan kennzeichnet die Monatsabschnitte. Auf diese Weise ist deutlich zu verfolgen, wie lange jeweils das Glas auf den einzelnen Kulturen ruht, um diese in ihrer Anfangsentwicklung oder in ihrem Reifestadium zu fördern und zu schützen.

Auf Beet 10 ist nur für eine kurze Zeit (Monat Juni und die Hälfte des Monats Juli) ein Wanderkastenrahmen ohne Glas im Gebrauch, um den dort ausgesäten Sommerspinat mit sehr lockergebundenen Strohdecken schattieren zu können, damit dieser infolge der Einwirkung zu vieler Lichtstunden nicht in Blüten treibt.

Diesem Wanderkastenfahrplan kann entnommen werden, daß das Glas im Frühjahr ziemlich lange über den einzelnen Kulturen liegt, daß es aber mit der Zunahme der Licht- und Wärmewirkungen viel kürzer die einzelnen Kulturen fördert. Es geht aber auch daraus hervor, daß das Glas nur an acht Tagen während eines ganzen Jahres ruht, um in dieser Frist repariert und gepflegt zu werden. Die ganze übrige Zeit dient es zum Fördern der verschiedensten Kulturen. Es ist also ständig im Gebrauch; denn liegt das Glas eine Zeitlang auf Stapeln, so kann es nicht wirtschaftlich genug arbeiten.

Die Tafel zeigt auch, daß das Glas der drei Wanderkästen im Monat Juli zusammengeholt wird, um damit ein provisorisches Gewächshaus zu erbauen, das mit Tomaten, Stangenbohnen und Buschbohnen bis in den Spätherbst hinein genutzt wird. Dann wird das Haus wieder abgetragen und das Glas auf diejenigen Kulturen gelegt, denen durch den Winter hindurch zu helfen ist und die im Frühjahr die erste Ernte zu erbringen haben. Durch die Verwendung des Wanderglases kann das Gemüse zwei bis drei Wochen früher geerntet werden als das erste Freilandgemüse. Im Herbst vermag die Kultur ebensolange ausgedehnt zu werden. Es wird also durch die Verwendung des Glases die Vegetationszeit wesentlich gedehnt, ohne daß dadurch die Qualität der erzeugten Gemüse gegenüber dem Freilandgemüse Einbuße erleidet. Die Ausführungen über den Gemüsebau sind nur skizzenhafter Natur, beleuchten aber Gedankengänge, welche heute noch zu wenig Beachtung finden, obwohl gerade sie die Grundlage der Wirtschaftlichkeit bilden.

Schlussbetrachtung

Siedeln – die Grundlage neuen, echten Bauerntums, die Quelle für Gesundheit, Einheit und Stärke im Staate

Mit voller Absicht ist darauf verzichtet worden, diese Ausführungen auf ein errechnetes Zahlenmaterial aufzubauen, um damit beweisführend die Richtigkeit des Vorgehens zu belegen. Daran krankt zum großen Teil die Siedlungsentwicklung, daß ein einmal gefundenes Zahlenmaterial starr und rücksichtslos für alle Fälle Anwendung fand und damit Rechnungen aufgemacht wurden, die bei der Ausführung von Siedlungen nicht stimmen konnten.

Klima, Lage und Boden als die Grundlage der Bodenbewirtschaftung erweisen sich bei genauerer Prüfung in ein und derselben Wirtschaft oft als grundverschieden. Ihr Einfluß auf die Bodenbearbeitung, Düngung, im Pflanzenwachstum und im Ernteergebnis zeigt deutlich, daß allein aus ihrer Berücksichtigung die gesunde rechnerische Grundlage gewonnen werden kann. Vor der Ausführung einer Siedlungsabsicht sollte daher eine Prüfung des zu erschließenden Landes nach biologisch-dynamischer Erfahrung erfolgen.

Die Einsicht schafft sich immer mehr Bahn, daß ein Neuaufbau der Volkswirtschaft eine feste Grundlage in einer gesunden Bodenbewirtschaftung voraussetzt. Eine solche Gesundung ist jedoch nicht allein durch eine großzügige Entschuldung der Landwirtschaft herbeizuführen, sondern fordert für sich ein volles, vertieftes Verstehen des lebendigen Organismus einer in sich geschlossenen Wirtschaft. Der Bodenbewirtschafter muß sich mit seinem Grundelement dem Boden völlig verwachsen empfinden und frei sein von der spekulativen Einstellung, die in unserer und der jüngst vergangenen Zeit im Bauernstand ein Gewerbe zum Gelderdienen statt den Nährstand für das Volk sah. Solange hierin keine Wandlungen erfolgen, wird der Bauernstand nicht die erhoffte, nie versiegende Quelle für die Volksgesundheit, Einheit und Stärke sein können.

Hier erwächst dem Siedeln die höchste Aufgabe, wegbereitend zu sein für ein neues, echtes Bauerntum, das sich die Lebensgrundlagen für sich und seine Nachkommen selbst schafft. Es gilt aber dabei grundsätzlich zu unterscheiden zwischen jenem Siedeln, das die heutige Not geschaffen hat im Ansatz von Kleingärtnern, Stadtrandsiedlern und Nebenerwerbssiedlern, kurz gesagt von Kleinsiedlern, und dem der Vollerwerbssiedler, namentlich der Intensiv- und bäuerlichen Siedler. Nur die Intensiv- und bäuerlichen Siedler sind imstande, durch ihren restlosen Einsatz an geistiger und körperlicher Kraft in ihrer Arbeit das Fundament zu legen für das so dringend geforderte echte Bauerntum. Die schaffende Persönlichkeit ist dann in allen Verrichtungen zu spüren, und der Betrieb wird dann ganz zum Ausdruck seiner eigenen Individualität.

Das tiefere Verständnis für die Scholle und alles, was mit ihr zusammenhängt, läßt auch allmählich eine neue Bauernkultur entstehen, die dort wieder ansetzt, wo sie durch die Sprengung des landwirtschaftlichen Organismus infolge Einsatz wesensfremder Methoden naturgemäß versiegen mußte. Es kann sich nicht darum handeln. Vergangenes zwangsweise hervorzukehren; hier muß eine die erste Grundlage bildende gesunde Bodenbewirtschaftung erst die Quelle neuer gesunder Bodenkultur erschließen helfen.

Werden die im Osten geplanten Siedlungen durch wirklich tüchtige Siedler mit reifen Fachkenntnissen und genügend praktischen Erfahrungen in biologisch-dynamischer Art bewirtschaftet, dann entsteht dort auch das bitter notwendige Bollwerk zur Auffrischung und Bewahrung des dort hart bekämpften Deutschtums.

Im Siedeln, wenn es nur richtig erfaßt wird, ergibt sich ein praktischer Weg zur Herbeiführung einer Gesundung in der Bodenbewirtschaftung, in der Heranbildung tatkräftiger, schöpferischer Menschen, und es hat schließlich dadurch Anteil an den Aufgaben, die der deutsche Geist noch zu vollbringen hat.

Rudolf Steiner, der große Forscher, dem durch die Erschließung neuer und durch Vertiefung bisheriger Wissensgebiete in seiner Anthroposophie unendlich viel zu danken ist, kennzeichnet die Aufgabe des deutschen Geistes in seiner Schrift »Die germanische Seele und der deutsche Geist« in einem tief ergreifenden Mahnspruch, der die geistige Grundlage dieser Schrift bildet:

»Der deutsche Geist hat nicht vollendet,
Was er im Weltenwerden schaffen soll.
Er lebt in Zukunftssorgen hoffnungsvoll,
Er hofft auf Zukunftstaten lebensvoll; –
In seines Wesens Tiefen fühlt er mächtig
Verborgnes, das noch reifend wirken muß. –
Wie darf in Feindes Macht verständnislos
Der Wunsch nach seinem Ende sich beleben,
Solang das Leben sich ihm offenbart,
Das ihn in Wesenswurzeln schaffend hält!«

ANHANG

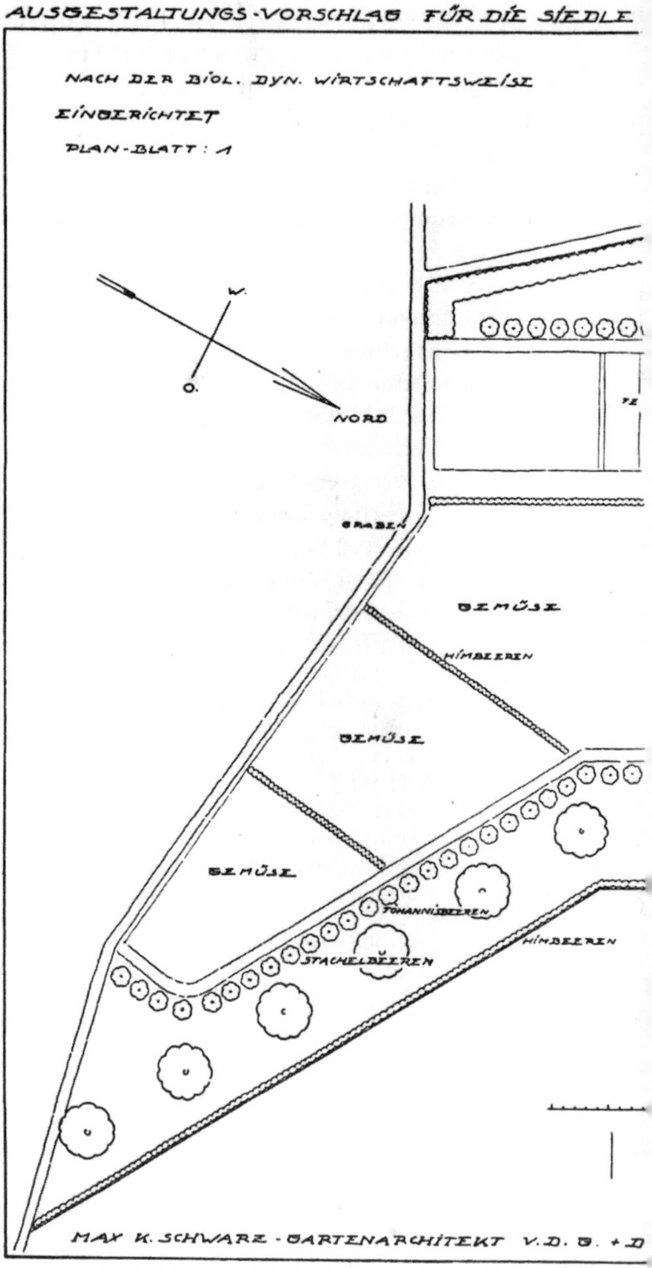

AUSGESTALTUNGS-VORSCHLAG FÜR DIE SIEDLE

NACH DER BIOL. DYN. WIRTSCHAFTSWEISE

EINGERICHTET

PLAN-BLATT: 1

W.

O.

NORD

GRABEN

GEMÜSE

HIMBEEREN

GEMÜSE

GEMÜSE

JOHANNISBEEREN

STACHELBEEREN

HIMBEEREN

MAX K. SCHWARZ - GARTENARCHITEKT V.D.G. + D

RSTELLE -HERMANN- GROLLAND- BREMEN

GRABEN

MISCH-HECKE

HÜHNER-AUSLAUF

HACK- FRÜCHTE

HAUS U STALL

BLUMEN

INGEMÜSE

FRÜHBEETE

OBST-SPALIER

AUF DEM HEIDEL

WANDERGLAS

SCHUPPEN

KOMPOST

MISCHHECKE

HACKFRÜCHTE

BIENEN

OBER

WIESE

MASZSTAB 1:200

.W.B. WORPSWEDE-BIRKENHOF IM NOV. 32

HAUPTGRUNDPLAN VON VIER ZUSAMMENLIEGENDEN STADTRANDSI

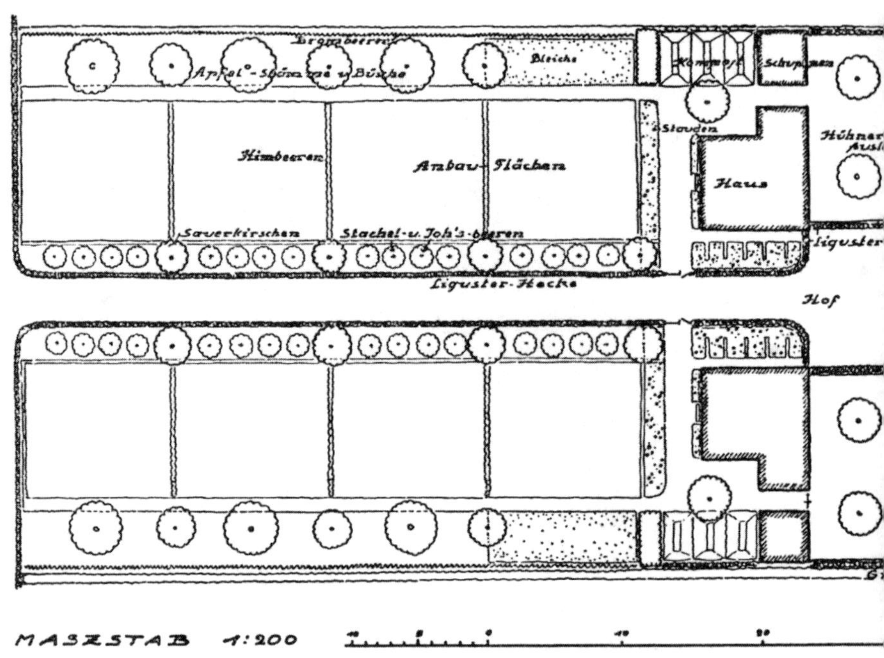

MASZSTAB 1:200

MAX K. SCHWARZ GARTENARCHITEKT V. D. G

STELLEN IN DER SIEDLUNG OYTENERMOOR BEI BREMEN

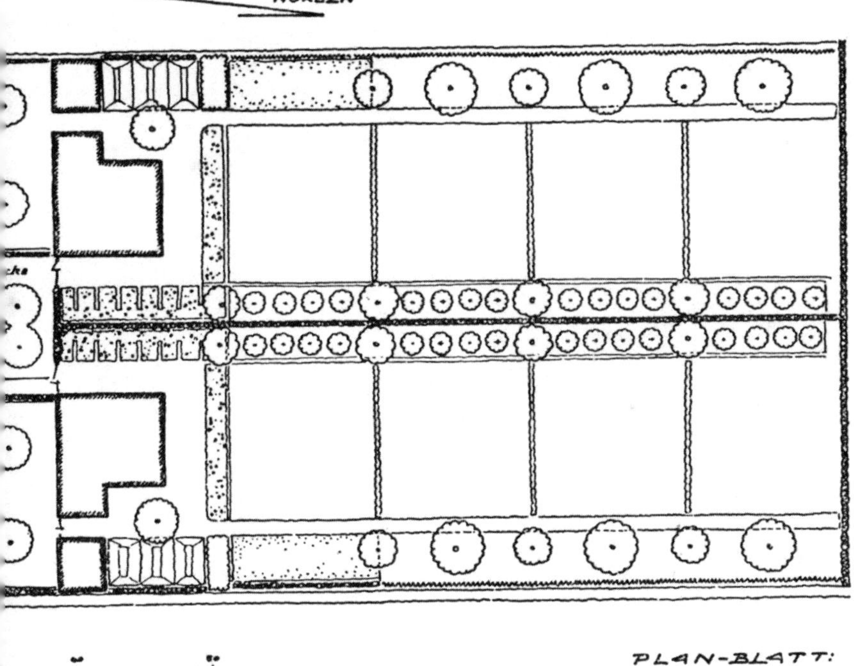

W. B.-WORPSWEDE-BIRKENHOF IM MAI 1933.

Tafel 18

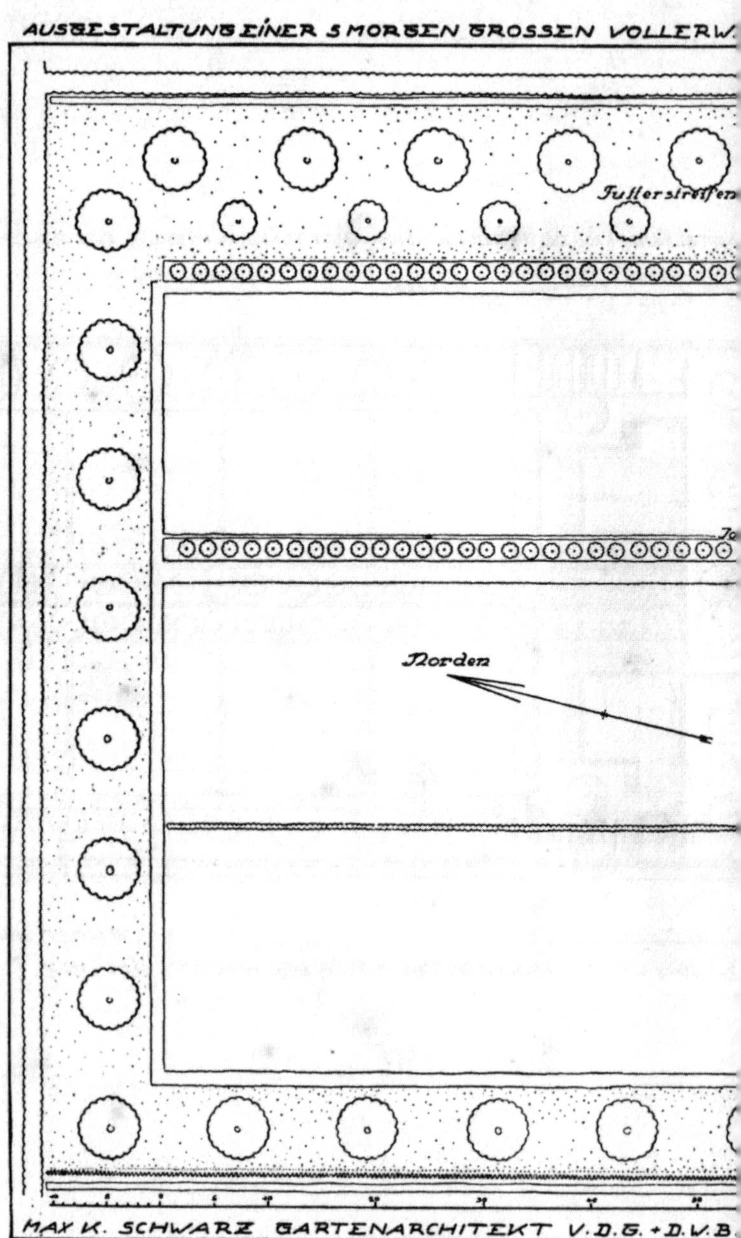
AUSGESTALTUNG EINER 5 MORGEN GROSSEN VOLLERW
Füllerstreifen
Norden
MAX K. SCHWARZ GARTENARCHITEKT V.D.G. + D.W.B

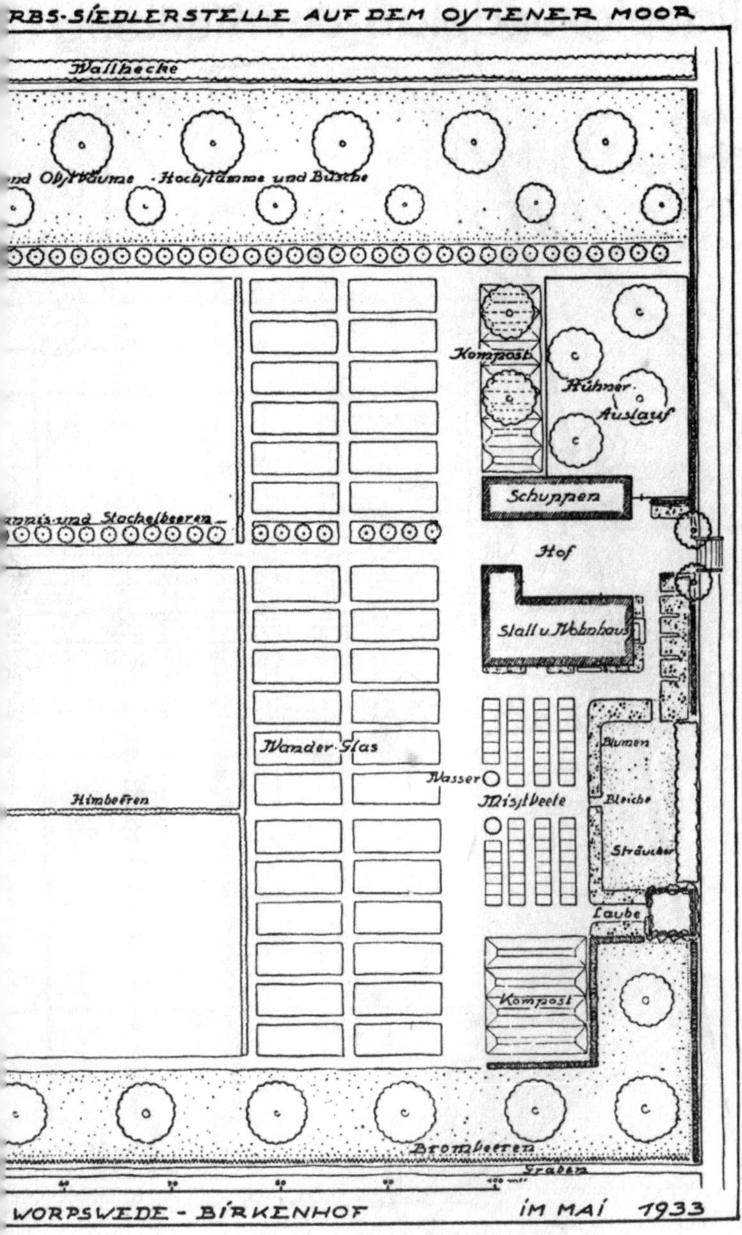

RBS-SIEDLERSTELLE AUF DEM OYTENER MOOR

Wallhecke

nd Obstbäume -Hochstämme und Büsche

Kompost

Hühner-Auslauf

Schuppen

annis- und Stachelbeeren

Hof

Stall u. Wohnhaus

Blumen

Wander-Glas

Wasser

Mistbeete

Bleiche

Himbeeren

Sträucher

Laube

Kompost

Brombeeren

Graben

WORPSWEDE - BIRKENHOF

IM MAI 1933

Tafel 19

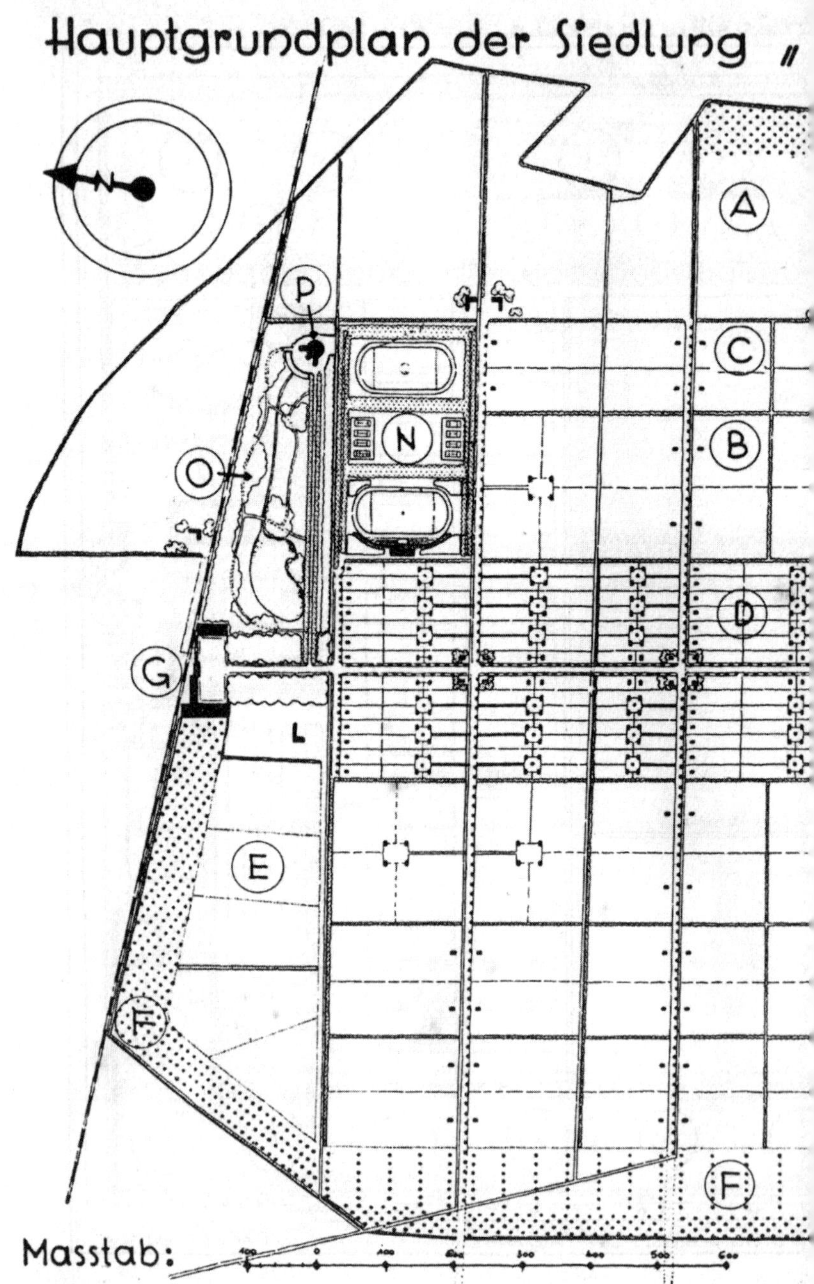

)ytener Moor", b. Bremen.

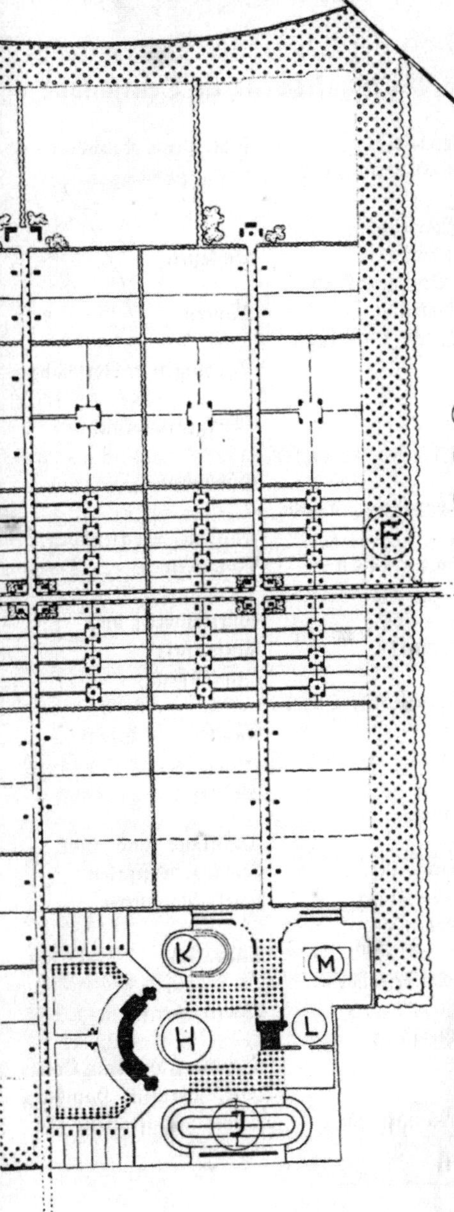

Bearbeitet von
M. K. Schwarz,
F. Kühl,
R. Richter.

(A) Kleinbauern.
(B) Intensivsiedler.
(C) Gartensiedler.
(D) Nebenerwerbs- od
Stadtrandsiedler.
(E) Genossenschaftl.
Bauernstelle.
(F) Gen. Obstbaum- u.
Wiesengürtel.
(G) Verwalt.- u. Verwert.-
gebäude, Bahnhof.
(H) Schule.
(J) Schulgärten.
(K) Freilichtbühne.
(L) Jugendheim.
(M) Bad.
(N) Sportplätze.
(O) Parkanlagen.
(P) Bildungsstätte.

DER GÄRTNERHOF

EIN SIEDLUNGSZIEL
FÜR TÜCHTIGE LANDLEUTE
UND GÄRTNER

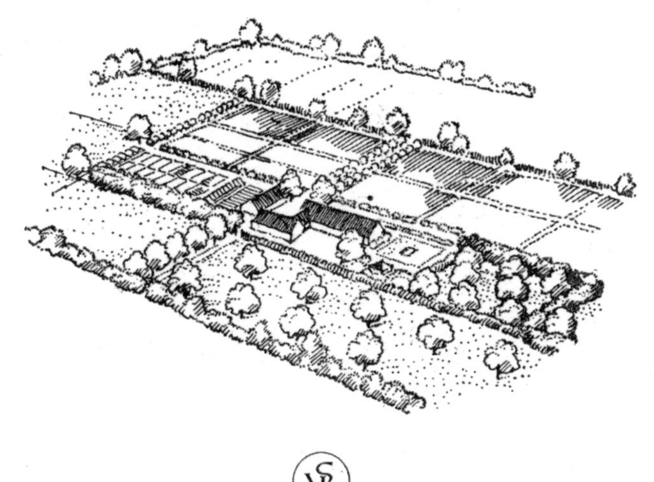

VERLAG BR. SACHSE · HAMBURG

II.
MAX KARL SCHWARZ:
DER GÄRTNERHOF –
EIN SIEDLUNGSZIEL FÜR TÜCHTIGE
LANDLEUTE UND GÄRTNER (1946)

Franz Dreidax: Vorwort

Die gärtnerische Steigerung und Vollendung des Pflanzenbaues ist seit langem ein hohes Kulturziel: die urschöpferische Naturleistung der Pflanzenwelt mit allem Wissen, Können und Fleiß vom Menschen aus zu unterstützen und zu Überhöhen. Dieses Streben fand durch alle Entdeckungen der Naturwissenschaft neue Anregung, und angesichts des Durchbruches der Naturwissenschaften durch die frühere starre Stofflehre sieht sie besondere Möglichkeiten vor sich. Dazu kommt in der gegenwärtigen Lage unseres deutschen Vaterlandes eine Zusammendrängung der Volkszahl und der Arbeitskräfte auf engstem Raum mit der gleichzeitig wachsenden Anforderung, die Ernährung unter diesen Umständen sicherzustellen.

Das der gärtnerischen Intensivierung zugrunde liegende Bemühen der Verfeinerung, Vertiefung und Verdichtung aller Maßnahmen hat längst auch die Pflege der Tierwelt ergriffen. Nur daß hier für das neue Verhältnis des Viehwirtes noch keine ähnliche Bezeichnung besteht wie zwischen Akkerwirt und Gärtner. Das hat einen seiner Gründe wohl darin, daß der Viehwirt sich kaum irgendwo so weit vom Pflanzenbau entfernt hat, wie etwa manche Entwicklungen des Gärtnertums und der Ackerwirtschaft von der Viehhaltung weggeführt wurden. Das Vieh ist es, was den Bauer mehr in der Mitte der Naturreiche verankert, gegenüber den Einseitigkeiten, die ein reiner Pflanzenbau da und dort zuläßt. Das Vieh bedingt gemeinhin eine größere Naturverbundenheit, wenn es gedeihlich gepflegt werden soll. Es ermöglicht und gleichzeitig erfordert es eine Gefühls- und Gemütsverbindung weit über die Beziehungen zum Pflanzenwesen hinaus dank einer Verwandtschaft des seelischen Wesens des Tieres zum Menschtum.

So ist es vielen Menschen der Landwirtschaft nicht nur eine Erwerbsangelegenheit, sondern eine mehr oder weniger bewußte Herzenssache, Vieh zu halten und zu pflegen, nicht nur Haus und Acker zu haben, nicht nur die Pflanzenwelt in ihrer Vielgestalt um sich her zu versammeln, sondern diese Nachbildung eines Paradieses auch zu bevölkern mit einer Welt von Haustieren, kurz gesagt: einen »Hof« zu haben, was eben dem geläufigen Sprachgebrauch nach das Vorhandensein des Viehes mit einschließt.

Dieser Urtrieb wird von der neuzeitlichen Naturkunde durch die Lehre von den Lebensgemeinschaften mit Bewußtheit durchdrungen und als förderlich für die Gesamtentwicklung und -leistung von Landwirtschaften aufgezeigt.

So erfließt heute aus zwei Quellen eine Hauptaufgabe des Landbau-Schaffens: nicht nur Gärtnereien und Spezialkulturen hinzustellen, sondern Gärtnerhöfe einzurichten, die Vieh in sich bergen.

Der Bauer aber, von Mutterleib und Kindesbeinen an mit Vieh verwachsen, jedoch nun durch Kriegsereignisse und -folgen seiner geräumigen Acker- und Weideflächen verlustig oder zum Aufteilen und Zusammenrücken veranlaßt – er will sein Vieh nicht lassen, seine Arche Noah nicht vollends preisgeben. Auch er findet im Gärtnerhof ein Beispiel des Landbaues, das seine Neigungen und Fähigkeiten aufrechtzuerhalten gestattet. Ja, dieser Hinblick läßt in ihm oft den früher unterdrückten Wunsch hochkommen, nicht nur im Großen und Ganzen zu arbeiten, sondern sich mit vertiefter Liebe und Sorgfalt jedem einzelnen Wesen, nur in verringerter Zahl, zu widmen.

Aller verschiedenste Wegzeiger: neuzeitlichste Naturwissenschaft, Wirtschaftsbestrebungen bei höchster Bevölkerungsdichte, landwirtschaftliche Betriebslehre, Herzenssehnsüchte altgeschulter ebenso wie jungbegeisterter Menschen, nicht zuletzt die Bedürfnisse der Kinder nach vielseitiger Pflanzen- und Tierumwelt als Keimstätte für späteres Zurechtfinden in allen Lebenslagen: sie weisen auf den Gärtnerhof wie auf eines der Urbilder des Landbaues, ja, überhaupt menschlichen Erdendaseins und Erdenberufes.

Es gesellt sich dazu, wie aus der Erfahrung abgelesen werden kann, daß viele Entwicklungen heute auf Lösungen hinzielen, die im Gärtnerhof ihre klarste Ausprägung finden können. Die Verhältnisse des »Stadtrandes« großer Gemeinwesen rufen nach höchster Leistung an pflanzlichen und tierischen Erzeugnissen bei räumlicher Enge, die durch Beeinträchtigung vieler Verkehrsmittel sich noch nachdrücklicher als früher zur Geltung bringt. Gleichzeitig hat das unselige Kriegsgeschehen gesundheitliche Zustände bewirkt, welche mehr denn je fordern, daß die Nahrung gleichzeitig Arznei sei. Mit hochgepeitschter, getriebener Nahrung, wie einseitige Spezialbetriebe sie häufig erzeugt haben, ist da – aufs Große gesehen – nicht das Rechte getan. Es kommt auf eine gesunde Betriebsform an, deren Naturkraft aus dem organischen Zusammenwirken der Naturreiche stammt.

Daneben ist in den letzten Zeiten die Versorgung einseitig-gärtnerischer Betriebe und ihrer hart arbeitenden Belegschaft mit Viehdünger und tierischer Nahrung oftmals in Frage gestellt worden. Selbstversorgung als das Nächstliegende geschah durch Hereinnahme von Vieh und Schaffung von Daseinsbedingungen dafür.

Überhaupt die Versorgung, nicht nur die mit Lebensmitteln, ruft in einer zertrümmerten Welt, ganz gleich, ob Kindheit oder Alter im Vordergründe steht, nach zusammengefaßten Betriebsformen von der Art des Gärtnerhofes. Daneben ist es vom Erzieherstandpunkt aus klar, daß ein Gartenheim für Kinder irgendwie auch ein Tiergarten sein sollte. Auch ist es klar, daß mancher Gärtner in seinem fortschreitenden Alter oder in Vorausschau desselben sich heute eine Betriebsart nach Muster des Gärtnerhofes als Altenteil aufzubauen strebt.

Der Staatsmann, welcher Boden aufteilen muß, der Siedlungsberater, welcher Möglichkeiten, Kräfte und Mittel landbaulicher Neugestaltung für unterschiedlichste Verhältnisse abschätzen und fördern muß: sie werden in der Bildung von Gärtnerhöfen eine der brauchbaren Formen zur Befriedigung des bäuerlichen Land- und Arbeitsbedürfnisses studieren können, das zugleich den städtischen Versorgungsbedürfnissen Rechnung trägt.

Der Gärtnerhof zeichnet sich durch das Ausgewogensein seiner Betriebsglieder, durch deren gesunde Harmonie aus. Aber trotzdem – wird der Rahmen der Lebensgemeinschaft nur immer genügend beachtet – vermag sein Grundgedanke in großer Vielgestaltigkeit abgewandelt zu werden. Die klare Erfassung der »Gärtnerhof-Idee« regt erfahrungsgemäß die schöpferische Erfindungskraft sowohl des unverbrauchten Intellektes einfacher Landleute als auch die geübte Denkkraft von Fachleuten, Gelehrten und hohen Staatsbeamten außerordentlich an. So ist z. B. leicht ersichtlich, daß Gärtnerhöfen vielfach die Aufgabe der Anzucht von Pflanzen und Stecklingen für ihre Umgebung wie von selbst zufällt. Auch pflanzenzüchterische Aufgaben wachsen ihnen zu – zusammenhängend mit der Schulung der Sorgfalt, die den Gärtnerhof kennzeichnet. Vielerorts wird höchste edelste Verarbeitung des selbsterzeugten Rohstoffes angestrebt, sei es als Kochkunst, sei es als Webkunst u. a.

Oft nimmt der Gärtnerhof seinen Anfang als Nebenerwerbssiedlung und läßt sich bewußt in dieser Rolle halten, bis eines Tages die volle Ausgestaltung erwünscht; ja, notwendig wird und dann im Handumdrehen geschehen kann.

Ein reiches Spiel der Entfaltung, schöpfend aus uralten Gepflogenheiten und Daseinsbedingungen der Landschaften und Volksstämme, ist da in den beiden letzten Jahrzehnten der Entwicklung des Gärtnerhof-Gedankens sichtbar geworden.

Beileibe nicht nur in Deutschland! Der Grundgedanke sollte vielmehr gesehen werden im Pulsieren einer weltweiten landwirtschaftlichen Entwicklung. Da ist der .großtechnische Landwirtschafts-Ausbau zu beachten von den mitteleuropäischen Gutsbetrieben und westeuropäischen Farmen hinüber zu den amerikanischen und russischen Riesenflächen-Landwirtschaften. Man wird gewahr werden, daß diese Art der großräumigen Landbautechnik wie von selbst als Begleiterscheinung den Gutsarbeiter mit dem »Deputatland«, häufig auch die Selbstversorgerwirtschaft des Farmers und die kleinen Privatwirtschaften mit »Stalin-Kühen« der Kolchosen-Mitglieder im Gefolge hat. Man kann unschwer erkennen, wie sehr die Kolchose ihre in Westeuropa oft unbegriffene Volkstümlichkeit jenen Kühen verdankt, die dem Eigenheimbetrieb der Kolchosbauemfamilie nicht nur wichtige Nahrung aus erster Hand liefert, sondern Seele gibt – wie aber weiterhin diese Eigenwirtschaft der Modellbetrieb zum Erproben mancher neuer Verfahren der Leistungssteigerung ist, die von da aus ins Große übersetzt werden. Solchermaßen tritt ein Charakterzug des Gärtnerhofs als Lehrstätte hervor, als Sitz gleichzeitig von landwirtschaftlich-gärtnerischer Urüberlieferung und wurzelechtem neuzeitlichstem Fortschritt.

Spannweite von Westen nach Osten über den Erdball – hier nur anzudeuten, nicht auszuführen! Der deutsche Landbebauer erscheint durch seine Mittellage zu einer bewußten und beispielhaften Gestaltung befähigt. Ein Werk friedlicher Landbaukultur ist da voranzutreiben. Möge die Befriedigung, die das erfahrungsgemäß gewährt, gleichzeitig ein Beitrag zur Befriedung werden, zur Heilung von Zivilisationsschäden und zur Neuentwicklung höherer Kultur.

Franz Dreidax

Das Wesen des Gärtnerhofes – Sein Standort und seine Anwärter

Aus dem verlorenen Krieg ist ein verarmtes Volk hervorgegangen. Die großen Städte sind zerstört, Industrien sind vernichtet oder uns verschlossen. Viele Deutsche haben ihre Lebensgrundlage und Heimat verloren. Es bleibt der Weg zur Arbeit am Boden, zur inneren Kolonisation. Der durch die Landflucht langer Jahre ausgeblutete Lebensraum muß durch eine Besiedlung mit am Boden arbeitenden Menschen wieder gefüllt werden. Boden, der wegen Leutemangels nicht mit der erforderlichen Intensität bewirtschaftet wird, muß künftig höchste Erträge bringen, wenn wir als Volk leben wollen. Beides kann nur durch ländliche Siedlung erreicht werden. Möge rechtzeitig erkannt werden, daß es jetzt darauf ankommt, die nach Änderung der unerträglichen Verhältnisse drängenden Kräfte planvoll in geordnete Bahnen zu lenken, wenn nicht unausweichliche neue Verheerungen folgen sollen. Es gibt außer der reinen Wohnsiedlung, die hier nicht in Rede steht, verschiedene Arten ländlicher Siedlungen, die ihre Berechtigung nebeneinander haben. Kleinsiedlung ist so nötig wie bäuerliche Siedlung, soll das Ziel erreicht werden, daß auf kleiner Fläche mehr Menschen arbeiten und andere ernähren, also Bearbeitungs- und Erzeugungsintensität des Bodens gesteigert werden. Eine standortsgerechte Mischung vielseitiger Siedlungsarten ist erwünscht. Unter diesem Gesichtspunkt ist der Gärtnerhof als ein Weg zum Ziel neben anderen anzusehen.

Der Gärtnerhof ist ein Kleinbetrieb, der in intensivster und vielseitiger Wirtschaftsweise Gemüse- und Obstbau betreibt, Groß- und Kleinvieh hält, die volle Selbstversorgung der auf ihm Arbeitenden sichert und nachhaltig große

Marktleistungen erzielt. Es fehlt heute an einem organischen Übergang vom kleinbäuerlichen Betrieb zu den gartenbaulichen Betrieben verschiedenster Art. Der Gärtnerhof nimmt eine Mittelstellung ein; er ist eine Betriebsform des Landbaues von gärtnerischem und bäuerlichem Wesen zugleich.

Standorte des Gärtnerhofes sind der engere städtische Nahrungsraum, neu zu entwickelnde geschlossene Gartenbaugebiete und das flache Land.

In erster Linie ist der nahe Bereich der Städte Standort des Gärtnerhofes. Es gilt, in Zukunft einen städtischen Nahrungsraum zu entwickeln, d. h. stadtnahe und transportgünstig gelegene Gebiete, die bevorzugt die Stadt mit Frischgemüsen, Obst, Milch und Eiern versorgen, sinnvoll in das Grün des städtischen Organismus einzuordnen. Die Flächen der Selbstversorger aus Hausgarten, Kleingarten und Klein-Siedlerstellen sind in einer solchen Stadtlandschaft durchsetzt mit Flächen des Erwerbsgartenbaues, auf denen nach und nach die Gärtnerhöfe das Übergewicht erhalten sollten. So wird es möglich sein, durch gärtnerische Bewirtschaftung der stadtnahen Nahrungsflächen, die im Zuge der Auflokkerung der Stadt in Kauf zu nehmenden Nahrungsverluste wieder auszugleichen. Alsdann kommen als Standorte des Gärtnerhofes notfalls auch kultivierungsfähige Heide- und Moorflächen in Betracht, in denen größere Gruppen gleichartiger Betriebe als geschlossene Anbaugebiete zusammengefaßt sein sollten, um den sicheren Absatz am Markt zu gewährleisten und die Vorteile genossenschaftlicher Betätigung auszuschöpfen. Auf dem flachen Lande können selbst kleinere Flächen, die bei einer gemäßigten Bodenreform anfallen, durch Gärtnerhöfe sinnvoll genutzt werden. Sie können ein dauerndes Auskommen finden, wenn sie sich durch Jungpflanzenanzucht in den noch sehr entwicklungsfähigen Feldgemüsebau der bäuerlichen Wirtschaften eingliedern.

Die Wahl des geeigneten Standortes für den Gärtnerhof und seine Einbindung in die Landschaft verlangt neben dem Raumplaner von vornherein die Mitwirkung des Landschaftsgestalters. Die heutige Kulturlandschaft wird künftig durch die neu entstehenden vielen kleinen Siedlerstellen umgestaltet werden. Diese wie auch die Gärtnerhöfe mit ihren Hecken und Obstgehölzen untergliedern die Landschaft, gewähren Windschutz und begegnen so der Gefahr der Versteppung des Landes, die angesichts der gegenwärtigen Waldvernichtung droht.

Anwärter auf Gärtnerhöfe sind Ostflüchtlinge, nachgeborene Bauern- und Gärtnersöhne, Landarbeiter und Städter, die ihre Lebensgrundlage verloren haben. Diese Aufzählung soll nicht erschöpfend sein und keine Rangreihenfolge bedeuten. Es kommt auf die persönliche Eignung und Willenskraft der Siedler an, sich eine selbständige Existenz zu erringen. Die Herkunft vom Lande kann eine ebenso gute Empfehlung sein wie der Umstand, daß jemand bisher seinen Kleingarten liebevoll und erfolgreich bewirtschaftet hat. Grundsätzlich muß verlangt werden, daß jeder Anwärter sich auf einem Lehr-Gärtnerhof praktisch einarbeitet und an neu entstehenden Gärtnerhöfen mitarbeitet, um sich vielseitiges Wissen und Können anzueignen und unter Beweis zu stellen. Ansiedlung in Gärtnerhöfen bedeutet nicht »zurück aufs Land« in primitive Verhältnisse hinein, sondern eine neu zu gewinnende Lebens- und Berufsform gegenüber dem früheren Landleben oder dem aufgegebenen Stadtleben. Die Arbeit im Gärtnerhof verlangt in besonderem Grade Regsamkeit des Geistes, handwerkliches Geschick, Organisationstalent und Hingabe an die Natur, an Pflanze und Tier. Mit bäuerlicher Grundhaltung verbindet sich die Anwendung technischen und wissenschaftlichen Rüstzeuges unserer Zeit.

Die natürlichen Voraussetzungen für den intensiven Obst- und Gemüsebau – Klima, Wasser, Boden

Der intensive Gemüse- und Obstbau ist wie jeder Pflanzenbau an die natürlichen Voraussetzungen von Klima, Wasser und Boden gebunden.

Das Großklima im nordwestdeutschen Raum, für den diese Vorschläge in erster Linie bestimmt sind, ist wegen seiner vom Meere beeinflußten Eigenschaften, seiner verhältnismäßig geringen Schwankungen und Temperaturgegensätze, wegen hoher Luftfeuchtigkeit und reichlicher Niederschläge für Gemüse- und Obstbau schlechthin geeignet. Für die Verbesserung des Kleinklimas bedarf es bei Anlage und Betrieb der Gärtnerhöfe besonderer, heute noch nicht immer genügend gewürdigter Bemühungen, um zu höchsten Bodenerträgen zu kommen. Schutz vor austrocknenden Winden, Förderung der Taubildung, Luftruhe zum Festhalten der bodenbürtigen Kohlensäure, Kälteschutz, Licht- und Wärmefang durch Reisigzäune, Schilf- und Strohmatten sowie durch sinnvolle Anordnung von Baum- und Strauchwänden, Obstgehölzen und Fruchthecken, durch die Auswahl geeigneter Hanglagen und räumliche Ausbildung der Anbauflächen durch gliedernde und schützende Begleitpflanzen, wie z. B. Sonnenblumen, Mais, Dicke Bohnen, Erbsenwände usw. Dies sind wirksame Mittel der Wachstumsförderung und ergänzen trefflich die heute nur im geringen Umfang mögliche Erzeugung eines künstlichen Klimas durch Glas und Heizung im Warmbeet und Treibhaus. Hierher gehören noch Anbauweisen auf Erdwällen und in Erdfurchen.

Die genannten Mittel der Kleinklimabeeinflussung bedeuten gleichzeitig Maßnahmen einer Feinwasserwirtschaft mit dem Ziel der Erhaltung der Luft- und Bodenfeuchtigkeit. Technische Bewässerungseinrichtungen können auf die Glasflächen der Intensivzone beschränkt bleiben.

Nur in seltenen Fällen wird der Gartenbauer einen Boden vorfinden, der seinen Ansprüchen von Anbeginn an voll genügt. Die die Siedlung fördernde öffentliche Hand und der Siedlungsträger sollten erkennen, daß die Sorgfalt nicht groß genug sein kann, mit der das wichtigste Betriebsmittel des Gartenbauers, der Boden, auf die höchste Leistungsstufe gehoben wird, um von vornherein ein »Anlaufsiechtum« der Siedlung zu vermeiden. Wichtiger als der Bau des Hauses ist der Aufbau des Bodens, aus dem der Gärtnerhof leben soll. Am Anfang muß die Arbeit stehen, die die Bodenkraft steigert. Einseitige Bodenverhältnisse, wie strenger Lehm-, zäher Kleiboden, armer Sand und unbelebtes Moor verlangen eine Bodenverbesserung, für die außer städtischem Kompost und Ziegelmehl aus Trümmerschutt natürliche, überall sich anbietende Bodenstoffe wie Schlick, Weißtorf, Moorerde, Mergel, Kleiboden und verschiedene Gesteins- und Schlackenmehle in Frage kommen. Selbst hohe Bodenverbesserungskosten sind volkswirtschaftlich dort zu verantworten, wo es sich um die angestrebte Ausweitung des Nahrungsraumes handelt. Sie sind in Anbetracht der hohen Intensitätsstufe dieser Form des Landbaues, wie weiter unten gezeigt werden soll, in der Regel auch privatwirtschaftlich tragbar.

Düngung – Städtische Abfallwirtschaft – Mischkultur

Die Bodenverbesserung berührt sich mit der Dungfrage. Die Intensität der gärtnerischen Bodennutzung findet ihre Begrenzung in der Menge des zur Verfügung stehenden Düngers. Der Boden, von dem mehrere Ernten im Jahre hereingebracht werden sollen, verlangt reichliche organische Düngung, die den Boden gar und gesund erhält. Der Humushaushalt des Bodens muß systematisch aufgebaut werden. Weil dieser Angelpunkt der Bodenpflege sich dank neuer Erkenntnisse im Landbau durchzusetzen beginnt, wird Stalldung in Zukunft noch weniger als bisher im Handel zu haben sein. Daher ist der Gartenbauer gezwungen, sich selbst durch eigene Tierhaltung, durch Vererdung und damit Veredelung des anfallenden Stalldüngers und häufige Feinanwendung der aufbereiteten Dungerden, wie auch durch sorgfältige Kompostbereitung aus allen erreichbaren Haus-, Pflanzen- und anderen Abfällen und durch die, Einschaltung düngender Pflanzen (Leguminosen) in die Fruchtfolge zu helfen. Unter Feinanwendung der Dungerden wird die Einbringung geringer Mengen belebten, feinkrümeligen Stalldungs oder stalldungdurchsetzter Komposterde kurz vor der Bestellung oder dem Auspflanzen in die Oberschicht des Bodens, am zweckmäßigsten in Pflanzlöcher und -rillen, verstanden. So ist es möglich, der schwierigen Lage erfolgreich zu begegnen, wie sie vielfach durch den zeitbedingten Ausfall an Handelsdüngern aufgetreten ist. Für Gärtnerhöfe innerhalb des städtischen Nahrungsraumes vermag eine umfassende und folgerichtig aufgebaute städtische Abfallwirtschaft entscheidende Hilfe zu geben. Der bodenverbessernde Wert von städtischen Abfällen wie Hausmüll, Gemüsemarkt- und Schlachthofabfälle, Straßenkehricht und Industrieabfälle organischer Herkunft steht außer Frage. Ihre Nutzung im Landbau bedingt heute den Vorrang gegenüber anderen Möglichkeiten der Verwertung. Allerdings ist eine richtige Aufbereitung unerläßlich. Erprobte Verfahren stehen zur Verfügung, die fruchtbare und von allen bodenfremden Stoffen befreite Komposte liefern. Stadtkompost ist auch für die Frühbeeterwärmung geeignet. Er kann in großen Mengen hergestellt werden, und zwar zu Preisen, die für den intensiven Gemüse- und Obstbau tragbar sind. Die Entstehung von Gärtnerhöfen kann beträchtlich gefördert werden, wenn ihnen, soweit sie im Bereiche eines städtischen Nahrungsraumes liegen, bevorzugt Stadtkompost geliefert wird.

Während im neuzeitlichen Waldbau die Vielfalt der Pflanzengesellschaft, und in einer fortschrittlichen Ackerbewirtschaftung die Mischung zueinanderpassender Früchte als Mittel erkannt worden sind, die Boden und Pflanzen gesunderhalten und zu hohen Leistungen befähigen, ist die Mischkultur wahlverwandter Gemüsearten noch wenig geübt. Wie die Praxis beweist, können damit Höchsterträge erzielt werden, ohne daß Boden und Pflanze geschädigt werden. Die bei dieser Wirtschaftsform entstehende Mehrarbeit wird nicht nur durch hohe Marktleistung, sondern vor allem auch durch den Wegfall der teuren Schädlingsbekämpfung, die mehr oder minder jede Monokultur im Gefolge hat, wettgemacht.

Die Frage nach Boden, Bodenverbesserung und Düngung leitet zur Frage der Gärtnerhofgröße, Tierhaltung und übrigen Ausrüstung des Gärtnerhofes über.

Beschaffenheit und Einrichtung des Gärtnerhofes – Größe, Klimaverhältnisse und Tierhaltung

Die Betriebsgröße des Gärtnerhofes bewegt sich je nach seinem Standort, der Beschaffenheit des Bodens und den zur Verfügung stehenden Arbeitskräften etwa zwischen 2 und 3 ha, also zwischen 8 und 12 Morgen. Kleiner wird der Gärtnerhof niemals sein sollen, aber in der Regel auch nicht größer.

Bei einer Größe eines Gärtnerhofes von 2,5 ha oder 10 Morgen, der bis zu 8 Personen Selbstversorgung bieten soll, entfallen

0,5 ha = 2 Morgen auf intensiv genutztes Gemüseland einschl. Busch- und Beerenobst
0,25 ha = 1 Morgen auf Feldgemüsebau einschl. Frühkartoffeln
0,5 ha = 2 Morgen auf Getreideland einschl. Maisanbau und Futterzwischenbau
0,125 ha = 0,5 Morgen auf Spätkartoffeln
0,25 ha = 1 Morgen auf Futteranbau, wie Zuckerrüben, Zuckerrunkeln und Markstammkohl als Hauptfrucht
0,375 ha = 1,5 Morgen auf Mähweide
0,375 ha = 1,5 Morgen auf Dauerwiesenland mit weitläufig gestelltem Hochstammobst
0,125 ha = 0,5 Morgen auf Wege, Plätze, Grundfläche des Gebäudes, Gräben, Hecken usw.
2,500 ha = 10,0 Morgen

In den meisten Fällen wird in einem solchen Gärtnerhof die Tierhaltung aus 2–3 Kühen, 2–4 Schafen, 2–3 Schweinen, 10–30 Hühnern, 3–6 Enten und Gänsen, 4–6 Bienenvölkern bestehen. Die Größe des Gärtnerhofes ist auf seine Viehhaltung voll abgestimmt. Des dringend benötigten Düngers wegen sollten gleich von Anfang an 2 Kühe, 2 Schweine und ein Mutterschaf gehalten werden.

Der Betrieb eines Gärtnerhofes ist als ein in sich geschlossener lebendiger Organismus aufzufassen. Ihn trägt ein sich langsam spiralig erhebender Kreislauf der Stoffe und Kräfte innerhalb der Betriebseinheit. Dieses Geschehen vollzieht sich ungestört, wenn der Betrieb eine sinnvolle Ordnung seiner Wesensglieder erfährt. Unter Wesensgliedern werden das gestaltende Klima, der belebte Boden, das Wasser, Stalldung und Kompost, die dem Ganzen entsprechende Tierhaltung und eine vielseitig gegliederte, räumlich und in der

Folge wohlüberlegt angeordnete Pflanzendecke (Mischkulturanbau) verstanden. Sind diese Wesensglieder aufeinander abgestimmt, so schenkt der Betrieb fortwährend quellende Fruchtbarkeit und damit Betriebssicherheit und Krisenfestigkeit.

Technische Mittel und Arbeitskräfte

Die technische .Einrichtung des Gärtnerhofes besteht aus der Frühbeetanlage, dem Wanderglas, einem Anzuchthaus, der Bewässerungseinrichtung und einem motorischen Zuggerät bzw. einer Feldbahnanlage.

Die Frühbeetanlage läßt sich allmählich mit gutem Vorteil auf 100 Fenster ausdehnen. Die Wanderkastenanlage kann bis zu 300 Fenstern ausgebaut werden. Das Wanderglas schützt die Kulturen nur für kurze Zeit vor Frost und Kälteeinwirkungen und beeinträchtigt sie daher kaum in ihrer echten Güte. Es wird hierbei ein regelrechter Fahrplan angewendet, so daß bis zu sechs verschiedene Kulturen im Laufe einer Wachstumszeit gefördert werden können. Das Anbaujahr wird dadurch im Frühjahr und im Herbst gestreckt. Das Gewächshaus dient zur Anzucht der im eigenen Betrieb und in der Nachbarschaft benötigten Jungpflanzen. Nach der Heranzucht der Jungpflanzen werden darin Gurken gebaut. Das Gewächshaus kann Bestandteil des Gärtnerhofgebäudes sein; doch läßt es sich auch als begehbarer Vielfachkasten (Erdhaus) einrichten.

Eine Bewässerungseinrichtung, bei der das Wasser sich an der Luft erwärmen kann, ist nur für das sogenannte Glasquartier erforderlich. Es genügen Bottiche, von denen aus das Wasser mit der Hand- oder Motorpumpe auf die Kulturen versprüht werden kann.

Für die im Gärtnerhof benötigte Zugkraft kann ein Pferd nicht gehalten werden, weil es der Betrieb nicht tragen kann und es darin nicht voll ausgewertet wird. Wohl kann Kuhanspannung in Frage kommen, wie auch ein motorisches Zuggerät, das gleichzeitig Pflug-, Fräs- und Hackarbeiten verrichtet. Ist dieses Gerät nicht vorhanden, so vermag Menschenkraft noch am besten die Förderleistung im Betrieb zu bewältigen, wenn eine Feldbahnanlage zur Verfügung steht, deren Gleise teils festverlegt sind, teils sich in Form von Leichtstahlschienen leicht verlegen lassen. Alle diese technischen Einrichtungen erhöhen die Wirtschaftlichkeit des Betriebes wesentlich.

Alle darüber hinaus erforderliche technische Einrichtung soll im Regelfall die Gärtnerhof-Gemeinschaft vorhalten, die in der Form einer Genossenschaft organisiert sein kann. Hierher gehören Sortiermaschinen, Obstmosterei und Konservierungsanlage, Überwinterungs- und Lagerräume für Gemüse und Obst. Desgleichen stellt die Gemeinschaft den einzelnen Betrieben Geräte zur Verfügung, wie Zug-, Hack- und Pfluggerät, Grabenbagger, Jaucheverteiler, Walzen, Kompostierungsmaschinen, Dreschmaschinen, Kartoffelroder, Mühlen, Futtertrockner, Sämaschinen, Düngerstreumaschinen usw. Als Einkaufsgenossenschaft kann die Gärtnerhof-Gemeinschaft den Einkauf des für des einzelnen Betrieb erforderlichen Bedarfs an Verpackungsgefäßen, Bodenverbesserungsmitteln, Saatgut, Kleingeräten, Glas, Matten; Draht usw. besorgen. Gleichzeitig kann sie Absatzgenossenschaft sein, um den Gartenbauern Marktwege und Abrechnungsarbeit abzunehmen. Es ist aber auch denkbar, daß die Genossenschaft Siedlungsträger ist und die Gärtnerhöfe aufbaut. Vor allem läßt sich in ihrem Rahmen Gemeinschaftshilfe zweckmäßig organisieren. Durch sie können landwirtschaftlich zu nutzende Flächen gemeinschaftlich bewirtschaftet werden, um Großgeräte löhnender einzusetzen, sei es auch nur für die Zeit des Anfangs. Sie kann sich tüchtige Fachberater leisten, von deren Arbeit die Fortentwicklung einer Siedlungsgruppe nicht zuletzt abhängt. Die gut geführte Gemeinschaft soll schließlich ein menschliches und geistiges Band der Siedler untereinander knüpfen und kulturellen Bestrebungen dienen.

Es lassen sich zwei Arten von Gärtnerhöfen einrichten. Solche mit nur einfacher technischer Ausrüstung beginnend – mit etwas Anzuchtglas (ca. 30 Fenster), etwa drei Wanderkästen (72 Fenster); dagegen reichlich mit den erwähnten Hilfen zur Kleinklimaverbesserung arbeitend – und solche mit hochintensiver Einrichtung, wie Anzuchthaus, einem umfangreichen Glasquartier, Feldbahnanlage und Veredelungseinrichtung. Unter den heutigen Verhältnissen werden zunächst alle Gärtnerhöfe, die nicht aus vorhandenen Betrieben entwickelt werden, einfach eingerichtet und erhalten erst allmählich hochintensive technische Einrichtungen. Trotzdem lassen sich auch schon anfangs hohe Leistungen zustande bringen. Die Gärtnerhöfe sollen grundsätzlich Familienwirtschaften sein. Arbeitskräfte sind die Familienglieder. Ein Gärtnerhof mit einer 0,5 ha (2 Morgen) großen Freiland-Gemüse- und Obstfläche einschl. des dazugehörigen Glasquartiers erfordert etwa 2,5 volle Arbeitskräfte hierfür und 2 weitere für die landwirtschaftlich genutzten Flächen einschl. der Groß- und Kleinvieh Wartung, so daß 1,8 Arbeitskräfte auf den Hektar Land entfallen. Mit dem in der gewerblichen Wirtschaft üblichen 8-Stunden-Tag ist jedoch nicht auszukommen. Wo die volle Arbeitsleistung durch die wirtschaftende Familie nicht erbracht werden kann, können als Arbeitskräfte in erster Linie Anwärter auf Gärtnerhöfe in Betracht gezogen werden. Aus Gründen der Arbeitsersparnis kann bei geschlossener Lage eine gemeinschaftliche Bestellung des Feldlandes mit Geräten einer Gärtnerhof-Gemeinschaft in Erwägung gezogen werden. Aus gleichem Grunde ist die Anwendung arbeitssparender Geräte, wie Bodenfräsen, Radhacken, Dippel- und Sämaschinen, Düngerstreuer sowie Feldbahnen, und eine wohl überlegte Flächenausnutzung nach sorgfältig ausgearbeiteten Kulturplänen von größter Wichtigkeit. Nicht zuletzt kann durch geeignete Pflege (notfalls durch Bodenverbesserung) erzielte gute Bodengare die schwere Arbeit am Boden beträchtlich erleichtern.

Räumliche Gliederung

Vom Gärtnerhofgebäude als Kerngebilde des ganzen Gärtnerhofanwesens aus erschließt sich und gliedert sich der Betriebsorganismus in räumlich begrenzte Bewirtschaftungszonen. Dem Gärtnerhofgebäude zunächst liegt die Intensivzone. An diese Zone schließt die Großanbauzone an. Den Rest der Flächen des Gärtnerhofanwesens umfaßt die Extensivzone. Diese Ordnung ergibt sich aus dem unterschiedlichen Intensitätsgrad der Bodennutzung, der in der Umgebung des Gärtnerhofgebäudes am höchsten ist und den größten Einsatz an Arbeitskräften und Schutzmaßnahmen erfordert.

Die Intensivzone besteht aus Glasquartier, Stallung, Hühnerauslauf, Jungviehweide und Bienenstand und -garten. Sie dient der Jungpflanzenanzucht, dem Früh- und Spätanbau von Gemüsen und Früchten, der Heranzucht von Feingemüse sowie der Tieraufzucht und -haltung.

Der Anbau eines Teiles des Massengemüses, der Erdbeeren, des Rhabarbers sowie des übrigen Obstes ist in der Großanbauzone vorgesehen, die aus intensiv genutztem Gemüseland und gliedernden Busch- und Beerenobstbeständen besteht.

Der gesamte landwirtschaftliche Anbau liegt in der Extensivzone. Die Futteranbaufläche, das Dauergemüseland mit weitgestelltem Hochstammobst, Mähweide, Kartoffelland und die Getreideanbaufläche, liegen hier beisammen.

Beispiele des Gärtnerhofes

Im Anhang zu dieser Schrift werden mehrere Beispiele für Gärtnerhöfe dargestellt. Die beiden Lagepläne für je einen Hof auf Geest- und auf Marschboden (Seite 208, 209, 210 und 211 des Anhangs) werden für andere Gebiete Abweichungen erfordern. Die Gebäude bedürfen jeweils der Anpassung an örtliche oder landschaftliche Formen. Seite 20 des Anhangs zeigt den Haustyp »Worpswede« als Beispiel für ein Wohn- und Wirtschaftsgebäude im nordwestdeutschen Moorgebiet, Seite 212 stellt einen für den Bezirk Hannover entwickelten Haustyp dar. In ihren wesentlichen Teilen sind diese und die auf den Plänen des Marsch- und des Geesthofes dargestellten Haustypen auch in anderen Baugebieten anwendbar. Der Gestaltungskraft landbaulich befähigter Architekten soll die Entwicklung weiterer eigenständiger Haustypen überlassen bleiben. Sie werden ihre Bemühungen darauf richten müssen die Gebäudeausmaße den heutigen Zeitumständen entsprechend so klein wie irgend möglich zu bemessen, ohne daß die Bewirtschaftung darunter leiden darf.

Auch die wesentlichen Merkmale eines Intensivbetriebes, wie ihn ein Gärtnerhof darstellt, werden im Anhang zu dieser Schrift gezeigt: die Kompostbereitung aus Stalldung, Pflanzenabfällen und mineralischen Zusätzen (Seite 213), die Gestaltung des Kleinklimas, besondere Formen der Intensiv-Anbautechnik (Seite 214), die Anwendung von Hilfsbauten, insbesondere von Schutzmatten und Glasdächern (Seite 215). Die Seiten 215 bis 219 bringen Beispiele für Misch- und Wanderglaskulturen. Den Mischkulturplänen lag die Schrift »Höchsterträge durch Mischkultur wahlverwandter Gemüsearten« von Gartenoberinspektor Wirth (Essen) zugrunde.

Praktische Beispiele einer Betriebswirtschaft auf bereits bestehenden Gärtnerhöfen in der hier dargestellten erstrebten reinen Form gibt es noch nicht. Jedoch befindet sich eine Anzahl solcher Gärtnerhöfe im Aufbau und in der Entwicklung. Die besten dieser Gärtnerhöfe werden als Lehrhöfe der Ausbildung tüchtiger Nachwuchskräfte nutzbar gemacht werden. Aus einer Reihe ähnlicher bestehender Betriebe lassen sich aber sichere Schlüsse für den Erfolg der Betriebswirtschaft auf einem Gärtnerhof, wie er hier zur Darstellung gelangt, ziehen.

Die Leistungen des Gärtnerhofes – Selbstversorger und Marktleistung

Der Gärtnerhof bringt die Selbstversorgung von etwa 8 auf ihm arbeitenden Personen zustande. Dabei ist der Bedarf an Speisekartoffeln je Kopf und Jahr auf bis zu 8 Zentnern und an Futterkartoffeln für 2 Schweine auf bis zu 30 Zentnern zugrunde gelegt. An Brotgetreide sind je Kopf und Jahr bis zu 3 Zentner, an Futtergetreide bis zu 10 Zentner im Jahr veranschlagt. Für die Selbstversorgung stehen dann noch Milch, Fleisch, Fett, Eier, Honig und Wolle aus der Tierhaltung zur Verfügung. Die Marktleistung des Gärtnerhofes besteht vor allem aus Gemüse, deren Verkaufswert nach heutigen Preisen aus dem Freiland mit RM 6000,–, aus dem Glasquartier mit RM 3500,– und aus dem Verkauf von Obst und Gewürzkräutern, Milch, Honig, Eiern, Kälbern usw. ebenfalls auf

RM 2000,– veranschlagt werden kann, so daß insgesamt ein Geldertrag von etwa RM 10 000,– jährlich anfällt.

[…]

Entwicklung des Betriebsaufbaues

Grundsätzlich ist für den Aufbau des Gärtnerhofes erst dessen bäuerliche Bewirtschaftung zu entfalten. Der rein gärtnerische Anbau bescheidet sich daher im ersten Jahr auf die Befriedigung der eigenen Bedürfnisse für eine volle Versorgung. Die viel weniger belastend im ersten Jahre waltende bäuerliche Bewirtschaftung bereitet das Land für die folgende gärtnerische Intensität gut auf, wobei besonders der Anbau von Kartoffeln und Hülsenfruchtgemenge innerhalb der künftigen gärtnerischen Anbaufläche erwünscht sind. Infolge der kraft- und zeitsparenden bäuerlichen Bewirtschaftung verlagert sich das Gewicht der Arbeitsmaßnahmen auf die Betriebseinrichtung des Gärtnerhofes, die vornehmlich in Anpflanzungen von Hecken und Gehölzen in der Durchführung der Zonengliederung, der Wegeherstellung, der Anlagen von Frühbeeten, Kompostflächen und einer allgemeinen vorangehenden Boden Verbesserung besteht. Von vornherein ist aller Wert auf die Viehhaltung zu legen, um dadurch genügend Dünger zu erhalten und gleichzeitig einen wichtigen Beitrag zur Vollversorgung zu erlangen. Im zweiten Jahr wird bereits 1/4 ha (1 Morgen) einschl. der Frühbeete und Wanderglas mit Gemüse bebaut werden können. Im dritten Jahr nach dem Aufbau kann der Gärtnerhof als voll entfaltet gelten und schon so leistungsfähig sein, daß er sich wirtschaftlich zu tragen vermag.

Der Reingewinn beträgt demnach im normal ausgebauten Gärtnerhof etwa RM 3000,—. Dieser Ertrag kann durch einen gesteigerten Ausbau in den Glasflächen, durch weiteren

Maschineneinsatz und Einsparung von Arbeitskraft sowie durch die steigenden Ernten der Obstgewächse noch ganz wesentlich erhöht werden. Eine kleine Ausbaurücklage ist schon im ersten Wirtschaftsjahr des normal ausgebauten Betriebes zu erwarten.

Das Arbeitslohnkonto ist verhältnismäßig hoch eingesetzt und wird meist nicht diese Höhe erreichen, besonders wenn Gärtnerhoflehrlinge als Arbeitskräfte Einsatz finden; es ist daher in diesem Posten noch eine bestimmte Reserve vorhanden.

Die Schwierigkeiten der Aufbaujahre können leicht überbrückt werden, wenn mit Hilfe des Anzuchthauses und der Frühbeete Jungpflanzenanzucht für die Nachbarn betrieben wird. Die Nachbarschaft kann sich aus Hausgartenbesitzern, Kleinsiedlern (Wirtschaftsheimstätten) und Bauernhöfen mit Feldgemüseanbau zusammensetzen, so daß immer ein großer Bedarf an sorgfältig herangezogenen Gemüsejungpflanzen wie Kohl, Salate, Lauch, Sellerie und Tomaten bestehen wird.

Endlich kann durch die Intensivierung des Freilandgemüseanbaues noch ein gesteigerter Ausbau der Mischkulturenpläne allmählich erzielt werden. Der Mischkulturenplan auf Seite 164 bringt noch keineswegs feinen erschöpfenden Mischkulturenanbau zur Darstellung.

Auch im landwirtschaftlichen Anbau liegen noch gar nicht übersehbare Leistungssteigerungen. Die dort gebauten Kulturen lassen sich im Sinne der Ackerbeetkultur nach Demtschinsky gärtnerisch intensivieren, so daß wesentlich höhere Leistungen mit der Zeit aus dem Getreide- und Futteranbau zu erwarten sind.

Intensivere Wiesen- und Weidepflege durch öftere Kompostgaben, Eggen und Walzen erzielt, steigern die Erträge beträchtlich.

So gesehen, betrifft die oben aufgestellte Rechnung erst einen Zustand, der bei weitem bis Ausschöpfung aller Möglichkeiten übertroffen werden wird.

Die Gärtnerhofsiedlung und ihre kulturelle Bedeutung

Die, Gärtnerhofsiedlung soll sich aus sich selbst heraus entwickeln. Es ist daran gedacht, daß einige wenige Beispiels-Gärtnerhöfe erstellt werden, die gleichzeitig Lehrgärtnerhöfe sind und den Gedanken des Gärtnerhofes, der viele Abwandlungen erfahren kann, möglichst rein zum Ausdruck bringen. Das lebendige Beispiel wird Nachahmung finden, deren Ausmaß im Voraus nicht überschaut werden kann, die aber weitgehend von der möglichen Ausbildung von Nachwuchs bestimmt sein wird. Deswegen wird es ausdrücklich abgelehnt, schon jetzt den Gärtnerhof in Siedlungsprogrammen herauszustellen. Es muß angestrebt werden, daß sich in der Nähe der ersten Beispielshöfe weitere Gärtnerhöfe einfinden, die eine Gemeinschaftsbildung möglich machen und in denen sich die Formen des Zusammenlebens und der Zusammenarbeit ausbilden, die sich als wirksam erweisen. In Gruppensiedlungen von Gärtnerhöfen sollen Handwerkersteilen eingestreut sein und auf den einzelnen Gärtnerhöfen sollten Handwerke wie Spinnen, Weben, Korb- und Mattenflechten und Holzbearbeitung für den eigenen Bedarf gepflegt werden.

Die Landbeschaffung der Gärtnerhöfe wird sich im Rahmen der allgemeinen Siedlung und einer kommenden Bodenreform ergeben. Dasselbe gilt von der Trägerschaft für Gärtnerhofsiedlungen, auf die deswegen hier nicht eingegangen werden soll.

Die Gemeinnützige Gärtnerhof-Gesellschaft e. V., die diesen Bericht vorlegt, hat die Aufgabe, den hier entwickelten Gärtnerhofgedanken weiter auszuprägen und seine Verwirklichung anzustreben. Berufsstand, Behörden, Öffentlichkeit sollen für ihn interessiert werden. Anwärter, die Gärtnerhöfe aufbauen wollen, sollen Unterstützung erfahren.

Die ernährungspolitische und sozialpolitische Bedeutung des Gärtnerhofes liegt nach dem Gesagten auf der Hand. Der Gärtnerhof hat aber auch eine kulturelle Bedeutung. Er bindet an Boden, Pflanze und Tier und läßt das Lebendige im Naturzusammenhang erfassen. Er macht seßhaft und gibt eine echte Heimat, die die Großstadt nicht zu gewähren vermag. Die Freude, teil an einem Stückchen lebendigen Bodens zu haben, weckt schöpferische Kräfte und das Verständnis für die wesentlichen Werte des Lebens. Die Landflucht kann nur aus innerster Bejahung der Arbeit am Boden überwunden werden. Der Gärtnerhof bietet Selbständigkeit im Beruf und eigene Verantwortung, außerdem einen in das Familienleben eingebetteten Beruf, an dem alle Familienglieder teilhaben. Er bietet den Rahmen für eine gesunde Kinderaufzucht. Auch von dieser Seite her führt er zu einer Befriedung des Menschen, die den Stimmungsgehalt für eine schöpferische Tätigkeit ausmacht, die allein die Grundlage eines neuen Kulturschaffens bilden kann. Derjenige, der einen Gärtnerhof betreibt, muß sich vielseitig bewähren – Gärtner und Bauer zugleich sein. Es werden geistige Regsamkeit und handwerkliches Können verlangt und entwickelt, weil aus Freude am eigenen Besitz geschaffen werden kann und das Auge sieht, was die Hand getan hat. Der Gärtnerhof verlangt nicht zuletzt einen Idealismus, um ein Abgleiten des Betriebes in eine bäuerliche Zwergwirtschaft einerseits und andererseits in eine Spezialgärtnerei mit industriellem, Einschlag zu vermeiden. Dieser Idealismus wird gelehrt aus der

Einsicht und Überzeugung, daß letzten Endes nur ein als gesunder Organismus gestalteter Betrieb auf die Dauer lebensfähig ist und seinem Inhaber Lebenskräfte spendet.

Hinweise auf benutztes und empfehlenswertes Schrifttum

Becker-Dillingen: Handbuch des gesamten Gemüsebaus. 1943.

Karl Beinert: Der wirtschaftseigene Dünger. Berlin 1938.

Fr. Boas: Dynamische Botanik. München 1942.

»Demeter«, Monatsschrift für biologisch-dynamische Wirtschaftsweise. Jahrgänge 1930—1942.

»Demeter«, Schriftenreihe Band 1—6.

Ludwig Dreidax: Untersuchung über die Bedeutung der Regenwürmer im Pflanzenbau. Berlin 1931.

Fey und Wirth: Der Spindelbusch. Stuttgart.

R. H. France: Edaphon. Stuttgart 1921.

Rudolf Geiger: Das Klima der bodennahen Luftschicht. Braunschweig 1942.

Ernst Hagemann: Aufgaben der Landschaftsgestaltung. Berlin 1942.

Rudolf Heuson: Bodenkultur der Zukunft. Neudamm.

Bruno Hildebrandt: Der ostpreußische Bauerngarten. Berlin 1943.

Friedrich Hilkenbäumer: Obstbau. Berlin 1944.

Albert Howard: Die Erzeugung von Humus nach der Indore-Methode. Berlin 1946.

O. W. Kessler und W. Kaempfert: Die Frostschadensverhütung. Berlin 1940.

W. Laatsch: Dypamik der deutschen Acker- und Waldböden. 2. Auflage. Dresden 1944.

O. v. Linstow: Bodenanzeigende Pflanzen. Berlin 1929.
E. Mäding: Landespflege. Berlin 1942.
Melchers und Gerritsen: Kupfer als unentbehrliches Element für Pflanze und Tier. Wageningen 1944.
L. Migge: Deutsche Binnenkolonisation. Berlin 1926.
Ehrenfried Pfeiffer: Gesunde und kranke Landschaft. Berlin 1942.
Walter Pingel: Schafft Nutzhölzer! Berlin 1942.
H. v. Samson-Himmelstjerna: Die Wasserwirtschaft als Voraussetzung und Bedingung für Kultur und Friede. Neudamm 1903.
Alwin Seifert: Die Heckenlandschaft. Potsdam 1944.
Fritz Scheffer: Die wirtschaftseigenen Humusdünger. Berlin 1939.
– Humus und Humusdüngung. Stuttgart 1941.
G. Scheerer: Fruchttragende Hecken. Berlin 1943.
Johannes Schomerus: Die Bodenabdeckung. Dresden.
W. Schuphan: Biologischer Wert und Hektarertrag von Freiland- und Gewächshauserzeugnissen. Berlin 1943.
Max K. Schwarz: Der Bauerngarten. Frankfurt a. d. O. – Ein Weg zum praktischen Siedeln. Düsseldorf 1933.
Dr. Rudolf Steiner: Landwirtschaftlicher Kurs.
Giuseppe Tallarico: Die Wirkkräfte unserer Nahrungsmittel. Stuttgart 1942.
Johann Heinrich von Thünen: Der isolierte Staat in Beziehung auf Landwirtschaft und Nationalökonomie. Jena 1910.
Heinrich Fr. Wiepking-Jürgensmann: Die Landschaftsfibel. Berlin 1942.
A. G. Wirth: Frühgemüse aus dem eigenen Garten. Stuttgart 1945.
– Höchsterträge durch Mischkultur wahlverwandter Gemüsearten. Stuttgart 1942.

ANHANG

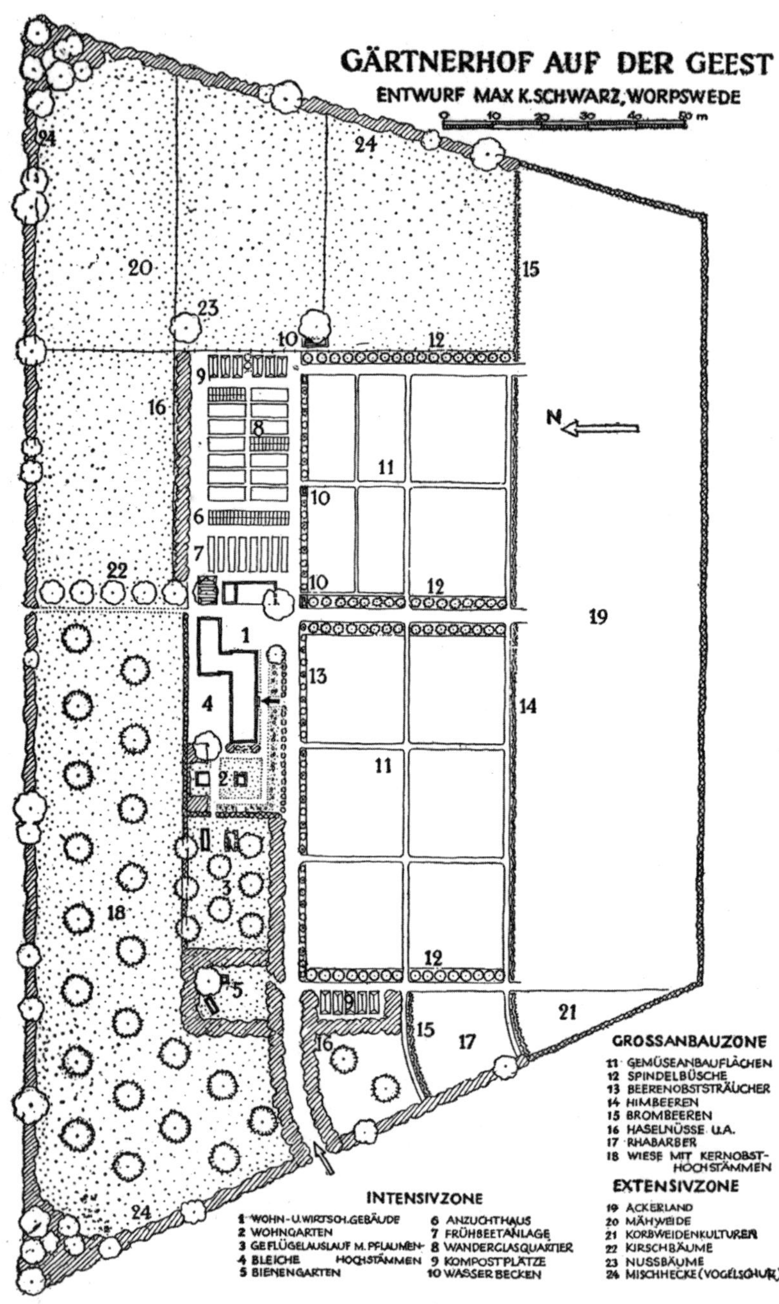
GÄRTNERHOF AUF DER GEEST
ENTWURF MAX K. SCHWARZ, WORPSWEDE
0 10 20 30 40 50 m
N
GROSSANBAUZONE
11 GEMÜSEANBAUFLÄCHEN
12 SPINDELBÜSCHE
13 BEERENOBSTSTRÄUCHER
14 HIMBEEREN
15 BROMBEEREN
16 HASELNÜSSE U.A.
17 RHABARBER
18 WIESE MIT KERNOBST-HOCHSTÄMMEN
EXTENSIVZONE
19 ACKERLAND
20 MÄHWEIDE
21 KORBWEIDENKULTUREN
22 KIRSCHBÄUME
23 NUSSBÄUME
24 MISCHHECKE (VOGELSCHUTZ)
INTENSIVZONE
1 WOHN- U. WIRTSCH. GEBÄUDE
2 WOHNGARTEN
3 GEFLÜGELAUSLAUF M. PFLAUMEN-HOCHSTÄMMEN
4 BLEICHE
5 BIENENGARTEN
6 ANZUCHTHAUS
7 FRÜHBEETANLAGE
8 WANDERGLASQUARTIER
9 KOMPOSTPLÄTZE
10 WASSER BECKEN

GÄRTNERHOF AUF DER GEEST

ARCHITEKT·
FR. HEUER, BREMEN

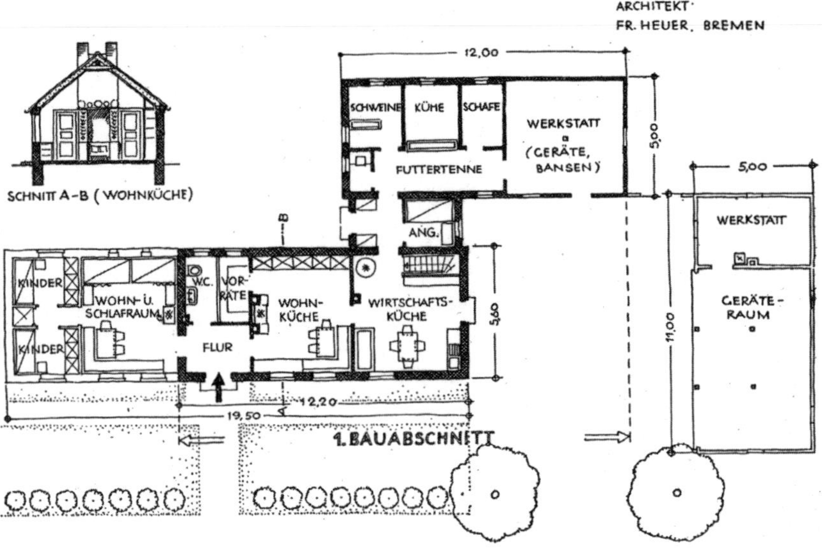

Aus den Notzeiten heraus entwickelte neuartige Hauslösung, bei der unter Verzicht auf eine Balkendecke der Dachraum des flachgeneigten Daches in die Wohnräume einbezogen wird. Durch geringe Höhenentwicklung erhält das Haus einen eigenartigen, spezifisch „gärtnerischen" Charakter. Zugleich erscheint diese Bauweise holzsparend und für Ausbau in Selbsthilfe geeignet. —

In den Nebenräumen ist eine Decke eingezogen, so daß Bodenraum entsteht.

Im ersten Bauabschnitt ist der spätere Flur Vorratsraum, Speisekammer und Waschraum zusammengezogen zum Schlafraum mit vier Betten (je zwei Betten übereinander).

Nutzflächen des ersten Bauabschnitts

Wohnung:	Wohnküche	20,0 qm
	Schlafstube (später Vorrats- u. Waschraum)	7,3 „
	Vorratsraum (später Flur)	5,4 „
		32,7 qm
Wirtschaftsraum:	Wirtschaftsküche	18,9 qm
	darunter Vorratskeller	18,9 „
		37,8 qm
Angestelltenraum		8,0 qm
Stall		25,1 „
Werkstatt		23,5 „

Nutzflächen des zweiten Bauabschnitts

Wohnung:	Wohn-Schlafraum	20,0 qm
	2 Kinderschlafkammern	13,5 „
		33,5 qm
Schuppen:	Werkstatt	13,3 qm
	Geräteraum	36,6 „
		49,9 qm

Bedarf an Hauptbaustoffen für den **ersten** Bauabschnitt

Fundamentbeton	20,1	cbm
Mauerwerk	24 000	Steine
Zimmermannsholz	3,4	cbm
Dachdeckung	3 230	Pfannen

Aufteilung der bewirtschafteten Hofflächen

Intensivzone: Geflügelauslauf, Bienengarten	870 qm
Flächen unter Glas	435 „
Großanbauzone: Gemüseanbauflächen	4 800 „
Obstanbauflächen	6 340 „
Extensivzone: Ackerland	6 400 „
Grünland	7 535 „
Sonstiges: Haus, Hausgarten, Hof, Wege, Kompostplätze	3 040 „
Gesamtflächen des Gärtnerhofes	29 420 qm

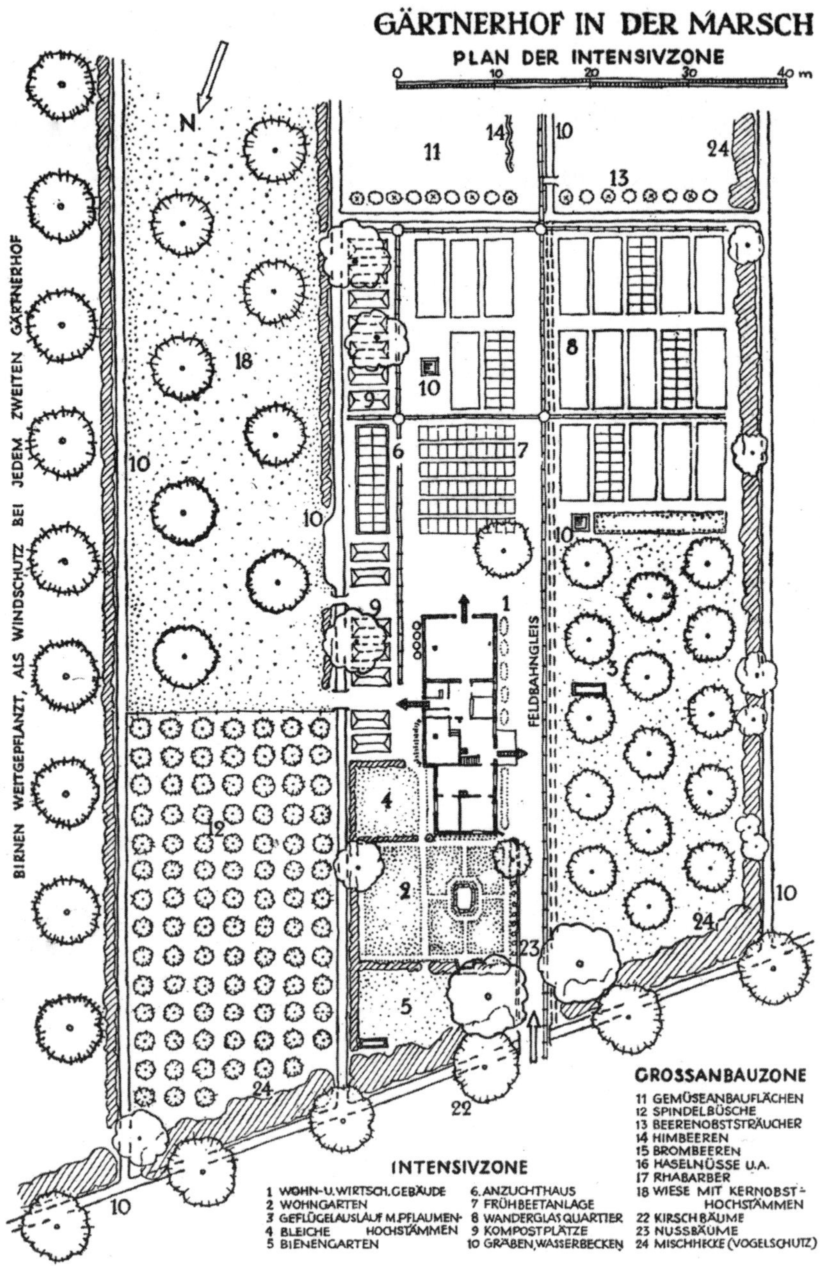
GÄRTNERHOF IN DER MARSCH
PLAN DER INTENSIVZONE
0 10 20 30 40 m
N
BIRNEN WEITGEPFLANZT, ALS WINDSCHUTZ BEI JEDEM ZWEITEN GÄRTNERHOF
FELDBAHNGLEIS
INTENSIVZONE
1 WOHN- U. WIRTSCH. GEBÄUDE
2 WOHNGARTEN
3 GEFLÜGELAUSLAUF M. PFLAUMEN-HOCHSTÄMMEN
4 BLEICHE
5 BIENENGARTEN
6. ANZUCHTHAUS
7 FRÜHBEETANLAGE
8 WANDERGLASQUARTIER
9 KOMPOSTPLÄTZE
10 GRÄBEN, WASSERBECKEN
GROSSANBAUZONE
11 GEMÜSEANBAUFLÄCHEN
12 SPINDELBÜSCHE
13 BEERENOBSTSTRÄUCHER
14 HIMBEEREN
15 BROMBEEREN
16 HASELNÜSSE U.A.
17 RHABARBER
18 WIESE MIT KERNOBST-HOCHSTÄMMEN
22 KIRSCHBÄUME
23 NUSSBÄUME
24 MISCHHECKE (VOGELSCHUTZ)

GÄRTNERHOF IN DER MARSCH

GESAMTPLAN

50 100m

KORBWEIDENKULTUREN
MÄHWEIDE
EXTENSIVZONE
ACKERLAND
GROSSANBAUZONE
WIESE MIT KERNOBSTHOCHSTÄMMEN
FELDBAHNGLEIS
GEMÜSEANBAUFLÄCHEN
INTENSIVZONE
STRASSE
450,00
68,00

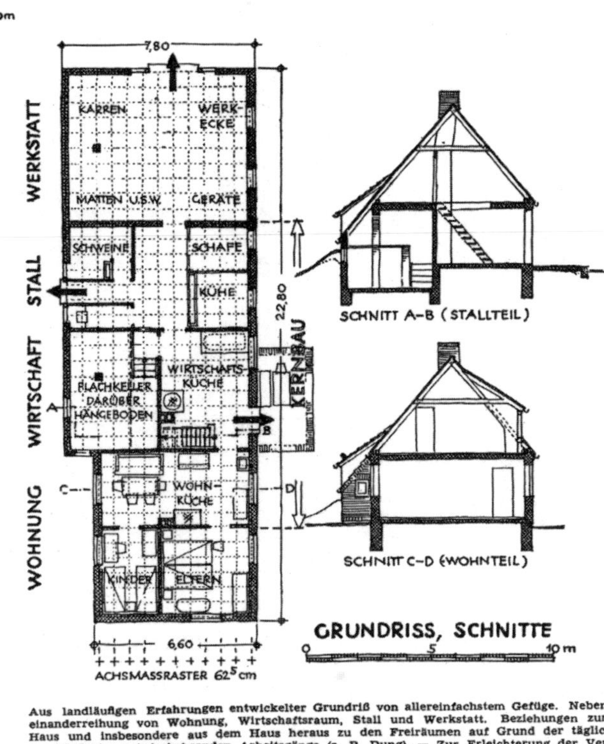

Aus landläufigen Erfahrungen entwickelter Grundriß von allereinfachstem Gefüge. Nebeneinanderreihung von Wohnung, Wirtschaftsraum, Stall und Werkstatt. Beziehungen zum Haus und insbesondere aus dem Haus heraus zu den Freiräumen auf Grund der täglich am häufigsten wiederkehrenden Arbeitsgänge (z. B. Dung). — Zur Erleichterung der Verwendung von Normenbauteilen ist der Grundriß über ein Achsmaßraster von 62,5 cm angelegt (Oktametersystem Neufert). Mit Rücksicht auf hohen Grundwasserstand Flachkeller mit eingehängtem Zwischenboden. Im Dachgeschoß Ausbaumöglichkeit von drei Schlafstuben, so daß das Haus im Endausbau für viele Betten Platz bietet, gegebenenfalls auch für das Nebeneinanderwohnen zweier Familien (z. B. Eltern und Kinder).
Wenngleich der gesamte Baukörper sofort als Betriebsinstrument des Gärtnerhofes für notwendig erachtet wird, so ist doch im äußersten Notfall eine Kleinlösung durch Bau des Kernstückes möglich. In diesem Fall sofortiger Ausbau von Schlafstuben im Dachgeschoß.

Nutzflächen des ganzen Hauses

Im Erdgeschoß

Wohnung:	Wohnküche	18,0 qm
	Schlafstube	12,5 „
	Schlafstube	8,1 „
		38,6 qm
Wirtschaftsteil:	Wirtschaftsküche	14,8 qm
	Flachkeller	16,8 „
	Hängeboden	11,0 „
		42,6 qm
Stall		24,8 qm
Werkstatt		43,8 „

Im Dachgeschoß

Wohnung:	Schlafstube (Giebel)	15,4 qm
	Schlafstube	8,1 „
	Schlafstube	9,5 „
		33,0 qm
Bodenraum:	(Futterboden) über Stall und Werkstatt, gegebenenfalls auch ausbaufähig	63,5 qm

Bedarf an Hauptbaustoffen für das **ganze** Haus ohne Dachausbau

Fundamentbeton	32,0 cbm
Betondecke über Erdgeschoß einschl. Betonunterzug	12,6 „
Mauerwerk	25 500 Steine
Zimmermannsholz (Dach)	4,8 cbm
Dachdeckung	4160 Hohlpfannen

Aufteilung der bewirtschafteten Hofflächen

Intensivzone:	
Geflügelauslauf, Bienengarten	1 148 qm
Flächen unter Glas	600 „
Großanbauzone:	
Gemüseanbauflächen	4 680 „
Obstanbauflächen	6 544 „
Extensivzone:	
Ackerland	6 020 „
Grünland	8 960 „
Sonstiges:	
Haus, Hausgarten, Hof, Wege, Kompostplätze	2 660 „
Gesamtflächen des Gärtnerhofes	30 612 qm

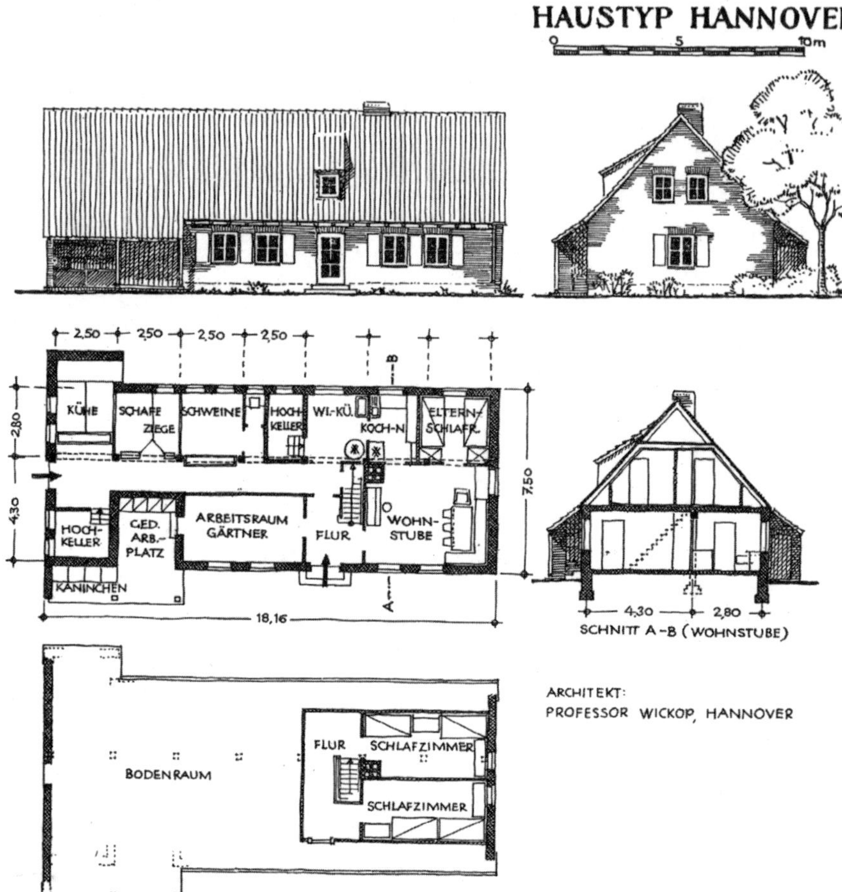

Grundrißanlage in normbaren Raumfachen. Verwendungsmöglichkeit neuartiger, genormter Stahlbeton-Fertig-Decken und -Fertig-Dächer (Holzmangel). Durchgehender Mitteluntergang aus kleinen Stücken von 2,50 m Länge (daher trotz des notwendigen Querschnitts geringes Montagegewicht). Nur zwei Balkenlängen 4,30 m und 2,80 m. Über der massiven Decke nötigenfalls Stahlbetondach aus Fertigteilen. Raumaufteilung durch dünne Wände, die nach Bedarf verändert werden können, ohne das tragende Gefüge anzutasten. Im Erdgeschoß verhältnismäßig großer Wohnraum (20 qm) mit Eltern-Schlafkoje. Raumfolge: einerseits vom Wohnraum zur Kochnische, zur Wirtschaftsküche, zum Stall; andererseits vom Wohnraum zum Flur, zu den Arbeitsräumen der Gärtnerei. Stall-Nebenraum in Kübbungen.

Nutzflächen des ganzen Hauses

Im Erdgeschoß

Wohnung:	Wohnstube	20,0 qm
	Elternschlafraum	7,8 „
	Kochnische	5,6 „
	Flur	5,5 „
		38,9 qm
Wirtschaftsküche		7,0 qm
Hochkeller		4,0 „
Stall		46,0 „
Arbeitsraum Gärtner		13,2 „
Überdeckter Arbeitsplatz		12,0 „

Im Dachgeschoß

Wohnteil:	1. Schlafzimmer	13,0	35,2 qm
	2. Schlafzimmer	12,2	
	Flur	10,0	
Bodenraum			70,0 qm

Bedarf an Hauptbaustoffen

Fundamentbeton	9,0	cbm
Ziegelmauerwerk	32 880	Steine
Fertigbetonteile für Stützen und Unterzüge	3,1	cbm
Fertigbetonteile für Erdgeschoßdecke	13,7	„
Rundstahl und Kleineisenzeug	2 000	kg
Zimmererholz für das Dach	6,1	cbm
Dachpfannen	3 760	Pfannen

KOMPOST

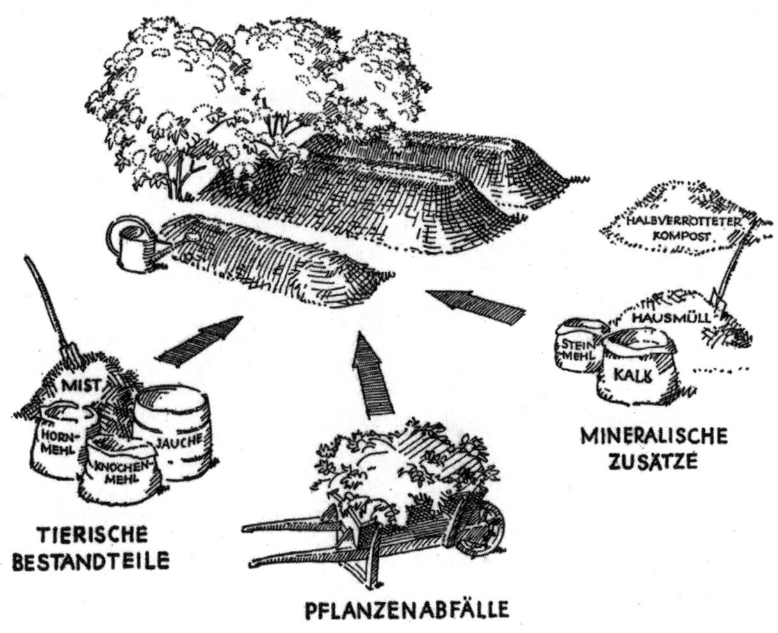

STALLDUNGHAUFEN

KLEINKLIMAGESTALTUNG

RAUMFORMUNG

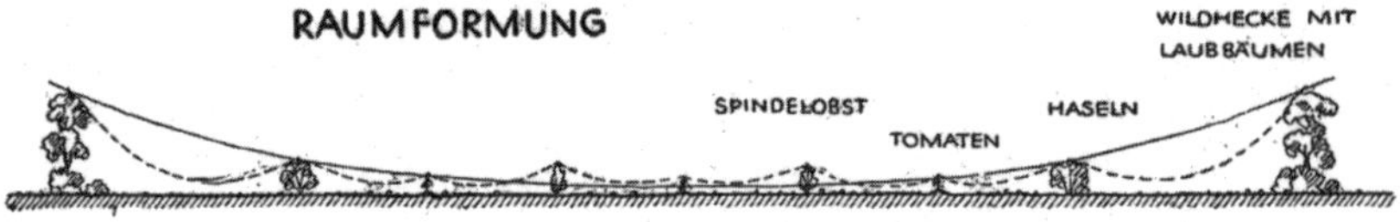

WILDHECKE MIT LAUBBÄUMEN

SPINDELOBST

HASELN

TOMATEN

ANBAUTECHNIK

ANBAU IN FURCHEN MIT SPÄTERER HÄUFELUNG

WINDSCHUTZ FÜR DIE JUNGPFLANZE

UNKRAUTBEKÄMPFUNG BEIM EINEBNEN

VERMEHRTE WURZELBILDUNG DURCH SPÄTERES HÄUFELN

TOMATENWALL

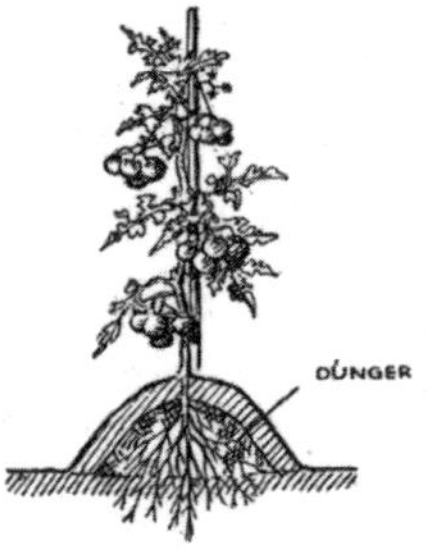

DÜNGER

WÄLLE FÜR FRÜHKULTUREN

STÄRKERE BODENERWÄRMUNG, SCHNELLERES ABTROCKNEN

GURKENWALL

DÜNGER

BEISPIEL FÜR WÄRMEFANG ZUR FREILANDGURKENKULTUR

BEETNEIGUNG NACH SÜDEN
SONNENRÜCKSTRAHLUNG DURCH REISERERBSEN
STARKE ERWÄRMUNG UND DURCHLÜFTUNG DES ERHÖHTEN BODENS
SCHUTZ GEGEN KALTE NORDWINDE

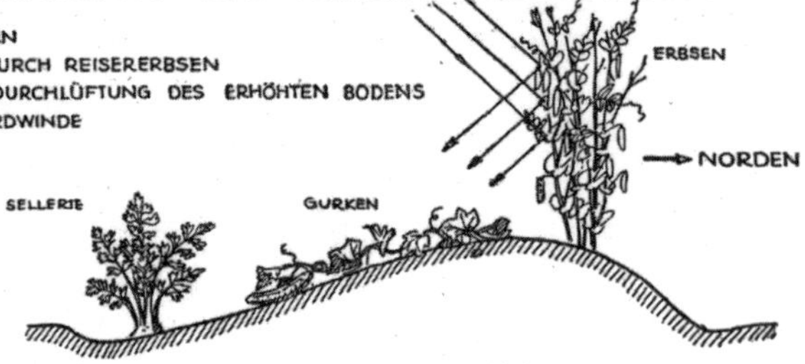

ERBSEN

→ NORDEN

SELLERIE

GURKEN

KLEINKLIMAGESTALTUNG

1,50
2,50 - 3,00 m

REISIGZAUN

ABDECK-BRETT
2,50 - 3,00 m

RETHZAUN

RETHMATTEN AUF PFAHLGERÜST (SOG. FLEEKEN)

1,50
1,20
0,50
ca. 3,00

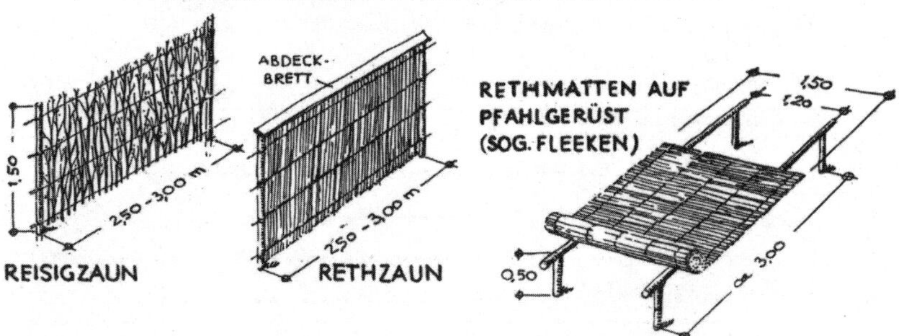

ANWENDUNG DES HOLLÄNDER FENSTERS

HOLLÄNDER FENSTER 0,80/1,50 m, ZEITBEDINGT DURCH SPROSSENUNTERTEILUNG ABGEÄNDERT

1,50
0,80
3,00

WANDERKASTEN

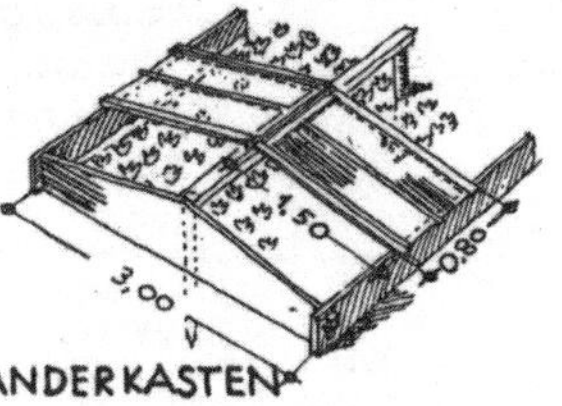

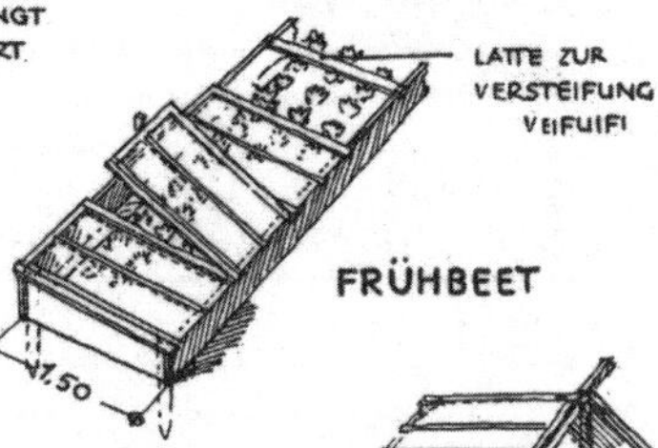

LATTE ZUR VERSTEIFUNG
1,50

FRÜHBEET

PRIMITIVKASTEN

VERSTEIFUNG DURCH EISERNE KLAMMERN
2,40

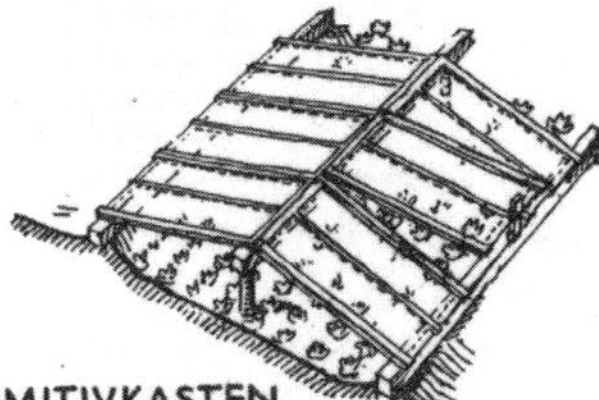

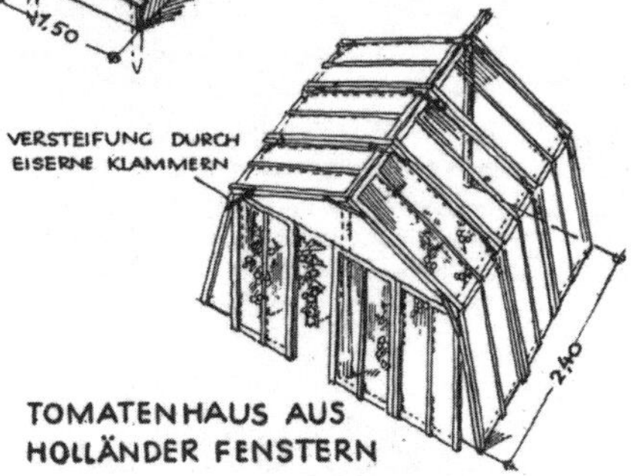

TOMATENHAUS AUS HOLLÄNDER FENSTERN

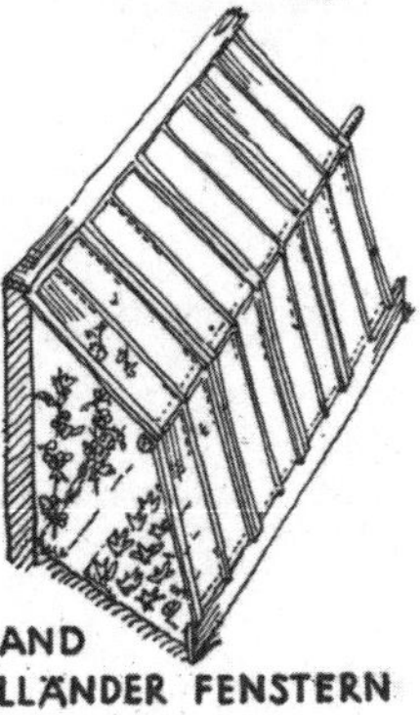

TALUTWAND AUS HOLLÄNDER FENSTERN

3,20
HEIZROHRE
1,80
1½ STEIN

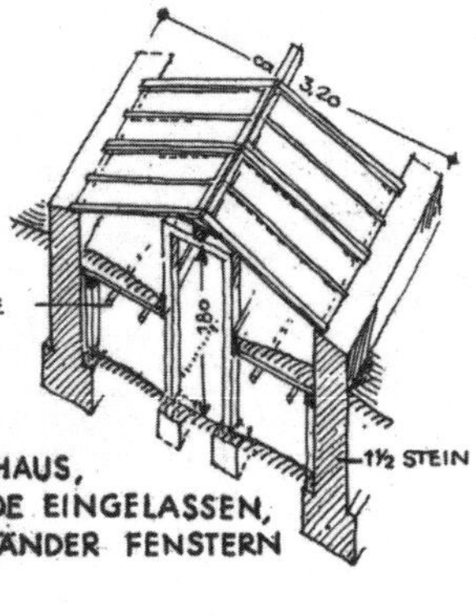

ANZUCHTHAUS, IN DIE ERDE EINGELASSEN, MIT HOLLÄNDER FENSTERN

WANDERGLASKULTUREN

BEETBREITE 1,50 m

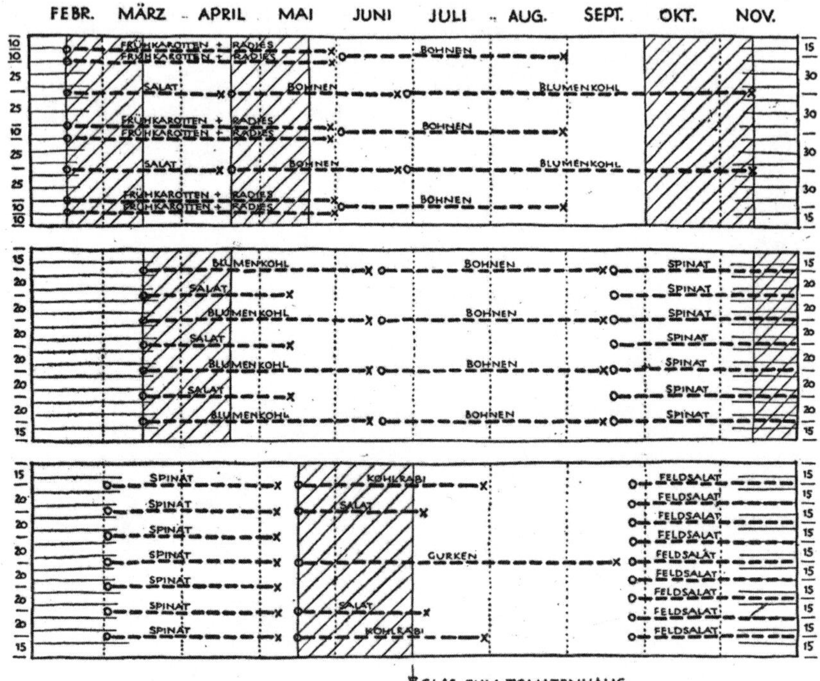

FRÜHBEETKULTURFOLGE

BEETBREITE 1,50 m

FEBR. MÄRZ APRIL MAI JUNI JULI AUG. SEPT. OKT. NOV.

RADIES, SALAT + KOHLRABI, KRESSE, SALAT, GURKEN

O = SAAT, BZW. PFLANZUNG
X = ERNTE
▨ = GLASDECKUNG

MISCHKULTUREN

BEETBREITE 1,20 m

(IM SINNE VON A.G. WIRTH)

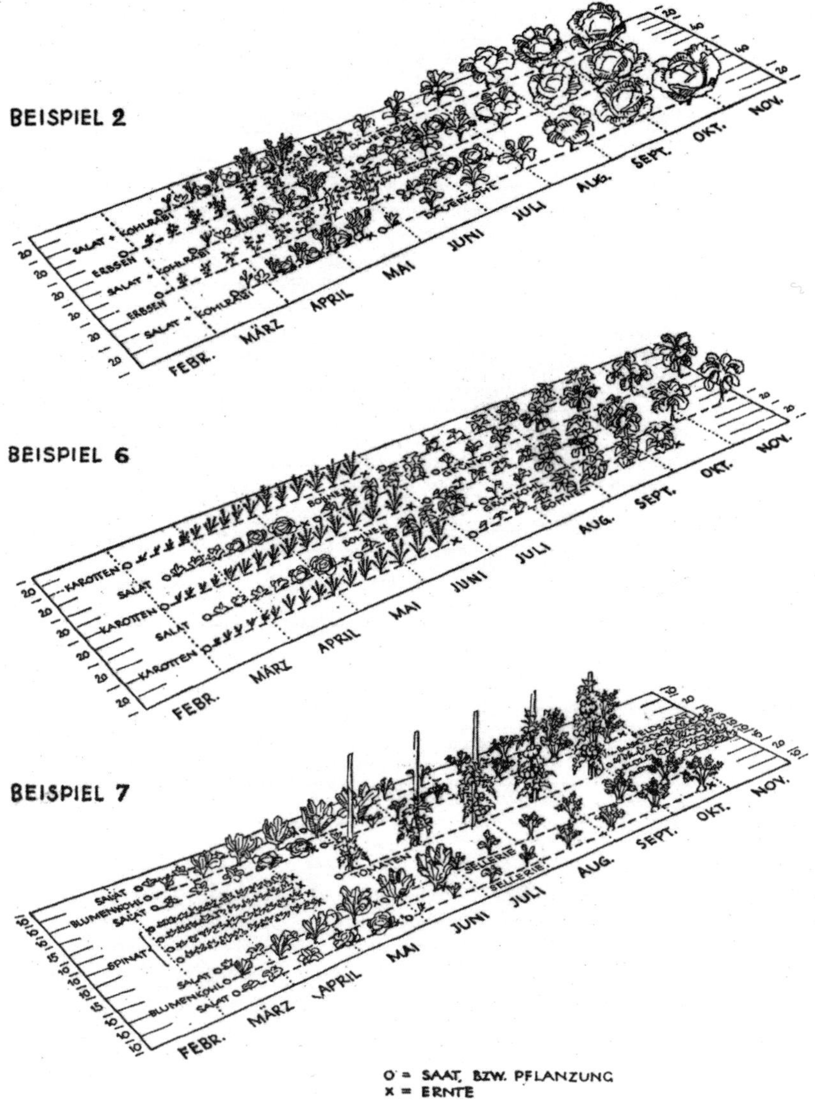

O = SAAT, BZW. PFLANZUNG
X = ERNTE

MISCHKULTUREN

BEETBREITE 1,20m

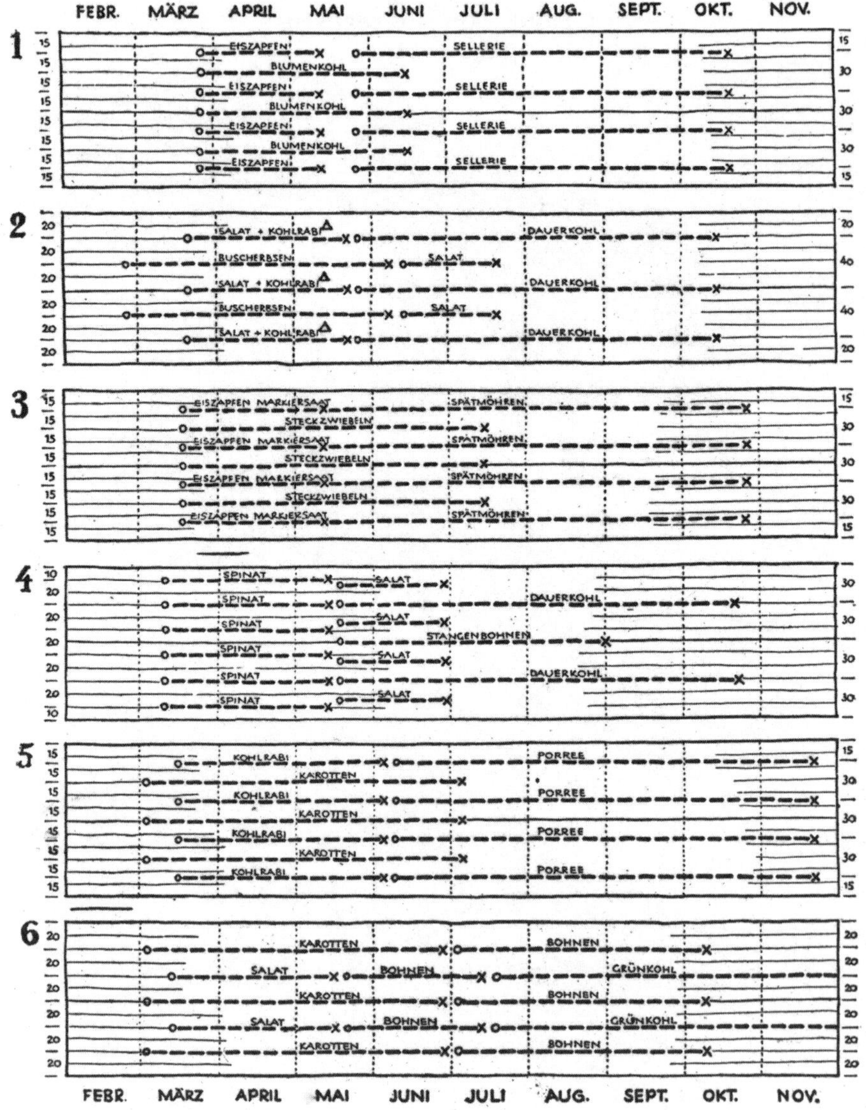

O = SAAT, BZW. PFLANZUNG
X = ERNTE
Δ = KULTURDAUER BIS ANFANG JUNI ALS ÜBERFRUCHT

MISCHKULTUREN

BEETBREITE 1,20 m

FEBR. MÄRZ APRIL MAI JUNI JULI AUG. SEPT. OKT. NOV.

7
SALAT
BLUMENKOHL IM VERBAND
SALAT
SELLERIE
SELLERIE IM VERBAND
SPINAT
SPINAT AUF WALL
SPINAT
SPINAT
TOMATEN
FELDSALAT
FELDSALAT
SALAT
BLUMENKOHL IM VERBAND
SALAT
SELLERIE
SELLERIE IM VERBAND

8
SCHWARZWURZELN
SPINAT
SPINAT
SPINAT AUF WALL
SPINAT
TOMATEN AUF WALL
PORREE
SPINAT
SPINAT
SPINAT AUF WALL
SPINAT
TOMATEN AUF WALL
SCHWARZWURZELN

9
SPINAT
BLUMENKOHL
SPINAT
SALAT
SPINAT
GURKEN
SPINAT
SPINAT
SALAT
SPINAT
BLUMENKOHL

10
SPINAT
DAUERKOHL
SALAT + KOHLRABI
BOHNEN
SPINAT
DAUERKOHL
SALAT + KOHLRABI
BOHNEN
SPINAT
DAUERKOHL

11
SPINAT
ROTE BETE
SPINAT
ROTE BETE
SPINAT
REISERERBSEN
GRÜNKOHL
SPINAT
ROTE BETE
SPINAT
ROTE BETE
SPINAT

12
FRÜHKOHL
KAROTTEN
SALAT
ENDIVIEN
FRÜHKOHL
KAROTTEN
SALAT
ENDIVIEN
FRÜHKOHL
KAROTTEN
SALAT
ENDIVIEN
FRÜHKOHL
KAROTTEN

FEBR. MÄRZ APRIL MAI JUNI JULI AUG. SEPT. OKT. NOV.

O = SAAT, BZW. PFLANZUNG
X = ERNTE
Δ = KULTURDAUER BIS ANFANG JUNI ALS ÜBERFRUCHT

HAUSTYP WORPSWEDE

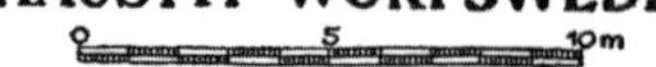

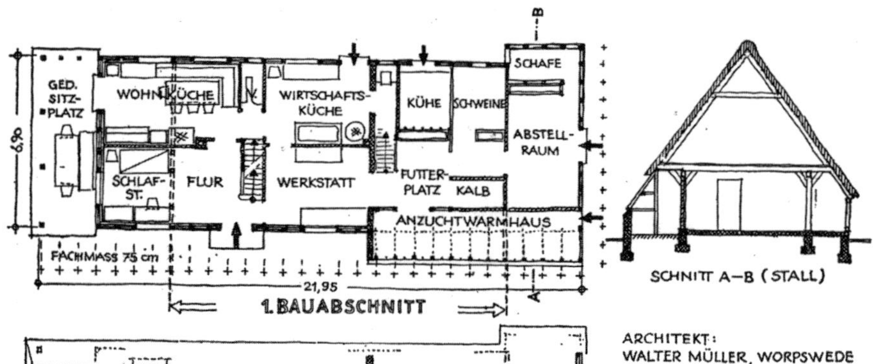

ARCHITEKT:
WALTER MÜLLER, WORPSWEDE

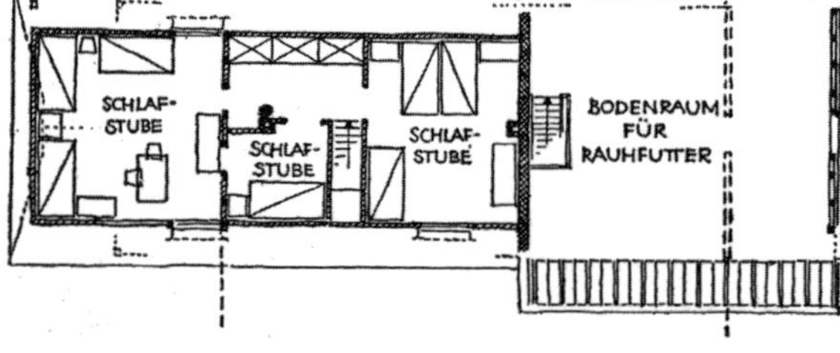

Bodenständige, landschaftsverbundene Lösung in Holzfachwerk. Lehmausstackung und Rethdach, die von der Greifbarkeit dieser Baustoffe am Ort oder in der Nähe ausgeht. Konstruktive Übersetzung in andere Bauausführungen, zum Beispiel in ein Fachwerk aus Betonfertigteilen und Ausfachung in Betonplatten mit hartgedecktem Dach ebenso möglich. Das Haus erhält seine charakteristische Note durch das mit dem Hauskörper verbundene Anzuchtwarmhaus. — Beim Endausbau wird aus der Wirtschaftsküche die Werkstatt, aus der Wohnküche die Wirtschaftsküche, der gedeckte Sitzplatz ein Teil der Wohnküche.

Nutzflächen des Hauses im Endzustand

Im Erdgeschoß

Wohnung:	Wohnküche	18,4 qm
	Speisekammer	1,8 ,,
	Schlafstube (Angestellte)	8,0 ,,
	Eingangsflur	9,0 ,,
		37,2 qm
Wirtschaftsküche		13,8 qm
Keller		38,0 ,,
Werkstatt		15,8 ,,
Stall		31,7 ,,
Abstellraum		14,6 ,,
Anzuchtwarmhaus		17,5 ,,
Gedeckter *Sitzplatz* am Giebel des Wohnteils		14,6 ,,

Im Dachgeschoß

Wohnung:	Schlafstube (Giebel)	23,5 qm
	Schlafstube	6,7 ,,
	Schlafstube	20,5 ,,
		50,7 qm
	Bodenraum für Rauhfutter	42,5 qm

Bedarf an Hauptbaustoffen zur Ausführung des Hauses im Endzustand in Betonfachwerk

Fundament- und Kellerbeton	52,0	cbm
Beton für Fachwerkpfosten	2,4	,,
Ausfachung in Betonplatten	110	qm
Mauerwerk für Zwischenwände u. Schornstein	10 200	Steine
Decken und Dach in Bohlenkonstruktion	6,9	cbm
Rethdach	264	qm
oder in harter Deckung	4 100	Pfannen

Max K. Schwarz, Dr. Willi Laatsch, Dr. Albr. Köstlin und Dr. Ernst Hagemann

DER GÄRTNERHOF

Eine Betriebsform eigener Art im Gefüge der Landschaft

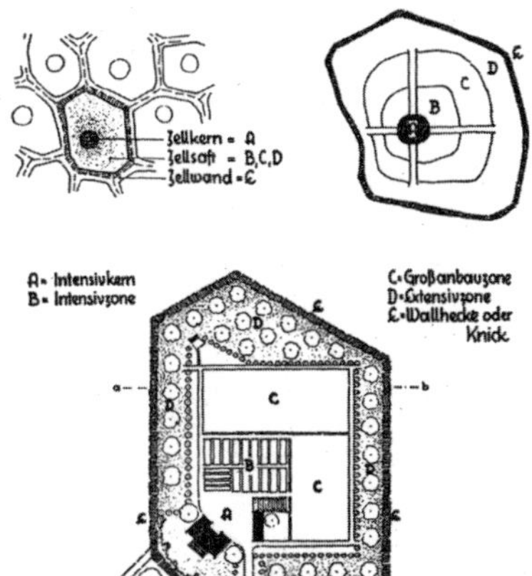

SCHRIFTENREIHE: NEUAUFBAU VOM BODEN HER HEFT 2
HERAUSGEBER FRANZ DREIDAX UND ARVID GUTSCHOW
VERLAG BR. SACHSE HAMBURG

III.
DER GÄRTNERHOF – EINE BETRIEBSFORM EIGENER ART IM GEFÜGE DER LANDSCHAFT (1947)

Gemeinnützige Gärtnerhof-Gesellschaft e.V.: Vorwort

Der in Zukunft notwendige Umbau der deutschen Agrarstruktur verlangt nach neuen Betriebsformen des intensiven Landbaus. Eine dieser Formen wird der Gärtnerhof sein. Dieser ist bäuerlicher und gärtnerischer Betrieb zugleich. Er verbindet beide einander ergänzenden Betriebszweige zu einem wohlabgestimmten Ganzen, das dauerhafte Gesundheit und Krisenfestigkeit verspricht. Die Gemeinnützige Gärtnerhof-Gesellschaft e. V. will den Gedanken des Gärtnerhofs verbreiten, die Errichtung von Gärtnerhöfen fördern, einzelne solcher Betriebe zu Muster- und Beispiels-Gärtnerhöfen ausbilden, um durch das lebendige Vorbild zu überzeugen. Sie will in Lehrgärtnerhöfen und später in Schulungsstätten Nachwuchs befähigter Kräfte heranbilden.

Auf der Jahrestagung der Gesellschaft wurden 1947 eine Reihe von Vorträgen gehalten, deren ausgearbeitete Niederschriften die Gesellschaft in diesem zweiten Gärtnerhof-Heft vorlegt. Während das erste Gärtnerhof-Heft den neuen Gedanken programmatisch als Siedlungsziel für tüchtige Landleute und Gärtner herausstellte, will diese Arbeit den Gärtnerhof in den Zusammenhang der fruchtbaren Landschaft und des fruchtbaren Bodens stellen. Ohne den Versuch einer Antwort auf das Kernproblem der Fruchtbarkeit kann eine landwirtschaftliche Betriebsform nicht beurteilt und in ihrer Bedeutung nicht bewertet werden. Grundsätzliche betriebswirtschaftliche Betrachtungen wollen dem Gärtnerhof seinen Platz im Gefüge der Betriebsformen des Landbaus zuweisen. Was der Gärtnerhof vom Menschen fordert, will schließlich ein Beitrag über die Ausbildung für den Gärtnerhof sagen. Weitere Hefte, an denen mitzuarbeiten die Gesellschaft hiermit aufruft, sollen den Gärtnerhof-Gedanken mehr und mehr einprägen und für ihn werben. Ein nächstes Heft »Die Gestaltung des Gärtnerhofes« ist vorbereitet.

Gemeinnützige Gärtnerhof-Gesellschaft e. V.

Max Karl Schwarz, Worpswede: Gedanken über den künftigen Landschaftsbau im Zusammenhang mit dem Gärtnerhof

Unser Leben verläuft inmitten eines gewaltigen Umbruches, einer Zeitenwende, die all überall in ihren dramatischen Auswirkungen sich tief einzeichnet und eine ungeheure chaotisch verlaufende Bewegung hervorruft. Die sonst geruhsamen Rhythmen der Lebensvorgänge, wie sie sich im Werden und Vergehen abspielen, sind beim jüngsten Geschehen ins Unüberschaubare gesteigert und lassen ahnen, daß sich hier die Geburtsstunde einer neuen Zeit vollzieht und uns in ihren Bann schlägt. Die Niedergangserscheinungen in den letzten 30 Jahren haben die Augen für mancherlei geöffnet und ganz allgemein ein Verständnis für biologische Zusammenhänge erweckt. Aus diesem Verständnis heraus tuen sich bereits Tore auf, um im Weiterschreiten zu ganz neuen Erfahrungen zu kommen, nämlich in dynamischen Vorgängen die Ursache vieler Lebenserscheinungen zu erblicken. Als vor 20 Jahren zum ersten Male von der biologisch-dynamischen Wirtschaftsweise die Rede war, wurden die Vertreter dieser Landbaumethode für verrückt erklärt und man versuchte, sie lächerlich zu machen. Heute kommt kaum eine etwas tiefer schürfende Literatur heraus, die sich nicht mit dynamischen Vorgängen befaßt. Dies trifft besonders auf dem Gebiete der Botanik, der Bodenkunde und der Geophysik zu. Doch wird nur selten jener gedacht, die dieses Zeitalter des Lebendigen, in dem wir gegenwärtig leben, als Pioniere einleiten halfen.

Für den deutschen Menschen haben sich jetzt die Verhältnisse so gefügt, daß er gezwungen ist, sich auf sich selbst zu besinnen, wenn er nicht vollends verzweifeln soll. Eine solche Selbstbesinnung hat zur Voraussetzung, in sich hinein zu schauen, Selbsterkenntnis zu üben und da heraus Hoffnung und Kraft für ein Zukünftiges zu schöpfen. Gewiß mag es zunächst so aussehen, als ob uns das Vergangene nichts mehr zu sagen habe und nur noch kühnlich vorwärts zu schauen ist.

Im überwiegenden Maße sind in den Städten die Zeugen herrlicher Kulturtaten zerschlagen und vernichtet. Doch nicht alles aus der Vergangenheit ist ausgelöscht. Da schlummert zum Beispiel das Geistesgut deutscher Klassik in der Verborgenheit mancher Bibliotheken und mancher Bücherschränke mit wertvollsten Anregungen und Hinweisen, die auf eine Befolgung und Anwendung harren. Das Heraufkommen der Technik, ihr einzigartiger Siegeszug hat in der Vergangenheit die forschenden Köpfe unserer Vorfahren gänzlich eingenommen und sie weit von der eigentlichen Aufgabe des Deutschen hinweggeführt, das angesammelte Geistesgut zu pflegen und es lebensvoll weiter zu entwickeln.

Auch auf den Gebieten der Naturwissenschaften hat die Klassik heute noch Entscheidendes zu sagen, weil durch Goethe und Carus Wissenschaftsmethoden erforscht sind, mit denen sich das Wesen des Lebendigen ergründen läßt. Die Anwendung Goetheischer Phänomenbetrachtung, seine Verwandlungslehre an der Pflanze entwickelt, sind Schlüssel für das Tor einer neuen Welt auf dem weiten Gebiete der Gesamtwissenschaft. Wir kommen mit Goethe und mit Carus dem Wesen aller Dinge näher. Dr. Rudolf Steiner ist es zu verdanken, die naturwissenschaftlichen Schriften Goethes durch seine eingehenden Erläuterungen in der Kürschners eben Ausgabe den Menschen des 20. Jahrhunderts wieder nahe gebracht zu haben.

Mit Goethes Rüstzeug einer forschenden Pflanzenbetrachtung erleben wir die Pflanze in ihrem wundersamen Wirken im Stoffeschaffen an sich und in der Erde. Ihre Hingabe an den Boden, an das Wasser und an die Luftumwelt, ihr Austausch vermögen im Nehmen und Geben in Stoffen und Kräften, ihr inniger Zusammenhang mit der Tierwelt im Boden, auf dem Boden und in der Luftumwelt, ihr seltsames Verwobensein mit dem Werden und Vergehen pflanzlicher und tierischer Wesen, ihr Pulsschlag und Lebensrhythmus im engsten Zusammenhang mit der Witterung, mit Tag und Nacht und mit dem Jahreszeitenverlauf lassen sie uns als »Allerweltskerl« erkennen, vor dem wir bewundernd stehen und in dem wir einen lebendigen Baustein des ganzen Naturzusammenhanges erleben.

Wir können das Wesen der Landschaft nur ergründen, wenn wir vorher das Wesen der Pflanze erfassen und in ihr den wandlungsmächtigen Faktor erkennen. Das Wesen Boden, aber auch das Wesen Tier öffnet sich uns erst durch ein Verstehen der Pflanzennatur. Sie sind gleichfalls voll zu beachtende Wesensglieder einer Landschaft. Die Pflanze ist die Vermittlerin des Lebendigen zwischen Kosmos und Erde. Kosmos und Erde sind die beiden Gegensätze, aus denen heraus das Landschaftswesen geboren ist. Unter Erde ist hier der Boden und das Wasser in ihrem innigen Zusammenhang verstanden. Je nach dem, was nun beherrschend in einer Landschaft zur Geltung kommt, kann das Landschaftswesen auch als Himmelschaft, Bodenschaft und Wasserschaft (Siehe Manfred Hausmann: »Das Geheimnis einer Landschaft – Worpswede«.) bezeichnet werden. Die Jahreszeiten mit ihrem mächtigen Einfluß auf das Landschaftsgepräge als zeitliche und vorübergehende Wandlung im Landschaftsausdruck vermögen die Landschaft innerhalb eines Jahresablaufes ebenfalls als Himmelschaften, Wasserschaften und Bodenschaften erleben zu lassen. Wie es auch sei, eine jegliche Landschaft steht heute unter dem Einfluß des Menschen, ist durch den Menschen geschaffenes Land.

Das Verständnis für Landschaftsschöpfung war in alten Zeiten größer als heute und lebte wie ein Selbstverständliches in dem Menschen drinnen, der Ackerbau und Viehzucht trieb und sich im Landschaftswesen für seine ganz im Naturhaften wurzelnde Tätigkeit einen Helfer erkor. Jäger, Bauer und Hirte waren mit den waltenden und gestaltenden Naturwesen innigst vertraut. Boden, Wasser, Gras, Kraut, Strauch und Baum, das Gewürm in der Erde, Kuh, Pferd und Wild aller Art, Insekten sowie die Vögel waren ihnen lebendiger Ausdruck einer von den vielen nicht ohne weiteres wahrnehmbaren Wesen belebter Naturgeistigkeit. Es gilt heute, diese Naturgeistigkeit wieder aufzufinden, in ihr und mit ihr zu leben. Im Grundgerüst des Bodens, in seinem mineralischen Bestand ist bereits der Charakter veranlagt, der dem landschaftlichen Ausdruck durch die Pflanzen- und Tierwelt, ja bis zum Menschen hin das Gepräge verleiht. Die in Mitteleuropa angetroffene Vielfalt im landschaftlichen Gefüge ist auf die große Gegensätzlichkeit der mineralischen Grundstoffe Kiesel und Kalk und das sie verbindende mineralische Element Ton zurückzuführen. Auch sind die Zusammensetzungen dieser Grundstoffe, ihre mehr oder weniger beherrschende mengenmäßige Anwesenheit für die Oberflächenbildung und darauf fußende Pflanzenwelt in ihren verschiedensten Pflanzengesellschaften maßgebend.

Im Kiesel wird Licht und Wärme aufgenommen und zurückgeworfen. Im Kalk lebt eine aufsaugende Kraft, sofern Wasser anwesend ist. Im Kalk ist zugleich ein Grundbestandteil der Humusbildung gegeben. Dagegen leben im Ton beide Eigenschaften, die des Kiesel und die des Kalkes. Man vergegenwärtige sich nur einmal eine Landschaft, deren mineralisches Grundgerüst aus Kiesel besteht und eine solche, in der es Kalk mit Wasser ist. In der Pflanzenwelt wirkt es sich so aus, daß in der ersten Landschaft alles zierlich und fein wächst, klein bleibt, eine hohe Blütenfülle mit leuchtenden Farben zur Entfaltung kommt und die Blüten, ja selbst das Grün stark aromatisch duftet. Die Früchte erweisen eine große Haltbarkeit, haben einen hohen Nähr- und Heilwert, einen ausgeprägt würzigen Geschmack und ebenfalls leuchtende Farben. Mit einem Wort: es kommt hier zu einer ganz besonderen Gütebildung. In der anderen Landschaft mit dem entgegengesetzten Grundgerüst im Boden wächst alles sehr üppig und massenhaft heran, ohne je eine so hohe Güte zu erlangen. Das Blatt- und Stengelwachstum ist dort besonders begünstigt. Die Früchte werden groß und mengenmäßig zahlreich, ohne aber so ausgeprägt die oben angeführten feinen Eigenschaften zu besitzen. Diese bittenden Kräfte aus dem Gesteinszusammenhang heraus lassen sich auch beim Tier und beim Menschen aufweisen.

Aus dem Zerfall des Gesteins durch Verwitterung, durch Pflanzenwuchseinwirkung, zusammen mit einer gleichzeitig einsetzenden wirksamen Tätigkeit einer winzigen tierischen Welt, bildet sich der Mutterboden, die belebte Bodenschicht als wundersames, fortwährend werdendes und vergehendes, sich auch in ihrem Mineralgehalt veränderndes Wesen aus unzähligen feinsten mit Wasserdampf gefüllten Kämmerchen bestehend, deren Bausteine neben feinsten Mineralteilchen jene schnell werdenden und vergehenden, winzigen Pflanzen- und Tierleiber sind, die ihr Dasein auf verfallender pflanzlicher und tierischer Substanz fristen. In dieses lockere Gefüge senken sich die Pflanzenwurzeln hinein und erwirken bei feinster Ausscheidung von Säuren und anderen Feinstoffen chemische Vorgänge. Der Mutterboden ist das lebendige Fleisch einer Landschaft, das Gestein die Knochen, das

Wasser das Blut, das im tierischen und menschlichen Organismus als Lebensträger angesprochen wird.

Das Wasser in seinen verschiedenen Zuständen: fest als Eis und Schnee, in seinem Normalzustand flüssig, im Bodengefüge und in der Luft als Wasserdampf, besteht nicht nur aus H_2O. In ihm lebt eine seltsame Kraft, das es reißend und geruhsam fließen läßt. Es kann sich in einem frischen oder ermüdeten Zustand befinden. Je nach seiner Verfassung beeindruckt es das von ihm durchtränkte Gebiet im Boden. Wir erkennen in ihm einen ewig wirksamen, sich dauernd wandelnden, ständig Vorgänge erzeugenden, lebensvollen, einen nach allen Richtungen hin Zusammenhang suchenden Stoff. Welch große Beobachtung, besonders in Hinsicht seiner Feinwirkung müßte ihm geschenkt werden, und wie einseitig nur wird gegenwärtig das »Blut der Landschaft« wahrgenommen und oft mißbraucht.

Hier besteht für den Menschen in der Zukunft eine sehr wichtige Aufgabe, das Wasser bewußt zu pflegen, damit es wieder lebensvoll im vollen Umfange wirken kann. Im Wasser äußert sich der Pulsschlag der Landschaftswesenheit, getragen durch Tag und Nacht und durch die Jahreszeiteneinwirkung. Es teilt dieses rhythmische Geschehen dem ganzen belebten Organismus Landschaft mit. Es trägt alle aus den Lebensvorgängen stammende, das Leben hemmende Ausscheidungen mit sich fort und verteilt sie dorthin, wo sie Leben spenden können. Wie einst muß wieder eine nahezu horizontal erfolgende Wasserführung angestrebt werden, so daß eine Durchblutung der Landschaft vom Strome her über Fluß, Bach Teiche, Gräben, Rinnen als Adernetz bis in die allerfeinste Verteilung in die Mutterbodenschicht hinein möglich ist. Im Kreislauf in der Horizontalen sollte sich das Wasser ebenso wie beim Kreislauf in der Vertikalen auf Grund der erfolgenden Verdunstung, Reinigung und Auffrischung im Luftbereich erfrischen können. Das geschah früher durch die vielen Mühlenwerke an den Bachläufen, wo das Wasser sich müde im Mühlenteich aufstaute, dort das Mitgeführte absetzte, um – über Wehr und Wasserrad geführt sich mit Luft anzureichern und erfrischt weiter zufließen. Das Wasser als Kraftquelle kann auch dezentral, d. h. in vielen kleinen Werken verteilt, genutzt werden. Es sind die Riesenstauseen, die die Landschaften ausbluten lassen und eine pflegliche Wasserwirtschaft erheblich stören, für diesen Zweck nicht erforderlich.

Die Pflanzen sind für das Landschaftswesen Sinnes-, Haut-, Atmungs- und Verdauungsorgane. In ihnen liegt das Streben, sich überall als dichte Pflanzendecke auszubreiten und durch ihre Anwesenheit die Erde lebendig zu erhalten. Wo die Pflanzenhaut fehlt, erstirbt das Lebendige des Bodens. Die den Boden überziehende Pflanzendecke setzt sich aus Pflanzengemeinschaften zusammen, die sich im Austausch von Nehmen und Geben untereinander unterstützen. Durch die Art ihrer Zusammensetzung lassen sich Schlüsse über die Verfassung des Bodens und seines Untergrundes, in welchem sie wurzeln, ziehen.

Die höchste Stufe einer Pflanzengemeinschaft ist in dem für Mitteleuropa wichtigsten Wesensglied der Landschaft, im Walde vorhanden. Der Wald ist für diese Landschaften das Herz-Lungen-Organ. Mitteleuropa war in alten Zeiten ein einzigartiges zusammenhängendes Waldland und unsere Kulturböden sind größtenteils durch die ehemalige Anwesenheit von Wald zustande gekommen. Der Wald als Pflanzengemeinschaft aus Einjahrspflanzen, Stauden, Sträuchern und Bäumen bestehend, nimmt eine innige Beziehung zum Wasserhaushalt der Landschaft auf und darf als Regler desselben innerhalb einer Landschaft gelten. Mit Wald und dem aus ihm hergeleiteten Heckenbau ist eine Klimaregelung zu erreichen, d. h. es lassen sich die Niederschläge erhöhen und so lenken, daß sie das Wachstum in einer Gegend unterstützen.

Solche Feststellungen lassen sich eindeutig aus der Schrift von Chr. Dalgas »Der Einfluß von Anpflanzungen auf die Niederschlags Verhältnisse« entnehmen (Erscheint demnächst im Rahmen der Schriftenreihe »Neuaufbau vom Boden her« im Verlag Br. Sachse, Hamburg, in Neuausgabe.). Dalgas hat über 50 Jahre hinweg die Witterung in Jütland genau beobachtet und registriert und innerhalb dieses Zeitraumes Anpflanzungen vollzogen, die die Menge und die Zeit der Niederschläge für das Pflanzenwachstum so günstig beeinflußten, daß nach einer ganzen Anzahl von Jahren erheblich höhere Ernten in dem Anpflanzungsgebiet erzielt werden konnten.

Es wird mit Wald- und Heckenbau eine treffliche Wasserwirtschaft im Feinen betrieben. Der Wald ist ein einzig großer, in das Erdgefüge einerseits, in die Atmosphäre anderseits hineingetauchter Schwamm, der in Zeiten des Schnee- und Regenfalles Wasser sammelt und bei Trockenheit zum Nutzen seiner Umgebung verdunstet und damit die Luft befeuchtet. Auch hinsichtlich der Temperatur hat der Wald ein eigenes Verhalten. Bei Hitze strömt er Kühle aus. Bei kühler Witterung gibt er von innen heraus Wärme ab.

Aus der Waldlandschaft heraus ist die mitteleuropäische Kulturlandschaft entstanden. Im Walde wurde gerodet, um die Wohnstatt zu bauen und freien übersichtlichen Raum zu gewinnen. Dieser Raum wurde mit Reisig umhegt, umgürtet als Schutz gegen wilde Tiere. In diesem Raume entstanden die ersten Anpflanzungen, wurde das Vieh gehalten. Damit hängt z. B. das Wort Stuttgart-Stutengarten zusammen. Die Worte Midgard und Utgard haben ebenfalls mit dem geschützten Raum, dem umgürteten Raum, dem Gartenraum zu tun. Der Garten war das erste Stück Kulturland, was von Menschen unmittelbar aus dem Wald heraus geschaffen wurde. Der alte Bauerngarten hat von dort her seinen Ursprung.

Von diesem Gartenmäßigen als Wesenskern her, wo sich der Mensch eingehend, eindringlich mit Boden, Pflanzen und Tier befaßte, entfaltete sich allmählich durch Ausweitung des schützenden Raumes die Bauernwirtschaft, der Akkerbau und die Viehzucht, Immer aber blieb ein kleiner besonders geschützter Teil beim Hause, der Garten. Er wurde liebevoll gehegt und gepflegt. Aus ihm gingen die Züchtungen der Kulturpflanzen hervor. Der innige Verkehr mit Boden, Pflanze und der damit zusammenhängenden Tierwelt war zu allen Zeiten der Quell schöpferischer Leistungen. Es ist daher im Garten der Born des beginnenden Kulturstrebens zu erblicken. Kein Wunder, wenn er dann auch zur Andachtstätte wurde. Dort sann auch der Bauer über alles nach, was seine Wirtschaft anging und wie er sich als Kulturschaffender zu verhalten hatte. Es wurde ihm im Garten offenbar.

Das räumliche Schaffen als Grundproblem des Landschaftsbaues konnte aus der gesammelten Gartenerfahrung heraus seine Entwicklung nehmen. Der Raum dehnte sich zunächst so weit, als der Mensch in der Lage war, den Einfluß seiner Persönlichkeit auf das im Raume Befindliche geltend zu machen. Allmählich gesellte sich Raum zu Raum und bildete damit das Gefüge der Kulturlandschaft mit ihrem so verschiedenartigen Ausdruck auf Grund der von Anfang an bestehenden verschiedenen Gegebenheiten.

Erst in jüngster Zeit ging das Verständnis für das räumliche Gefüge der Landschaft verloren. Der Verkehr, die Technik, die Auswirkung der Weltwirtschaft sprengte den Verband der auf organisch gestalteten Wirtschaften beruhenden Landschaft und gab sie weitgehend dem Konjunkturstreben im Landbau, der Ausbreitung der Industrien und dem ungeordneten Wachsen der Städte und Siedlungen preis. Hinzu kam der einschneidende Wandel des Waldes in Forsten mit ihrem einseitigen, die Harmonie des Ganzen störenden Holzbestand. Die Wasserwirtschaft wurde mehr dahin betrieben, der Schiffahrt alle Möglichkeiten zu erschließen, ohne jedoch genügend Rücksicht auf das Ausrinnen der Landschaften zu nehmen.

Noch schlimmer liegen jetzt die Verhältnisse für das Landschaftswesen infolge des ungeheuren Einschlags in Wäldern und Forsten, durch den entstandenen und in nächster Zukunft noch um sich greifenden Kahlschlag, ohne daß sofort wieder aufgeforstet werden kann. Schon allein dadurch droht die Versteppung. Viele Städte sind zerstört und der gewaltige Flüchtlingsstrom aus dem Osten in die Westzonen hinein wird eine weitgreifende Änderung im Gesichte der Landschaft notgedrungen hervorrufen. Noch niemals vordem stand die Frage des wohlüberlegten Landschaftsbaues brennender da als gegenwärtig. Der künftige Landschaftsbau hat eine erheblich engere Besiedlung des Landes vorzusehen. Es werden sich kaum, wie bisher, Menschen so eng in Städten zusammenballen und die ländliche Flur nur dünn besiedelt sein lassen. Vielmehr ist zu erwarten, daß die Städte aufgelockert und nicht mehr so riesengroß sein werden, die ländliche Flur durchdringen, so daß Stadtland im weiten Umfange entsteht, das aber gärtnerisch gründlich und eindringlich bewirtschaftet wird. Desgleichen werden auf dem Lande viel mehr Menschen als bisher ihr Auskommen finden müssen, was ebenfalls nur durch eine gärtnerisch gründliche und eindringliche, Bewirtschaftung der dorf- und betriebsnahen Ländereien ermöglicht wird.

Das ist ein allgemein feststellbarer Entwicklungszug: Der Garten bildet künftig eine wesentliche Lebensgrundlage für den Städter. Der Städter wird Gartenbürger. Das Einfamilienhaus mit unmittelbarem Gartenanschluß wird beherrschend die Wohnviertel der Städte einnehmen. Die Einrichtung von Dauerkleingärten kann nur als eine Notlösung angesehen werden, sozusagen als Übergang zum Hausgarten hin. Die Grünflächen einer Stadt außerhalb der Zonen mit Eigenheim und Hausgärten werden in Zukunft kein sogenannter Luxusgrün mehr sein. Die weitgedehnten Grasflächen dienen als Weiden für Rinder und Schafe. Die Gehölzpflanzungen sind so zu treffen, daß sie waldartigen Charakter haben und als Dauerwald bewirtschaftet werden. Rand-, Gliederungs- und Grenzpflanzungen können aus Wildfruchtgehölzen bestehen, ihr Blattwerk, ihre Blüten und Früchte zu Tee, Säften und Marmeladen genutzt werden. Alleenpflanzungen sollten weitgehend aus Obstbäumen bestehen. Bienen und Vögel sollen die Pflanzungen reich bevölkern. Zur Bewirtschaftung solcher Flächen sollen Stadtlandhöfe eingerichtet werden, so daß jeder Städter innig mit dem Landbauwesen vertraut gemacht werden kann. Auch Gewässer aller Art beleben den Stadtorganismus und ergeben mancherlei Nutzen, Freude und Lebensstärke für die Menschen. Stadt und Land stehen sich nicht mehr gegensätzlich gegenüber; sie treffen sich auf der Grundlage einer gepflegten Gartenkultur. Es darf die gärtnerische Tätigkeit hier nicht allein als ein Mittel zur Abstellung eines Teils der Nahrungssorge angesehen werden. Sie ist viel tiefer begründet und beruht mehr darin, im Sinne Goethes das Wesen der Dinge erfassen zu lernen und da heraus die Kräfte einer neuen Kulturbegründung zu finden. Der Garten soll auch dieses Mal die Möglichkeit bieten, aufs neue am Boden Besitz zu ergreifen, sich im Lebendigen zu Hause zu fühlen, und somit der Befruchtung der Lebensführung dienen. Der Garten wird zum Erzieher für ein vollwertiges Leben, das nicht nur in der Berufsausübung seine Erfüllung sieht. Außer, daß er Nahrung und Erholung schenkt, regt er im Wahrnehmen und im Anschauen eine geistige Tätigkeit an und eröffnet in dieser den Blick für den tieferen Sinn des menschlichen Lebens. Bei den eifrig betriebenen Wiederaufbauplanungen der Städte und des Landes ist zu befürchten, daß zu sehr das Bauen im Vordergrund gerückt steht. Trotz aller drängenden Wohnungsnot darf dies aber nicht als erste Aufbautat in Erscheinung treten. Der erste Schritt gilt der Bebauung des Bodens und allen Bemühungen, ihn fruchtbar und leistungsfähig zu machen, um ihn erst dadurch wieder zu besitzen. Das gelingt aber erst, wenn die räumlichen Gliederungen durch Anpflanzungen entstehen. So besteht der erste praktische Schritt gegenüber der Waldvernichtung, der drohenden Versteppung sowie der niederdrükkenden Einwirkungen der Trümmerfelder in den Städten im Pflanzen von Gehölzen. Und erst wenn der Boden fruchtbar und leistungsfähig ist, wenn die Landschaft durch die erfolgten Anpflanzungen gesichert ist, kann alle Kraft dem Wohnungsbau zugewendet werden. So wird auch ausreichend Zeit gewonnen, die Planungen für das Bauen ausreifen zu lassen, das doch anders als bisher erfolgen wird. Auf viele Jahre hinaus werden wir uns bescheiden müssen und das Wohnen in zurechtgeflickten Häusern aus der Vergangenheit und in Behelfsheimen aller Art zu ertragen haben. Deshalb können mit um so größerer Hingabe die jetzt schon bestehenden Aufgaben am Boden und in der Landschaft verfolgt werden. Es ist dann tröstlich zu wissen, daß in der neu erwachsenden Landschaft mit der Zeit auch solche Häuser errichtet werden, die organisch zu ihr gehören.

Wie aber ist der Landschaftsbau als erste Maßnahme des Wiederaufbaues anzufassen? Ganz gewiß nicht auf Grund von Radikalplanungen, wie sie heute vielfach propagiert werden und so das oberste zu unterst drehen. Es scheint sogar fraglich, ob durch ein Bodenreformgesetz auf diesem Gebiete eine befriedigende Lösung zu erzielen ist. Allein durch Einsicht und Erziehung wird es gelingen können, den rechten Weg zu beschreiten. Für die Errichtung einer größeren Zahl landwirtschaftlicher Betriebe ist es erforderlich, Land freizuhalten. Sie können in der Hauptsache nur ein kleines Ausmaß in der Betriebsgröße besitzen. Das Land in Staatshänden und in denen der Gemeinden, das frühere Wehrmachtsgelände, die Wildmoore und Heideflächen dürften noch nicht aus reichen, um den bestehenden Landhunger für ein wohlüberlegtes großes Siedlungswerk zur sinnvollen Verteilung der in Städten und Dörfern der Westzonen zusammengeballten Menschen zu befriedigen. Aus Mooren und Heideflächen läßt sich bei sachgemäßem Vorgehen bestes Gartenland allmählich gewinnen, wie dies die Holländer schon längst vorbildlich aufzuweisen vermögen. Die weitgedehnten Hochmoore könnten jetzt eine industrielle Auswertung erfahren durch Verarbeitung des Torfes zu Brenn- und Baustoffzwecken und zur Anfertigung von Textilwaren. Dies sind drei Stoffe, deren Mangel uns bisher in ärgste Not brachte und aus der wir schnell durch eine industrielle Ausnutzung des Torfes herausfinden können. Zugleich werden große Flächen frei, die der Ansiedlung dienen sollen. Hier dürfte der Schlick, jetzt als lästiges Übel in den Mündungen der großen Strom- und Flußläufe empfunden, in aufbereiteter, trockener Form zu Bodenverbesserungszwecken und als Düngungsmittel eine sehr bedeutsame Rolle spielen. Eine üppige Fruchtlandschaft in harmonischem Aufbau aus wilden Moor- und Heideflächen entstanden könnte ein sehr naheliegendes Ziel künftigen Landschaftsbauens sein. Hier würden viele Menschen Brot finden, wieder Boden unter den Füßen erhalten und sich eine neue ständige Heimat, die ihnen ans Herz wächst, erwerben können. Notgemeinschaften unter bewährten Siedlungsführern sollten sich bilden und frisch ans Werk gehen.

Wer das kleingewordene Deutschland bereist und es besonders in Hinsicht seiner landbaulichen Nutzung überprüft, wird feststellen, daß große Teile der Ländereien in gutswirtschaftlichem und bäuerlichem Besitz doch schlecht genutzt sind oder sich in einem ausgemergeltem Zustand befinden. Vielfach liegen in solchen Fällen die Ländereien von der Hofwirtschaft zu weit entfernt und können schon aus diesem Grunde nicht so in Pflege genommen werden, wie es unter den heutigen Umständen dringend notwendig wäre. Diese Ländereien sind den Besitzern und Bauern eine uneingestandene Last, erfordern viel Arbeit und bringen nichts ein. Hier sollte eine Einsicht darüber erzielt werden, daß diese schlecht bewirtschafteten Ländereien jenen zugesprochen werden oder in Erbpacht vergeben werden, die sie besser zu pflegen und zu nutzen verstehen. Deshalb bilden solche Außenschläge der Güter und Bauernwirtschaften eine günstige Grundlage, Landarbeiter, Handwerker, Heimindustriebetreibende, Gärtnerbauern und Kleinbauern jeweils in kleinen Weilern zusammengefaßt anzusetzen. Solch ein Vorgehen ändert wenig an der Gesamtbetriebsstruktur einer Landschaft, bereichert sie aber ganz wesentlich infolge der durch eine Neuansiedlung entfalteten Intensität.

Die betriebsnahen Flächen der Guts- und Bauernwirtschaften können unter Teileinsatz der aufgenommenen Flüchtlinge als Stammarbeiter für einen Feldgemüseanbau und für eine Vermehrung des Obstbaues gärtnerisch bestens genutzt werden. Diesen Neubürgern sollte bei der Entwicklung von Eigenheimen und Selbstversorgergärten mit Viehhaltung durch Hergabe von Land, Baustoffen und sonstigem praktisch Hilfe geleistet werden. Es steht außer Frage, daß jeder landwirtschaftliche und bäuerliche Betrieb die nahe dem Hofe gelegenen Ländereien noch intensiver ausnützen kann, wobei ihm gärtnerische Anbaumethoden sehr dienlich sein werden. Trotz Abgabe der von den Höfen ferngelegenen schlecht bewirtschafteten Ländereien gelangen die Wirtschaften infolge der angewandten Intensivierungsmaßnahmen auf ihren betriebsnahen Ländereien zu einer viel höheren Leistung als vorher. Zugleich wird eine durchgreifende Gesundung der Gesamtbetriebe erreicht, weil die Felder, Wiesen und Weiden nunmehr durch die Mithilfe der Stammarbeiter und infolge der gleichgebliebenen Stalldüngermenge jetzt auf kleinerer Fläche angewandt, eindringlicher gepflegt und gedüngt werden können.

Es gereichen solche Maßnahmen zum Vorteil des Ganzen für die Besitzer, für die angesetzten Neubürget als Stammarbeiter, für die Volkswirtschaft auf Grund der hohen Marktleistungen und des Fortfalls der Wohlfahrtsleistungen an die Neubürger sowie für das gesamte Landschaftswesen. So würde sich eine praktische Bodenreform aus Einsicht und Gemeinschaftssinn geboren auswirken können. Für den Landschaftsbau ist dabei entscheidend, daß weitgehend die heute bestehende Betriebsgrößenverteilung in den Landschaften bestehen bleiben kann, aber all jene Ländereien, die schlecht genutzt und verwahrlost sind, neben den Mooren und Heideflächen zu intensiven Fruchtlandschaften unter besonderer Begünstigung der Klein- und Kleinstbetriebe entwickelt werden. Diese Klein- und Kleinstbetriebe vermehren auch den Viehbestand auf Grund eigenen Futteranbaues, der als Vorfrucht, Zwischenfrucht und Nachfrucht innerhalb der gärtnerischen Kulturen dieser Betriebe gewonnen werden kann. Die Viehhaltung ermöglicht dort nicht allein die volle Selbstversorgung, sondern löst auch die für Kleinbetriebe so kritische Stalldüngerfrage. Erst durch ausreichenden Anfall von Stalldünger kann eine dauernde Fruchtbarkeit auf den intensiv genutzten Böden gewährleistet werden. Diese Kleinbetriebe kommen in der Form des Gärtnerhofes zu einer hohen Marktleistung in Gemüse, Obst, Jungpflanzen, Heil- und Gewürzkräuter.

Unter Gärtnerhof wird ein Betrieb zwischen 2¹/₂—4 ha Größe verstanden. Der gesamte Anbau, selbst Wiesen und Weiden unterliegen der eindringlichen Pflege und Bewirtschaftung, wie sie bisher nur die Gärtnerhand auszuführen vermochte. ½–1 ha Land wird innerhalb des Gärtnerhofes rein gärtnerisch in Hochleistungs- Mischkulturen angebaut. Diese hohe Intensität wird noch durch Frühbeetanlagen, Wanderglas und ein Anzuchthaus unterstützt. Allein von der rein gärtnerisch genutzten Fläche läßt sich die Gemüseversorgung für 100 Menschen über das ganze Jahr hinweg unter Zugrundelegung von 500 Gramm Gemüse je Tag und je Person bestreiten. Solch ein Hof fordert 4–5 ständige Arbeitskräfte. Er gewährt etwa 8 Menschen eine volle Versorgung und beruht auf einer Viehhaltung von 2 Kühen, 2–4 Schafen 2 Schweinen, 1 Dtzd. Geflügel und Bienen. Außer Gemüse und Obst kommen als weitere Leistungen des Gärtnerhofes Milch, Kälber, Wolle, Lämmer, ein Schwein, Eier und Honig zustande.

Der große Vorteil des Gärtnerhofes liegt darin, daß bei seiner Bewirtschaftung zwei Berufe durch die leitende Persönlichkeit gleichzeitig ausgeübt werden, nämlich der des Gärtners hinsichtlich eines sehr intensiven Landbaues, einer ebensolchen Düngerpflege und Kompostwirtschaft, und der des Bauern hinsichtlich einer intensiv betriebenen Viehhaltung.

Der Gärtnerhof bildet einen in sich geschlossenen lebendigen Betriebsorganismus und ist in übersichtlicher Weise vom Gebäude aus als Kerngebilde entwickelt. Um das Gebäude herum erstreckt sich die Intensivzone, welche alles das, was der ständigen Betreuung bedarf wie die Pflanzenzucht, die Frühbeete, das Wanderglas, die Kompostwirtschaft, den

Stall, die Geflügelhaltung, die Bienen, die Hausweide usw., umfaßt. An diese Intensivzone schließt die Anbauzone für das Freilandgemüse, durch Beeren- und Spindelobstreihen gerahmt und gegliedert, an. Das ganze übrige Land als Extensivzone dient der Nutzung als Acker für die Selbstversorgung, für den Futteranbau und als Wiese und Weide. Unter Umständen sind auch Teichanlagen zur Fischzucht und zur Haltung von Wassergeflügel möglich. Auf den Wiesen- und Weidengefilden stehen weitläufig Obstbäume verteilt. Nach außen hin ist der Betrieb durch Wildfruchthecken und durch Mischhecken, aus Gehölzen der jeweilig beheimateten Mischwaldpflanzengesellschaft gebildet, abgeschlossen.

Für diesen Betriebsorganismus selbst, dann aber auch für den Landschaftsbau ist diese klare Gliederung in Intensivzone, Anbauzone und Extensivzone von grundlegender Bedeutung. Diese gliedernden Beeren- und Spalierobstbänder sowie Wildfrucht- und andere Hecken als trennendes und zugleich verbindendes Organ bilden ein räumlich wirkendes Gefäß, innerhalb dessen die gesamten feinen Austauschvorgänge zwischen Boden und Atmosphäre in ungehemmter und gesteigerter Form vor sich gehen und deshalb die Fruchtbarkeit sichern und verbessern helfen. Hier ist schon das Maschennetz im Grünbau angelegt, das sich in größerem Stile im Landschaftsbau als Grundelement fortsetzt.

Der Aufbau des Gärtnerhofes stellt eine ideale, stark verkleinerte Kulturlandschaft vor. Trotz dem für alle Gärtnerhöfe gleichgearteten Ordnungsprinzip gleicht kein Gärtnerhof dem anderen, sondern sie sind jeder für sich individuell aus den jeweils verschieden' bestehenden landschaftlichen Grundgegebenheiten und durch die Persönlichkeit des wirtschaftenden Gärtnerbauern geprägt. Gärtnerhöfe können ausgesprochene Anzuchtbetriebe, Baumschulen, Züchtungsstätten sein, so daß sie recht mannigfaltigen Aufgaben zu dienen vermögen. Sie bilden hervorragende Schulungsstätten für alle Menschen, die mit Landbau aller Art und mit Landschaftsbau zu tun haben. Auch ist der Gärtnerhof ein Vorbild für die Gartenkultur im Stadtlandraum, der vornehmlich von Hausgartenbesitzern und Kleingärtnern eingenommen wird. In allen ländlichen Bezirken dürfte sich der Gärtnerhof als bevorzugter Anzuchtbetrieb und als Beispiel intensiver Landnutzung für den Bauern erweisen. Auf den Lehrgärtnerhöfen werden die Lehrlinge zu handwerklich besonders fähigen, wendigen und geistig regen Menschen erzogen, die sich für die Aufgaben im Landbau und Landschaftsbau freudig unter vollem Einsatz zur Verfügung stellen werden.

So klein auch der Gärtnerhof ist, so zeigt er sich doch wie der ehemalige Bauerngarten geeignet, um über alles, was die Landschaft und den Landbau betrifft, zu unterrichten. Man lernt dort auch schätzen, wie dem sorgsam Wirtschaftenden aus der Tierwelt heraus wertvolle Helfer zur Seite stehen, so der Regenwurm in seiner humusbildenden Tätigkeit, die Kuh als Spenderin von Fruchtbarkeit für den Boden in Gestalt des Düngers und von Milch zur Ernährung und schließlich die Bienen und die Vögel zur Abwehr der Schädlinge und zur Verteilung anregender Kräfte und Feinststoffe im Luftbereich. Schon um Vorbilder für alle diese Fragen zu haben, dann aber auch wegen der Marktleistungen ist es wünschenswert, daß allenthalben, wo aufgebaut und gesiedelt wird, vordringlich Gärtnerhofgruppen entstehen, die unter sich Genossenschaften bilden und die Führung der Aufbaumaßnahmen übernehmen. Der Gärtnerbauer sollte in Zukunft bei den beabsichtigten Aufbaumaßnahmen eine Pionierstellung einnehmen, was zur Voraussetzung hat, daß sich hier nur die Tüchtigsten und Erfahrenstem zum Gärtnerbauer eignen, zu diesem ganz auf Intensität zugeschnittenen Beruf. Neben den Gärtnerlehrhöfen sollten baldigst

Schulungsstätten ins Leben gerufen werden, wo bereits ausgebildete Bauern die gärtnerischen Methoden erlernen und ausgebildete Gärtner mit der bäuerlichen Viehhaltung vertraut gemacht werden können.

Im Landschaftsbau bestehen heute zweierlei Aufgaben. Die eine besteht darin, vom Hausgarten aus als kleinster Zelle dieses großen Grüngefüges über Selbstversorgergärten, Gärtnereien, Kleinsthöfe, Gärtnerhöfe, Kleinbauernstellen, Bauernstellen und Gutsbetriebe den Bau im Grünen mit Gehölzen zu betreiben, derart, daß alle diese Wirtschaften zu Betriebsorganismen entfaltet werden. Die Anpflanzungen von Gehölzen entsprechen der jeweiligen Landschaft. Sie rahmen und gliedern diese sinnvoll. Schon im Kindergarten, aber grundsätzlich in allen Schulen einschließlich Hochschulen, sollte ab sofort der Sinn für solche praktischen und dringend notwendigen Maßnahmen entwickelt werden und Kinder, Schüler und Studenten aufgerufen werden, in ihren Freizeiten überall mit Hand anzulegen. So kann es bald zu Vorbildern kommen, die zur Nacheiferung anregen. In allen Gemeinden sollten beim tüchtigsten Gärtner oder Bauern Baumschulen entstehen, worin das erforderliche Pflanzmaterial herangezogen werden kann. Die Anpflanzungen in der Landschaft können zunächst forstmäßig dicht erfolgen. .Nach einigen Jahren werden aus dem dichten Bestand eine Anzahl von Gehölzen mit der Wurzel herausgenommen. Diese herausgenommenen Gehölze eignen sich vorzüglich für die weiteren beabsichtigten Neuanpflanzungen.

Diesem Landschaftsbau vom kleinsten aus begonnen begegnet ein Landschaftsbau, der seitens der Behörden an Verkehrswegen, an Wasserstraßen, an der Reichsbahn entlang im Zusammenhang mit dem staatlichen Waldbau und der Aufforstung als zweite der Aufgaben zur Entfaltung kommt. Diese Aufgabe wird gleichzeitig mit der ersten Aufgabe angefaßt. Für diese Anpflanzungen konnten beim Bau der Reichsautobahnen wertvolle Erfahrungen gesammelt werden, die unbedingt bei jeglichem Landschaftsbau auszuwerten sind, um Mißerfolge zu vermeiden.

Wie man heute versucht, Planungen für jegliches Gebiet zu entwickeln, um darnach erst die praktische Ausführung zu beginnen, so sollte dies auch in Hinsicht des Landschaftsbaues geschehen. Die Grundlagen dafür sind in den geologischen, pflanzensoziologischen, bodenkundlichen und im bioklimatischen Kartenmaterial gegeben. Jegliches Schema im Landschaftsbau muß jedoch vermieden bleiben. Stets ist dieser Bau im Grünen aus den jeweils vorgefundenen Gegebenheiten und aus der beabsichtigten Landnutzung heraus zu entwickeln und dementsprechend sind die verschiedenen Formen des Heckenbaues anzuwenden. Waldparzellen, Waldstreifen, Feldgehölze, Baumhecken, Mischhecken, Wallhecken, Böschungspflanzungen, Wildfruchthecken, freitragende Hecken, geschnittene Hecken, Baumsäulen, Alleen, Obstpflanzungen ergeben eine große Mannigfaltigkeit und gewährleisten Windschutz, Frostschutz, Vogel- und Tierschutz, neben vielen weiteren Möglichkeiten der Fruchtbarkeitserhaltung und Steigerung und dem laufenden Nutzen in Bauholz, Brennholz, Tee, Früchten, Kompostmaterial und Reisig zur Bodenbedeckung und Verstärkung des Windschutzes. Durch sinnvollen Heckenbau erhalten wir trotz Minderung der Waldflächen den Waldcharakter unserer Heimat für die Zukunft und stehen damit fernerhin in dem Genuß der in diesen ehemaligen Waldböden veranlagten Fruchtbarkeit. Es wird auf diese Weise der drohenden Klimaverschlechterung Einhalt geboten; auch steht zu erwarten, daß sogar das Klima allmählich eine Verbesserung erfährt. Die Landschaften sollten künftig von einem feingliedrigen Heckennetz überzogen sein, das auf den verschiedenartigen Betriebsgestaltungen beruht und. ein lebendiger Wesensbestandteil der Landschaften sein wird. In diesem Heckennetz werden Waldparzellen, Waldstreifen, Feldgehölze samt den charaktervollen Pflanzungen an den Verkehrs- und Wasserstraßen eingebunden und die Landschaften für den Anblick sehr abwechslungsreich gestaltet. So geplante Landschaften lassen sich nicht ohne weiteres mit denen vergleichen, wie sie jetzt hoch in Schleswig-Holstein, in Westfalen und in anderen Gegenden als Reste ehemaliger hochstehender Kulturlandschaften bestehen. Diese werden nicht mehr sinnvoll gepflegt und die in ihnen bestehenden Einseitigkeiten vor allen Dingen in der Heckenformanwendung tragen in die Landschaften einen schematischen Charakter hinein und rufen oft nachteilige Wirkungen hervor, die in vielen Kreisen zu einer Heckenfeindschaft geführt haben.

Durch erneutes Besitzergreifen am Boden in einer das Lebendige würdigenden Gesinnung, durch gründliche eindringliche, das Ganze berücksichtigende Bewirtschaftung, durch sinnvolles Raumgestalten als Grundmaßnahme des Landschaftsbaues wird Fruchtbarkeit als echtes Anzeichen neugeschaffener Kulturlandschaft erzeugt. Die Fruchtbarkeit bleibt nicht auf den Boden, die Pflanzenwelt und die Tierhaltung beschränkt; es kommt dann auch beim Menschen die Fruchtbarkeit in einer schöpferischen Fähigkeit und in der geistigen Leistung zustande. Beides sind aber Grundvoraussetzungen neuer Kulturbegründung.

Willi Laatsch:
Erhaltung und Steigerung der Bodenfruchtbarkeit

1. Das Wesen der Bodenfruchtbarkeit

Jeder, der mit dem Boden umgeht und ihn bearbeitet, sollte nicht nur eine Reihe von Regeln und Rezepten der richtigen Bodenbehandlung beherrschen und Erfahrungen an seinem eigenen Boden sammeln, sondern er sollte sich darüber hinaus auch stets bewußt sein, daß der Boden etwas Lebendiges ist, das nach eigenen Gesetzen wirkt und Frucht trägt und das in seiner Leistungsfähigkeit gestärkt und geschwächt werden kann.

Als fruchtbar bezeichnet man einen Boden häufig, wenn er aus eigener Kraft den Kulturpflanzen ausreichende Nährstoffmengen auch dann noch zur Verfügung stellt, wenn die Düngung einmal ein Jahr oder auch mehrere Jahre hindurch unterbleibt oder doch stark eingeschränkt wird. Zweifellos ist diese Nährstoffanlieferung aus »alter Kraft« ein wichtiges Merkmal des fruchtbaren Bodens, aber sie charakterisiert das Wesen der Bodenfruchtbarkeit keineswegs in ausreichendem Maße. Von fruchtbaren Böden muß man vor allem auch erwarten, daß sie mit den ihnen anvertrauten Wasser- und Nährstoffmengen haushalten und sie in gleichmäßigem Fluß den Pflanzenwurzeln zur Verfügung stellen.

Ein fruchtbarer Boden nimmt das Regenwässer auf wie ein Schwamm und läßt nur überschüssige Wassermengen, die der Durchlüftung hinderlich wären, in den Untergrund absinken. Er geizt nicht mit dem Wasser und hält den größten Teil mit so geringer Saugkraft fest, daß die Pflanzen sich das Wasser aneignen können.

Ähnliches gilt von den Düngemitteln im fruchtbaren Boden. Die meisten deutschen Ackerböden binden eine Phosphatdüngung so stark, daß die Feldfrüchte im ersten Jahr nur rund 15% der verabreichten Phosphorsäure aufnehmen können. In unseren leistungsfähigsten, humusreichen Böden ist die Phosphorsäureanlieferung demgegenüber viel günstiger.

Humusreichtum ist mit das wesentlichste Geheimnis der Bodenfruchtbarkeit. In der Humuswirtschaft liegt der Hebel zur Steigerung der Bodenleistung, und auch die in den deutschen Ackerböden außerordentlich verbreiteten Strukturkrankheiten können durch planmäßige Humusanreicherung am sichersten geheilt werden. In strukturkranken Böden findet man an Stelle eines schwammartigen, hohl raumreichen, lockeren Gefüges oberflächliche Dichtschlämmung, plattige, verdichtete Lagen, Pflugsohlen, Klumpenbildungen, mitunter auch einen völlig verdichteten Unterboden, auf dem sich das eindringende Regenwasser staut. Die Pflanzenwurzeln können solche Böden nicht allseitig durchdringen. Vor allem ist das Tiefenwachstum stark eingeschränkt, so daß nur der obere Teil der Krume — und auch der noch häufig sehr unvollkommen — von Wurzeln durchzogen ist. Man wirtschaftet hier im Dachstübchen und nutzt nicht die Schätze der Tiefe. Aus solchen strukturkranken Böden geht viel Wasser durch unproduktive Verdunstung von der Bodenoberfläche verloren. Sie leiden unter einen? häufigen Wechsel zwischen zu starker Vernässung und extremer Austrocknung.

Die Ursache dieser Schäden kann nicht immer auf falsche Bodenbearbeitung zurückgeführt werden. Häufig lassen sich solche Böden durch richtige Bearbeitung zwar in einen gut krümeligen Zustand versetzen, aber nach dem ersten starken Regen bricht das Krümelgefüge wieder zusammen. Sind diese Böden nicht versauert, ihr Kalkzustand also in Ordnung, dann fehlt es ihnen vor allem an der Zufuhr größerer Mengen organischer Substanz. Sie brauchen Humusstoffe oder Mist und Gründüngung, aus denen im Boden Humus gebildet werden kann.

Nun ist ja die Abhängigkeit der Bodenfruchtbarkeit vom Humushaushalt des Bodens altbekannt. Schwierig bleibt jedoch immer das Problem, mit den verfügbaren Mitteln der eigenen Wirtschaft den Humusgehalt seines Bodens anzureichern und die im Boden gespeicherten Humusmengen vor zu schnellem Abbau zu bewahren. Von der Lösung dieses Problems hängt die Leistungsfähigkeit des landwirtschaftlichen und gärtnerischen Betriebes jedoch in erster Linie ab, denn Humusreichtum ist nicht nur Voraussetzung für einen günstigen Luft- und Wasserhaushalt des Bodens, für allseitige kräftige Durchwurzelung und für eine gute Ausnutzung der Handelsdüngemittel, sondern auch für die Nährstoffanlieferung des Bodens aus seinem eigenen Kapital.

2. Schwierigkeiten der Humusanreicherung

Vor allem muß man sich klarmachen, daß der größte Teil der Stallmist- und Gründüngung in den meisten Böden schnell abgebaut wird, so daß man mit Mengen von 200 bis 400 dz/ha Stallmist, die alle drei Jahre dem Acker zur Hackfrucht gegeben werden, nur dann eine geringe Humusanreicherung u. U. erzielen kann, wenn der Boden sehr humusarm und kein ausgesprochener Mistfresser ist. Liegen jedoch schon mittlere Humusgehalte vor, so kann man mit der erwähnten Mistgabe den Humusgehalt gewöhnlich nur auf gleicher Höhe halten, die gewünschte Anreicherung also nicht erzielen.

Noch ungünstiger liegen die Verhältnisse im Gemüsebau; denn seine im Boden verbleibenden Ernterückstände machen nur rund ein Drittel der Gewichtsmenge der durchschnittlichen Ernterückstände des Ackers aus. Hinzu kommt, daß die meisten Gemüsepflanzen in bezug auf den Humusgehalt der Böden anspruchsvoller als, die Feldfrüchte sind. Im Freilandgemüsebau rechnet man deshalb auch mit einem Stallmistbedarf von 600 bis 800 dz/ha, die in jedem zweiten

Jahr gegeben werden müssen, das sind 300 bis 400 dz/ha jährlich. Der Ackerfläche des Altreiches standen demgegenüber nur 90 dz/ha und Jahr durchschnittlich zur Verfügung. Heute liegen die Verhältnisse, durch den Rückgang der Viehhaltung und die Einschränkung der Getreidefläche bedingt, noch viel ungünstiger.

Ein wirklich fortschreitender Bodenaufbau im Sinne zunehmender Bodenfruchtbarkeit wurde im deutschen Ackerbau bisher nur durch die Kombination einer ausreichenden Viehhaltung und guter Stallmistpflege mit regelmäßiger reichlicher Gründüngung erzielt. Besonders erfolgreich waren in dieser Hinsicht diejenigen Betriebe, die den Tiefstall einführten und über ein Drittel ihrer gesamten Ackerfläche jährlich mit Gründüngung versorgten.

Im Gartenbau muß man über die zur Erhaltung der Bodenfruchtbarkeit notwendige Menge von 300 bis 400 dz/ha Stallmist jährlich bei den meisten Böden noch weit hinausgehen, wenn der im Gemüsebau besonders erwünschte Humusreichtum wirklich erzielt werden soll. In der Tat sind früher von einzelnen Handelsgärtnereien durch Ankauf von Pferdemist aus den Kasernen oder von Stallmist aus ausgesprochenen Grünlandgebieten dem Freilande Mistmengen zugeführt worden, die bis an das Zehnfache der oben angegebenen Zahlen heranreichen. Eine solche extreme Mistmenge von 3500 dz enthält 600 dz organische Trockensubstanz, das sind 2% vom Gewicht der 20 cm tiefen Krume des Hektars. Aus diesen Aufwendungen erkennt man deutlich die ungeheure Verschwendung an wertvoller organischer Substanz, die lokal durchgeführt wurde, um das gewünschte Ziel auf möglichst einfache Weise, also unter Umgehung besonderer Bodenpflege und der Kompostierung zu erreichen.

Da wir heute im Gartenbau und auch auf den mit Vieh ausgestatteten Gärtnerhöfen mit einem geringen Bruchteil solcher Mistmengen, wenn nicht sogar ganz ohne sie auskommen müssen, ist es notwendig, sich die Möglichkeiten der sparsamen Humuswirtschaft, des Humusaufbaues und der Humuserhaltung klar vor Augen zu führen.

3. Voraussetzungen für die Humusbildung im Boden

Nach Untersuchungen von S. Gericke waren von einer im Freilandgemüsebau auf leichtem märkischem Boden angewandten Stallmistdüngung von 400 dz/ha nach einem halben Jahr noch die Hälfte der organischen Masse, nach einem Jahr noch ein Fünftel und nach zwei Jahren praktisch nichts mehr vorhanden. Wie erklärt sich der schnelle Abbau und das Ausbleiben jeder meßbaren Humusanreicherung? Wir wissen heute, daß die Bildung von Humus überhaupt nur möglich ist, wenn eine ganze Reihe von Voraussetzungen gleichzeitig erfüllt sind und daß diese Voraussetzungen im grundwasserfreien Boden nur dort bis zu einem gewissen Grade vorliegen, wo sehr zahlreiche Kleintiere, vor allem Regenwürmer, Tausendfüßler, Milben und Springschwänze den Boden bevölkern. Ohne ihre Tätigkeit werden Mist, Gründüngung und Ernterückstände normalerweise von Bakterien, Strahlenpilzen und echten* mikroskopischen Pilzen so gut wie vollständig ohne nennenswerte Humusanreicherung abgebaut. Es entsteht bei dieser Zersetzung zwar auch etwas Humus, aber er ist zum erheblichen Teil der schnellen Zersetzung durch Mikroorganismen ausgesetzt, wenn ihm keine Gelegenheit zur Bindung an geeignete tonige Mineralteilchen des Bodens gegeben wird. Eine solche Bindung der Humusstoffe an tonige Bestandteile oder Eisenoxyde wird im Darm der Kleintiere am sichersten vollzogen. Sie bewirkt die Stabilisierung der Humusstoffe und damit ihren Schutz vor mikrobiellem Angriff.

Die Kleintiere konservieren nicht nur den Humus. Sie sind auch schon am Zustandekommen der Humusstoffe wesentlich mitbeteiligt. Erst in den letzten sechs Jahren konnte der komplizierte Mechanismus der Humusbildung in einigen Grundzügen aufgehellt und damit auch die Leistungen der Tiere besser verstanden werden. Während bisher die gesamte Humuswirtschaft lediglich auf praktischen Erfahrungen fußte, ist es auf Grund der neuen wissenschaftlichen Erkenntnisse möglich, den Ablauf der Zersetzung organischer Stoffe und des Humusaufbaues auf einige entscheidende biochemische Prozesse zurückzuführen und die Bedingungen für das Zustandekommen dieser Vorgänge teilweise zu überblicken. Werden auf diesem Forschungszweige weitere Fortschritte erzielt, so ist zu hoffen, daß sich die Humuswirtschaft aus dem Stadium reiner Empirie heraushebt und technische Verfahren zu. einer vollkommeneren Ausnutzung der organischen Dungstoffe entwickelt. Da ohne die erzielten Erkenntnisse weder die schlechten Humusausbeuten bei der direkten Düngung des Bodens noch die Leistungen der Kompostierung erklärbar sind, soll versucht werden, ein Bild vom Mechanismus der Humusbildung zu entwerfen, wie es sich heute aus dem Dunkel der im einzelnen noch unübersehbaren Lebensvorgänge des Bodens abzuzeichnen beginnt.

Der Humus entsteht grundsätzlich auf zwei ganz verschiedenen Wegen. Einmal kann das Lignin der verholzten Pflanzenfaser Ausgangsstoff sein, und zum anderen treten auch Kohlehydrate des Pflanzenkörpers (Zellulose, Hemizellulosen, Pektin, Stärke und Zucker) als Rohstoff der Humusbildung in Erscheinung. In beiden Fällen ist jedoch die Gegenwart von pflanzlichem oder tierischem, in Zersetzung befindlichem Eiweiß erforderlich. Der Mechanismus der Humusbildung aus Lignin wurde von dem holländischen Bodenkundler J. Hudig und dem schwedischen Forscher S. Mattson in einigen Grundsätzen aufgehellt. Über die Humusbildung auf Kohlenhydratbasis haben Arbeiten im Laboratorium des Verfassers etwas Aufklärung gebracht.

Wenden wir uns zunächst der Umformung des Lignins zu. Es verklebt und verkrustet die feinen zu Fasern gebündelten Zellulosefäden der Blattadern und aller verholzten Pflanzenteile und macht rund ein Fünftel vom Trockengewicht der organischen Dungstoffe aus. Beim mikrobiellen Abbau der Pflanzenstoffe werden zunächst die nicht verholzten Bestandteile angegriffen. Das in den Gefäßbündeln sitzende und mit Zellulose eng verfilzte Lignin reichert sich im Rückstand an, kann im gut durchlüfteten, nicht versauerten Boden aber auch nach Verhältnis mäßig kurzer Zeit von Pilzspezialisten völlig zerstört werden. Ist die Luftzufuhr dagegen wie im Komposthaufen gedrosselt, so präparieren die Mikroben das Verhältnis mäßig widerstandsfähige Lignin immer mehr aus seinem Verbande mit den übrigen Pflanzenstoffen heraus. Bei dieser Freilegung wird es so aktiviert, daß es langsam und fortgesetzt Sauerstoff aus der Luft aufnimmt und während der über Tage und Wochen ausgedehnten Sauerstoffbindung auch Ammoniak aus der unmittelbaren Umgebung zu fixieren und als chemischen Baustein seinem neuen, umgeformten Körper einzuverleiben vermag. Das Ergebnis nennen wir Humus. Es ist ein dunkelbrauner bis schwarzer Stoff, der als Trockenpräparat äußerlich wie feingemahlener Kaffee oder schwarzglitzernd wie pulverisierter Anthrazit erscheint. In ihm sind aber besondere chemische Kräfte wirksam, die ihn zum Aufbau eines fruchtbaren Bodens tauglich machen.

Nachdem wir nun die Umformung des Lignins zum Humus übersehen, erscheint es nicht mehr verwunderlich, daß im gut durchlüfteten, nährstoffreichen Acker- und Gartenboden wenig Gelegenheit zu einem solchen Humusaufbau gegeben ist. Die ligninzersetzenden, stets sauerstoffbedürftigen Pilze finden dort ausgezeichnete Lebensbedingungen. Der

Freilegung des Lignins aus dem Kohlenhydratverbände folgt deshalb meistens seine völlige Zerstörung auf dem Fuße. Zu der notwendigen, sehr langsamen Umformung unter Sauerstoff- und Ammoniakaufnahme kommt es häufig gar nicht.

Sehr erschwert wird die Humusbildung auch durch den Mangel an ausreichenden Ammoniakmengen. Ammoniak, das stickstoffreiche Gas, das der Salmiakgeistflasche entweicht, ist das wichtigste Spaltprodukt der mikrobiellen Eiweißzersetzung. An der gleichen Stelle, an der im Boden in einem verrottenden Halmstückchen Lignin freigelegt wird, müßte unmittelbar nach der Freilegung auch genügend Ammoniak vorhanden sein. Das aber ist unwahrscheinlich; denn das pflanzliche Eiweiß wird im Boden schneller abgebaut als die Herauslösung des Lignins aus dem Kohlehydratverbande erfolgt. Hinzu kommt, daß Ammoniak im gut durchlüfteten und nicht versauerten Boden durch bestimmte Bakterien in Salpeter überführt und damit dem Humusaufbau entzogen wird. Kommt es unter günstigen Bedingungen aber doch zu einer Bildung von Humusstoffen, so sind sie der Gefahr der Zerstörung durch Mikroorganismen ausgesetzt, wenn nicht die bereits erwähnte Bindung an tonige Bestandteile möglich ist.

Alle diese Schwierigkeiten, die dem Humusaufbau aus Lignin und der Humusanreicherung entgegenstehen, werden durch die Leistungen der Kleintiere des Bodens weitgehend beseitigt. Durch ihre Beiß- und Kautätigkeit, durch ihre Verdauungssäfte und die Wirkstoffe der in ihrem Darm lebenden Mikroorganismen kommt es zu einem sehr schnellen Aufschluß der Pflanzenreste und Mistbestandteile. Kohlehydrate und Eiweiß Stoffe werden verdaut und z. T. vom Körper resorbiert, das Lignin aber freigelegt und im Kot angereichert. Dort ist es mit großen Mengen von Darmbakterien und abgestoßenen Zellen der Darmschleimhaut vergesellschaftet, die zusammen ein erhebliches Eiweißkonzentrat ausmachen und bei ihrer Selbstzersetzung bzw. beim Abbau durch andere Mikroben Ammoniak liefern. Auch im Darm dieser Tiere wird der Kot schon mit Ammoniak durchtränkt, denn im Gegensatz zu den Wirbeltieren scheiden Würmer und Insekten Ammoniak als Eiweißstoffwechselprodukt aus.

Im Kot steht dem freigelegten Lignin also tatsächlich die zur Verwandlung des Humus notwendige Ammoniakkonzentration zur Verfügung. Auch die schnelle Umformung des Ammoniaks in Salpeter ist hier nicht zu befürchten. Können doch die Salpeterbakterien ihre Arbeit nur bei sehr schwachem Ammoniakangebot verrichten. Von besonderer Bedeutung für die Humusbildung ist schließlich die durch die Eiweißzerlegung im Kotballen entstehende alkalische Reaktion; denn sie beschleunigt die Sauerstoff- und die damit gekoppelte Ammoniakaufnahme des Lignins ganz erheblich.

Hat das Tier mit seiner Nahrung nun auch erdige Bestandteile aus dem Boden aufgenommen, ist auch die letzte Voraussetzung für die Humusanreicherung, nämlich die sofortige Stabilisierung der im Kot gebildeten Humusstoffe erfüllt, da mineralische und organische Bestandteile im Darm äußerst innig miteinander verknetet und vermengt werden.

Regenwürmer, Käferlarven, Asseln, Milben und Springschwänze begünstigen nicht allein die Humusbildung aus Lignin, sondern auch die Entstehung von Humusstoffen auf Kohlehydratbasis. Die Kohlehydrate, die ja bei weitem den größten Teil der Pflanzensubstanz ausmachen, werden nicht unmittelbar in Humus umgeformt, sondern von Mikroorganismen und Tieren als Energiequelle verwertet und völlig abgebaut. Bestimmte Strahlenpilze und eine Reihe von echten, mikroskopischen Bodenpilzen bilden bei diesem Abbau jedoch Stoffwechselprodukte mit Humuscharakter. Strahlenpilze können nach unseren Untersuchungen aus Kohlehydraten und einer organischen Stickstoffquelle (Eiweiß oder Eiweißspaltprodukten) sogar sehr hochwertige Humusstoffe aufbauen, die bereits ohne Stabilisierung durch Mineralstoffe sehr widerstandsfähig gegen chemische Angriffe sind. In Komposstapeln findet man immer besonders viele Strahlenpilze an der Zersetzung der organischen Stoffe beteiligt. Sie können schon bei geringen Sauerstoffgehalten der Bodenluft gut gedeihen und sind gerade in einer sauerstoffarmen Umgebung weniger der Konkurrenz der luftliebenden Bakterien, die anscheinend keinen Humus erzeugen, ausgesetzt.

Im Darm und im Kot der Kleintiere des Bodens herrschen für den Humusaufbau durch Strahlenpilze zweifellos günstige Bedingungen als in verrottenden, pflanzlichen Gewebsteilchen, die in Bodenhohlräumen lagern und den Tierdarm nicht passiert haben; denn die hohe Eiweiß- und Ammoniakkonzentration und die geringe Sauerstoffspannung im Darm und in den Kotballen begünstigen die Arbeit der humuserzeugenden Strahlenpilze sehr.

So ist es nicht verwunderlich, wenn wir der Tätigkeit der Kleintiere heute eine besondere Bedeutung für die Humusbildung beimessen. L. Meyer, W. Kubiena u.a. haben in schönen Untersuchungen diese Bedeutung direkt nachgewiesen. Die Kleintiere sind zwar nicht die eigentlichen Humusbildner, wie man das auch schon vermutet hat, wohl aber sind sie wesentlich am Zustandekommen des Humusaufbaus beteiligt und darüber hinaus müssen wir sie als die Konservatoren der entstandenen Humusstoffe betrachten. Von erheblicher praktischer Bedeutung ist deshalb die Frage, wie man das Kleintierleben im Boden durch besondere Pflegemaßnahmen fördern kann.

4. Humuserhaltende Bodenpflege

Die Tätigkeit der Kleintiere im Boden, vornehmlich diejenige des Regenwurms, wird durch Bodenaustrocknung stark eingeschränkt. Wiederholte extreme Austrocknung der oberen Bodenschichten bedeutet in mehrfacher Hinsicht Verfall der Bodenkräfte und Abnahme der Fruchtbarkeit. Weit mehr als der Landwirt können Gärtner und Gartenhofbesitzer durch Windschutz ihrer Kulturen, durch Beschattung der Bodenoberfläche und durch Bodenbedeckung diesem Verfall entgegenwirken. Am besten ist die bodenaufbauende Kraft, die eine Bodenbedeckung hervorruft, wohl demonstrierbar, wenn man ungeteerte Dachpappe, aus der kreisrunde Löcher von etwa 10 cm Durchmesser zur Bepflanzung herausgeschnitten sind, auf den Boden legt. Aber auch die praktisch anwendbaren Abdeckungsmittel wie Strohmatten, Kartoffelkraut, Lauberde, feuchtgehaltener Torf und dergleichen lassen die ausgezeichnete Wirkung der Verdunstungs- und Strahlenschutzes gut erkennen. Hinzu kommt, daß jede Bedeckung das Zusammentrommeln und Verschlämmen der obersten Bodenlage bei starken Regengüssen weitgehend verhindert.

Bedeckter Boden bleibt immer feucht. Er liegt als Ergebnis intensivster Kleintierarbeit so offen, krümelig und gar da, daß man das aus seiner Decke hervorsprießende Unkraut mühelos mit den Wurzeln herausziehen kann. Alles Leben ist hier zur optimalen Entfaltung gebracht. Aromatischer Erdgeruch deutet auf lebhafte Tätigkeit vieler Strahlenpilze. Nirgendwo ist die Gestaltungskraft des Kleintierlebens augenfälliger als im bedeckten, humusreichen Boden, denn seine Krümel sind ausschließlich aus Kotteilchen zusammengefügt. Vom stecknadelkopfgroßen Wurmkotklümpchen bis zum winzigen Kotballen der Hornmilben, der nur 0,05 mm Durchmesser mißt, hat jedes Erdklümpchen den Tierdarm passiert und ist dadurch mit Humus angereichert worden.

Und dieser Humus erweist sich als stickstoffreich und widerstandsfähig gegen den Angriff der Mikroben.

Wenn ein solcher Gartenboden 5% Humus enthält und der im Humus gespeicherte Stickstoff 3,5% vom Humusgewicht ausmacht, so bedeutet das einen Stickstoffvorrat von 5200 kg je Hektar bis zu einer Bodentiefe von 20 cm. Demgegenüber sind in einer Stallmistgabe von 400 dz/ha nur 200 kg Stickstoff eingeschlossen, und die Gartengewächse nehmen höchstens 50–100 kg in einer Vegetationsperiode auf. Die stickstoffspeichernde Bedeutung des Humusbildungsprozesses kommt in diesen Zahlen klar zum Ausdruck.

Während der Humusstickstoff aber nur in äußerst langsamem Fluß den Pflanzen angeboten wird, ist der in der Eiweißmasse der Bodentiere gebundene Stickstoff wesentlich leichter verfügbar. In der Umgebung einer verrottenden Tierleiche wird ja sehr viel Stickstoff als Ammoniak frei. Ein Teil davon steht ja den Pflanzen und Mikroben zur Verfügung, ein anderer aber wird in unmittelbarer Nähe des Rotteherdes von neu sich bildenden Humusstoffen eingefangen. So geht von den Bodentieren auch noch nach ihrem Tode eine humuserzeugende Wirkung aus.

5. Die Bedeutung der Kompostbereitung

Der völligen Bodenbedeckung stehen auch im Freilandgemüsebau außerordentliche arbeitstechnische Schwierigkeiten entgegen, so daß man das Abdecken trotz seines vorzüglichen Einflusses auf die Erhaltung und Steigerung der Bodenfruchtbarkeit wohl immer nur auf kleine Flächen beschränkt wird. Ein anderer Weg zur Anreicherung des Bodens mit Humusstoffen führt über die Kompostierung. Leider wird auch dieses Verfahren der Bodenkräftigung nur in sehr wenigen Gärtnereien in genügendem Umfange ausgeübt, weil der Arbeitsaufwand erheblich ist. Die Entwicklung einer geeigneten Kompostierungsmaschine sollte deshalb als vordringliches Problem des Gartenbaues vorangetrieben werden. Wesentlichstes Ziel jeder Kompostierung ist die Gewinnung einer humusreichen Erde. Da der Boden hur einen geringen Teil der organischen Düngung in Humus verwandelt, sollen die organischen Düngemittel und Wirtschaftsabfälle im Kompoststapel mit besserer Ausbeute an dauerhaften Humusstoffen vererdet werden.

Die Aufgaben der Kompostbereitung liegen jedoch nicht allein auf dem Gebiete der Humusgewinnung. Darüber hinaus sollen die organischen Massen auch in einen Zustand überführt werden, in dem sie dem Boden zuträglich sind und in dem sie den Stickstoffhaushalt des Bodens nicht ungünstig, sondern vorteilhaft beeinflussen. Arbeitet man nämlich Ernterückstände des Gemüsebaues ohne vorherige Kompostierung und ohne alle Zusätze unmittelbar in den Boden ein, so wird das Wachstum der Kulturpflanzen wie auch die Struktur des Bodens durch vorübergehende Anhäufung organischer Säuren bisweilen gestört.

Außerdem erleidet die für das schnelle vegetative Wachstum entscheidende Stickstoffanlieferung eine Stockung; denn abgesehen von den Schmetterlingsblütlern sind die Ernterückstände im Verhältnis zu ihrem Kohlenstoff sehr arm an Stickstoff. Greifen die Mikroben des Bodens ein solches Material an, so brauchen sie zum Aufbau ihrer Körpersubstanz mehr Stickstoff als in den verrottenden Pflanzenresten enthalten ist. Sie entziehen deshalb dem Boden pflanzen verfügbaren Stickstoff und rufen damit für eine Reihe von Wochen die sogenannte Stickstoffsperre hervor. Dadurch können starke Wuchsstockungen eintreten. Durch vorherige Kompostierung wird eine so ungünstige Beeinflussung des Stickstoffhaushaltes vermieden; denn im reifen Kompost findet man stets ein viel engeres, Gewichts Verhältnis zwischen Kohlenstoff und Stickstoff als im Ausgangsmaterial.

Während in diesem auf 30 bis 60 Gewichtsteile Kohlenstoff 1 Gewichtsteil Stickstoff entfallen, so ist das Kohlenstoff/ Stickstoff-Verhältnis im reifen Kompost ebenso wie.im gut verrotteten Stallmist auf mindestens 20:1 verengt. Solches Material entzieht bei seiner Weiterverrottung im Boden den Kulturpflanzen keinen Stickstoff aus der Bodenlösung, sondern stellt ihnen sogar zusätzlich Stickstoff zur Verfügung. Es besitzt also vom Augenblicke des Eingrabens oder Einpflügens an stickstoffdüngende Wirkung.

Es ist jedoch nicht möglich, aus den Stickstoffgehalten oder dem Kohlenstoff/Stickstoff-Verhältnis des reifen Kompostes das Ausmaß seiner stickstoffdüngenden Wirkung zu errechnen. Folgende Überlegung macht das verständlich. Würde man den Kompostierungsprozeß so lenken, daß am Schluß die zurückgebliebene organische Substanz fast ganz aus stickstoffreichen, gut stabilisierten Humusstoffen besteht, so hätte man damit zwar ein vorzügliches Bodenaufbaumittel in der Hand. Seine stickstoffdüngende Kraft aber wäre – trotz außerordentlich hohen Stickstoffgehaltes – sehr gering, weil der Stickstoff im Humus fest gebunden ist und erst auf sehr lange Sicht in kleinen Anteilen pflanzenverfügbar wird. Obwohl das Kohlenstoff/Stickstoff-Verhältnis hier vielleicht auf 15:1 oder gar 12:1 verengt wurde, gibt das Material seiner großen Stabilität wegen doch sehr viel weniger Stickstoff her als ein Kompost mit einem Kohlenstoff/ Stickstoff-Verhältnis von etwa 20:1, der einen geringeren Gehalt an stabilisierten Humusstoffen, dafür aber mehr leicht abbaubare, stickstoffhaltige Substanzen enthält. Man sieht, daß die Stickstoffanlieferung nicht in unmittelbarer Beziehung zum Stickstoffgehalt steht. Um über das Ausmaß der Stickstoffanlieferung eine richtige Vorstellung zu bekommen, muß eine Kompostprobe im Laboratorium unter genormten Bedingungen gelagert werden. Nach 4 oder 8 Wochen ist zu prüfen, wieviel Ammoniak und Salpeter von den Mikroorganismen in der Probe angehäuft wurde.

Uns interessiert in diesem Zusammenhänge aber mehr die Tatsache, daß der Praktiker von einem guten Kompost nicht allein eine Humusanreicherung seines Bodens, sondern in zweiter Linie auch eine Nährstoffwirkung erwartet, und daß man es in der Hand hat, beide Faktoren durch geeignete Steuerung des Kompostierungsverlaufes in ein ausgewogenes Gleichgewicht zu bringen. Die Nährstoffwirkung beschränkt sich auch keineswegs allein auf den Stickstoff. So erweist sich die Förderung des Phosphorsäureumlaufes, die jeder humusreiche Kompost erzielt, von besonderer Bedeutung für die Bodenfruchtbarkeit. Durch die feinkörnigsten Mineralteilchen der Erde wird die Phosphorsäure so fest gebunden, daß den Pflanzen immer nur ein sehr kleiner Teil des im Boden gespeicherten Phosphorsäurekapitals zur Verfügung steht. Wo jedoch viel Humus entsteht, und in der Bodenlösung kurze Strecken wandert, wird Phosphorsäure gelöst und damit für die Pflanzen aufnehmbar. Reichliche Kompostierung bewirkt also eine laufende Verbesserung des Phosphorsäurehaushaltes.

6. Zur Technik der Kompostierung.

Es können hier nicht fertige Rezepte für die richtige Kompostbereitung gegeben werden; denn je nach dem Ausgangsmaterial, nach den verfügbaren Zusätzen zur Beschleunigung und Lenkung der Verrottung, nach den gewünschten Eigenschaften des Endproduktes und nicht zuletzt nach der klimatischen Lage muß individuell sehr verschieden vorgegangen werden. Ich muß mich deshalb auf einige grundsätzliche Klarstellungen beschränken.

Da das wichtigste Ziel jeder Kompostbereitung die Gewinnung einer humusreichen Erde unter möglichst geringen

Verlusten an organischer Masse ist, sollte man sich die in Abschnitt 3 aufgeführten Vorbedingungen für jeden Humusaufbau stets klar vor Augen halten.

Es liegt auf der Hand, daß die möglichst innige mechanische Mischung der zu kompostierenden Stoffe in einer Komposttrommel wünschenswerter als das lagenweise Aufsetzen ist. Allein die langandauernde, innige Mischung und Verknetung vor der Rotte bewirkt gleichmäßige Luft- und Wasserführung, gleichmäßige Verteilung der humusbildenden Mikroorganismen und vor allem auch die absolut notwendige Verquickung der organischen Reste in allen ihren Teilen mit humusstabilisierenden Mineralteilchen. Kann der Mischvorgang auch noch mit einer Zerkleinerung der Pflanzenteile gekoppelt werden, so bedeutet das bei richtiger Beherrschung der Luftzufuhr einen noch schnelleren Ablauf der Rotte und bessere Ausbeuten.

Den zur Verrottung von Ernterückständen notwendigen Ätzkalk stäubt man aber sofort auf die gesammelten Ernterückstände, damit sie beim Mischvorgang in der Trommel bereits den Kalk ein wenig aufgenommen haben. Mit Kalkstickstoff kann man die Humusausbeute erhöhen und die Kompostierungsdauer abkürzen. Er macht die Anwendung von Ätzkalk unnötig.

Als Ersatz für Kalkstickstoff kommen alle stickstoffreichen organischen Dünger und Wirtschaftsabfälle wie Stallmist, Jauche, Erbsen- und Bohnenstroh, Schlachtabfälle, Fäkalien usw. in Frage. Mit der richtig dosierten Zugabe solcher Stickstoffträger wird der Humusbildungsprozeß am energischsten gefördert; denn Humusaufbau bedeutet Stickstoffspeicherung. Andererseits bringt ein Überschuß an Jauche Luftabschluß und jedes Übergewicht an eiweißreicher. Substanz, wie es Fäkalien und tierische Reste sind, starken Sauerstoffverbrauch und damit die Gefahr der Fäulnis mit sich. Humus entsteht aber niemals bei Sauerstoffausschluß, sondern lediglich die gehemmte Sauerstoffzufuhr, also die mäßig gedrosselte Durchlüftung sind der Humusbildung förderlich. Je dichter das Material lagert und je nässer es ist, um so größer ist natürlich die Gefahr des Luftmangels. Die Einmischung von Weißtorf und des in jedem Falle notwendige Umsetzen wirken belüftend.

Die Temperatur sollte im Komposthaufen höher als im gewachsenen Boden liegen, die Masse im Innern weder trokken noch naß, sondern erdfeucht und locker beschaffen sein. Sie darf keinen unangenehmen Fäulnisgeruch aufweisen und auch nicht sauer reagieren, sondern muß bald einen erfrischenden Erdgeruch annehmen und den Regenwürmern gute Lebensbedingungen bieten.

Nur wer den humusbildenden Mikroben ein solches Milieu schafft, ist auf dem richtigen Wege zu einer guten gesteuerten Kompostierung.

Zweifellos stehen wir heute erst am Anfange einer wissenschaftlichen Einsicht in die Kompostierungsvorgänge und die Möglichkeiten ihrer zweckmäßigen Steuerung. Vorläufig müssen wir uns noch damit abfinden, daß ein Heer verschiedenartigster, nur abbauend tätiger Mikroorganismen den eigentlichen Humusbildnern Konkurrenz macht und können noch nicht übersehen, wie weit sich die für unseren Prozeß »nützlichen« Mikroben durch Wuchsstoffzusatz fördern und die unerwünschten Organismen durch Hemmstoffe unterdrücken lassen. Ferner ist es in hohem Mäße unbefriedigend, wenn man sieht, daß die Kohlehydrate, die doch den größten Teil der organischen Substanz ausmachen, von den Mikroorganismen völlig abgebaut werden und daß dabei Humus lediglich als Stoffwechselprodukt bestimmter Pilze mit schlechter Ausbeute entsteht. Von größtem Interesse erscheinen in diesem Zusammenhänge Beobachtungen zu sein, die darauf hindeuten, daß sich die Kohlehydrate unter bestimmten Bedingungen chemisch umformen und daß ihre Umwandlungsprodukte unter Sauerstoff- und Ammoniakaufnahme in Humus übergehen. Sollte sich dieser Prozeß einmal ohne großen technischen Aufwand verwirklichen lassen, so könnte mit einer fast hundertprozentigen Humusausbeute gerechnet werden.

Auch die Stabilisierung der Humusstoffe sollte man nicht dem Zufall überlassen. Wir haben festgestellt, daß ein Humusstoff, der im Innern von Pappelblättern durch den Pilz *Cladosporium herbarum* gebildet wurde, aus einer feinen Tonsuspension geringe Mengen des leistungsfähigsten Tonminerals unserer Böden – das ist der Montmorillonit – aufnahm und dadurch chemisch so widerstandsfähig wie bester Schwarzerdehumus wurde.

Zu dieser Stabilisierung verband sich der Humus mit einer feinstteiligen Tonmenge, die nur 1,5–2 % seines Gewichtes ausmachte. Kleinste Stoffmengen reichen also zur Stabilisierung aus, wenn sie nur hochaktiv sind und in richtiger Weise an die Humusstoffe herangebracht werden.

Die technische Lösung der hier angeschnittenen Fragen würde unsere Humuswirtschaft auf eine neue Grundlage stellen und für die Fruchtbarkeit der Erde neue Ausblicke bringen. Gegenwärtig nimmt die Leistungsfähigkeit der Böden an vielen Stellen der Erdoberfläche ja nicht nur ab, sondern sie ist in den klimatisch trockneren Gebieten zum Teil von ungeheuren Verwüstungen einst fruchtbarer Landstriche begleitet. Seitdem in den Vereinigten Staaten innerhalb weniger Jahre Ackerbaugebiete verloren gingen, die eine größere Fläche als das frühere Deutschland und Frankreich zusammengenommen ausmachen, hat man auch dort die einschneidende Bedeutung einer bodenaufbauenden Humus Wirtschaft erkannt. Mit ihr steht und fällt die Ernährung der

Menschheit. Neben dem gesteigerten Anbau bodenerhaltender und bodenaufbauender Pflanzen, neben ausreichender Viehhaltung und Stallmistpflege, wird eine verbesserte Kompostwirtschaft und die chemische Umformung organischer Stoffe, wie Ernterückstände, Torf und Kohle in aktive Humusstoffe zur Erhaltung und Steigerung der Bodenfruchtbarkeit am meisten beitragen.

Max Karl Schwarz:
Der Gärtnerhofgedanke

Während des ersten Weltkrieges, aber auch schon vorher bei der Jugend im Wandervogel erwuchs in vielen jungen Deutschen die Sehnsucht, Landbau zu betreiben. Die Berührung mit dem Boden, Pflanzen und Tieren, das Nahesein mit der Natur hat diese Sehnsucht hervorgerufen. In der Tat fingen viele Rückkehrer aus dem Felde zu siedeln an; meist stand ihnen nur Moor, Heide oder sonstiges Unland zur Verfügung, das erst urbar gemacht werden mußte. Trotz aller Begeisterung, ernstem Willen und unermüdlichem Fleiß wollte nur ganz wenigen das Werk gelingen. Die junge Siedlungsbewegung blieb daher bald auf der Strecke liegen. Die Ursache dieses Mißerfolges lag im Mangel einer gründlichen Ausbildung, Erfahrungssammlung und einer sinnvollen Führung durch alterfahrene Praktiker auf diesem Gebiet. Es gab keine Siedlungsführer. Ein einziger Mann wußte auf einem Teilgebiet der Siedlung, nämlich der des Stadtrandes, klare, präzise Angaben zu machen. Ihm ist daher viel für die Fortentwicklung des städtischen Siedlungswesens zu verdanken.

Lebrecht Migge, so hieß dieser Mann, hat den damals viel umstrittenen Satz aufgestellt: »Jedermann Selbstversorger auf 100 qm Land«, darunter wird die Versorgung mit Frühkartoffeln, Gemüse und Obst für je eine Person verstanden. Diese Erfahrung .bildete die Grundlage für die Einrichtung der von ihm in Vorschlag gebrachten gärtnerischem Intensivsiedlungen, die vor allem in der Planung »Kulturgürtel. Kiel« zum Ausdruck kam. Der von Lebrecht Migge vertretene gärtnerisch-intensive Landbau beruhte auf dem Einsatz der Technik in industrieller Art und der städtischen Abfallwirtschaft unter besonderer Einschaltung von Kompostierungsmaßnahmen nach chinesischem Muster. Der Siedlungsauf-

Beispiel eines 3ha großen Gärtnerhofes

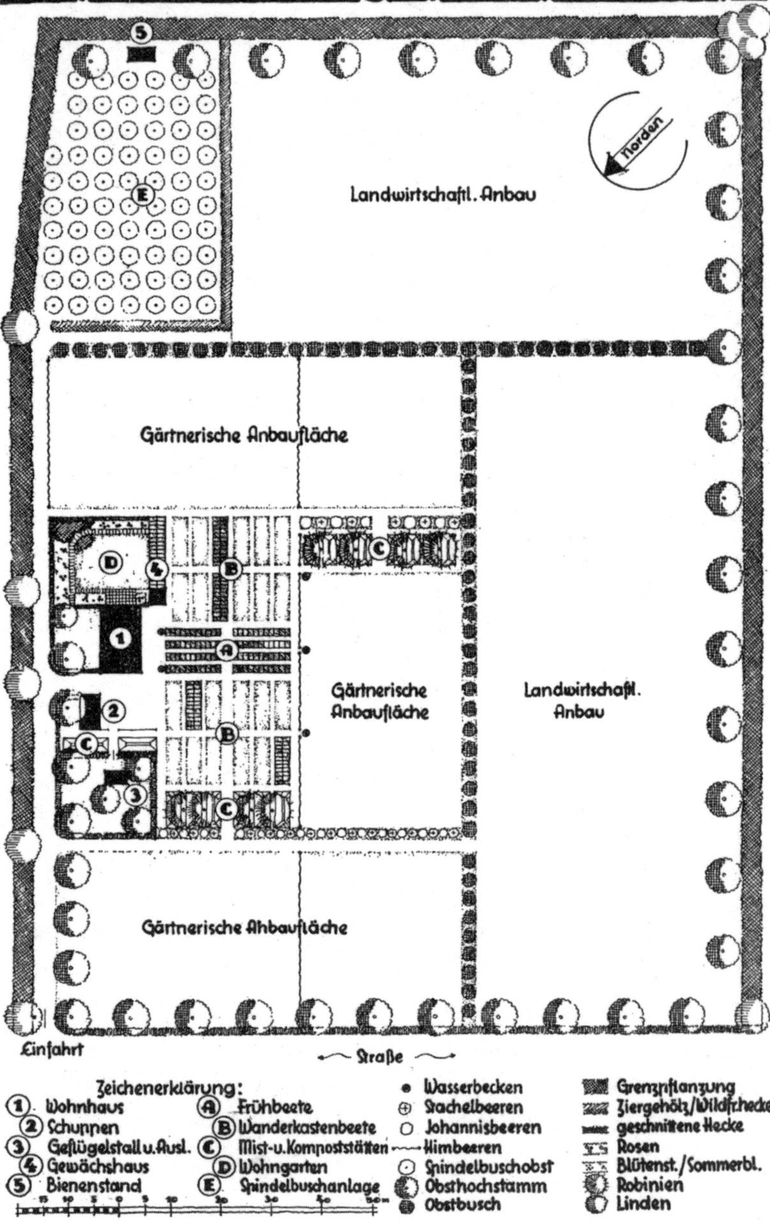

Entwicklung des Ordnungsprinzips f. d. Aufbau eines Siedlungsorganismus'

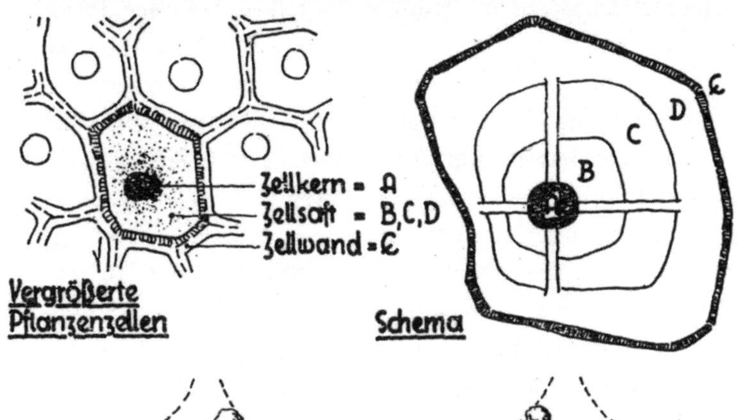

Schnitt a-b, Kurve d. Schutzpflanzungen

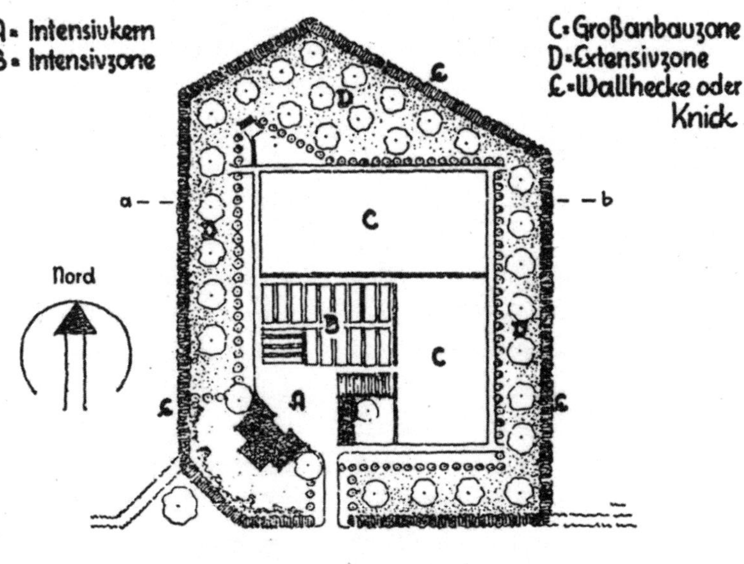

Maßstab: 10 5 0 10 20 30 40 50 m 100

bau geschah von der Stadt aus, weil sie alles bot, so auch den intelligenten Menschen als Siedler. Ich war Mitarbeiter bei Migge und habe dort viel Nützliches erfahren; indessen vermißte ich ein wirklich lebendiges Verhältnis zu Boden, Pflanze und zum Tier. Die durch Migge entfaltete Intensität bezog sich einseitig auf mechanistisch-industrielle Maßnahmen im Pflanzenanbau. Noch während meiner Mitarbeit bei Lebrecht Migge kam ich mit Landwirten in Berührung, die sich eingehend mit dem lebendigen Wesen von Boden, Pflanze und Tier befaßten und da heraus ihre Anbau- und Pflegemaßnahmen trafen. Der landwirtschaftliche Betrieb bei den Vertretern einer sich neu anlassenden Wirtschaftsweise fügt sich zu einem lebendigen, in sich geschlossenen Organismus, in welchem das darin stattfindende, fortwährende Nehmen und Geben im Betriebe und seiner unmittelbaren Umwelt in sich selbst einen Ausgleich erfährt. Die dadurch zu erzielende überquellende Fruchtbarkeit gestattet es, die Ernte ohne Raubbau zu entnehmen und daher nicht, wie bisher üblich, von außen her einen Ersatz zu bewirken. Die Möglichkeit eines solchen Vorgehens beruht in einer wohlabgewogenen Viehhaltung im Betriebe, die mit dem anfallenden, bestens gepflegten und durch besondere Maßnahmen angereicherten und ausgereiften Dünger den Boden fruchtbar zu erhalten vermag.

Das Vieh ist aus seiner ganzen Wesenheit heraus die eigentliche Seele eines gesunden landwirtschaftlichen Betriebes. Die Anwesenheit des Viehs gestaltet den Betrieb geruhsam und sicher. Diese Einsicht wurde mir aber erst zur unumstößlichen Erkenntnis nach Teilnahme an einem landwirtschaftlichen Kurs, den Dr. Rudolf Steiner in Koberwitz bei Breslau für Landwirte und Gärtner hielt. Das Ergebnis der damals durch Dr. Rudolf Steiner gegebenen Anregungen führte zu der inzwischen als biologisch-dynamische Wirt-

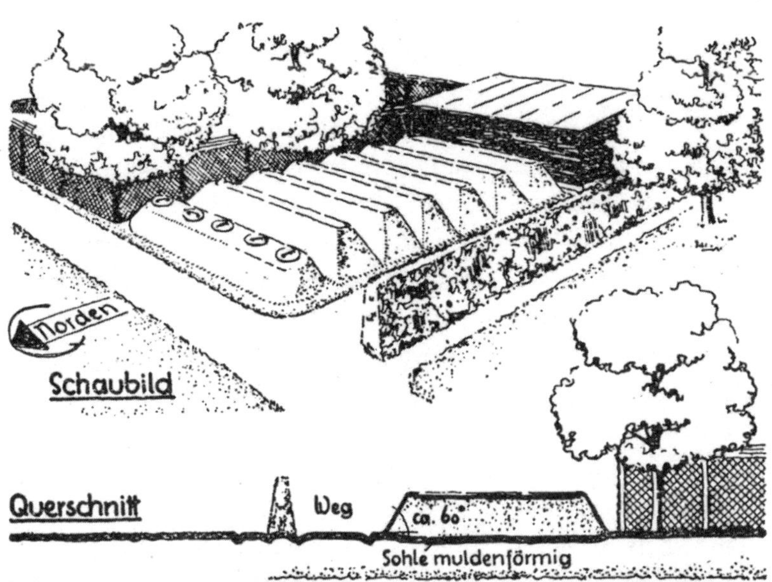

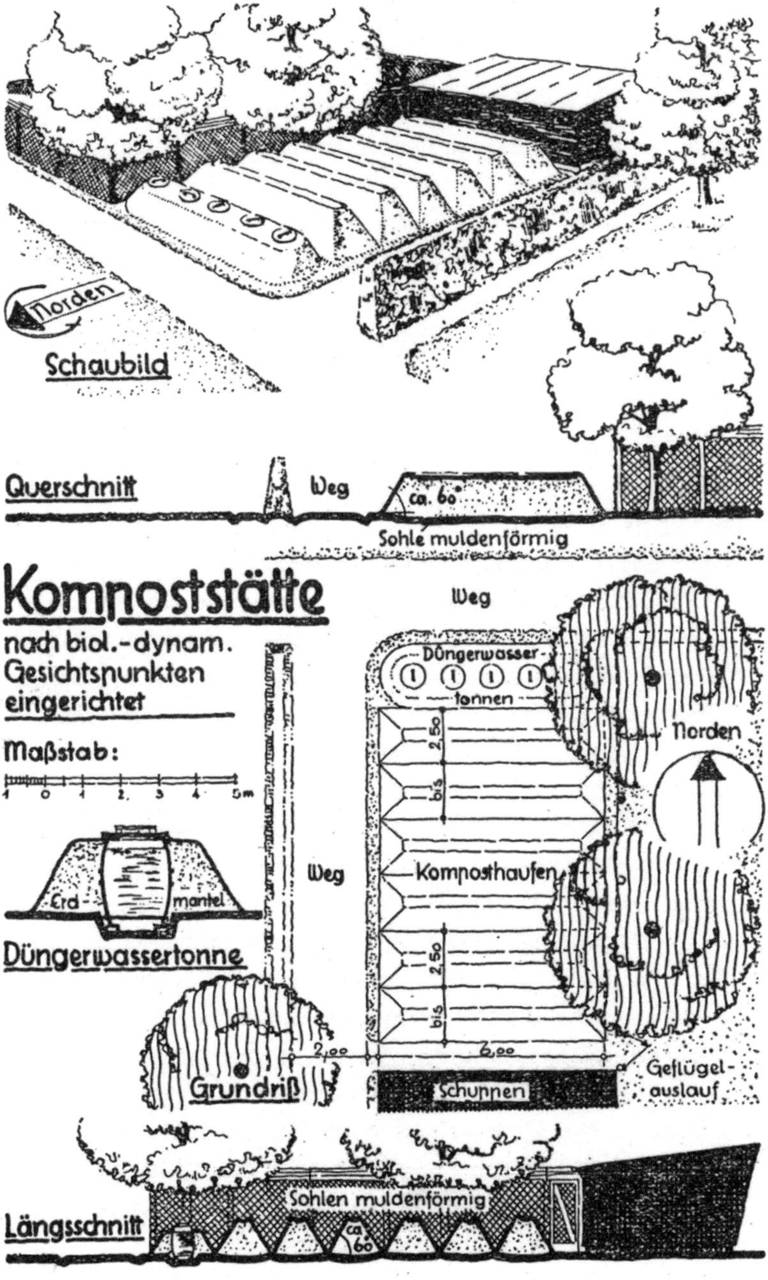

Norden
Schaubild
Querschnitt
Weg
ca. 60°
Sohle muldenförmig
Kompoststätte
nach biol.-dynam.
Gesichtspunkten
eingerichtet
Maßstab:
1 0 1 2 3 4 5m
Erd-
mantel
Düngerwassertonne
Weg
Düngerwasser-
tonnen
Norden
2.50
bis
Weg
Komposthaufen
2.50
bis
2,00
6,00
Geflügel-
auslauf
Grundriß
Schuppen
Sohlen muldenförmig
ca. 60
Längsschnitt

schaftsweise bekannt gewordenen Methode in Land- und Gartenbau.

Der Erfolg des Landwirtes hängt meist mit seiner eindringlich von ihm betätigten, liebevollen Pflege des Viehbestandes zusammen; darin erweist sich der Landwirt intensiv, wie es der Gärtner in der Behandlung seiner Erden und Pflanzen ist. Für mich lag es auf der Hand, die meist sonst einseitig bestehende Intensität in der Viehhaltung des Landwirtes sowie in der Boden- und Pflanzenpflege des Gärtners nun ganz bewußt in einer Person vereinigen zu wollen. Ich pflegte den Gedanken, daß sich, daraus ein neuer Beruf ergeben könnte, der auf einer viel kleiner zugeschnittenen Landfläche, als sie dem Landwirt üblich zur Verfügung steht, nicht nur eine volle Selbstversorgung, sondern darüber hinaus eine recht hohe Marktleistung zustande zu bringen vermag.

Es setzte eine emsige Zeit der Versuche im eigenen kleinen Betrieb ein und hier durfte ich bald von Erfolg zu Erfolg schreiten. Das brachte aber eine schlimme Gefahr mit sich, der ich schließlich auch zum Opfer fiel. Die Erfolge sprachen sich herum; es kamen viele Besuche, die mich von der Arbeit abhielten. Auch folgte ich den vielen Aufforderungen um Beratung und Planung, so daß ich bald vollends meinem Betrieb entführt wurde. Selbst von tüchtigen Menschen kann man nicht in seinem eigenen Betriebe voll ersetzt werden, wenn man erst mit diesem innig verwachsen ist und gewissermaßen das Ich des lebendigen Betriebsorganismus verkörpert. Fortan konnten die Erfolge in meinem Betriebe nicht mehr in der erreichten Geschlossenheit erlebt werden, wie zur Zeit als ich ihm noch ganz und gar in aller Zurückgezogenheit angehören durfte. Das ist eine schmerzliche, aber bedeutsame Feststellung, aus der heraus dringend zu empfehlen ist, mit seiner ganzen Persönlichkeit den Betrieb zu durchdringen, um so ständig erfolgreich sein zu können.

Es bedeutet ungewöhnlich viel, alles im Betriebsorganismus in der Hand zu haben und den Kreislauf der Stoffe und Kräfte so zu lenken, daß er sich allmählich spiralig nach oben wendet und die Erzeugungskraft gleichzeitig nach zwei Richtungen hin mehrt; sie betreffen die Menge und die Güte. Bisher kam es viel zu wenig darauf an, Güte zu erzeugen. Das war aber jetzt in den Mittelpunkt des Interesses gerückt. Sie erweist sich in der größeren Haltbarkeit in häufig entscheidender Verwandlung, in Mengenleistung bei Verarbeitungsvorgängen, in einem oft bisher nicht erreichten Hektolitergewicht, in hohem Nähr- und Heilwert, in ausgeprägtem Geschmackswert und schließlich in einer Farbbeständigkeit. Diese Güteleistung rührt u. a. aus der Groß Viehhaltung her, durch welche Gesundheit im Boden, ja besser gesagt im gesamten Stoff- und Kräftekreislauf einzieht, wenn sie liebevoll betrieben wird.

Die Kuh ist für den Gesundheits- und Gütewert eines Intensivbetriebes durch nichts zu ersetzen. In ihr ist der Grundstock des Dauererfolges gegeben. Dieses bäuerliche Glied der Viehhaltung im gärtnerischen Intensivbetrieb läßt die wirtschaftende Familie samt Mitarbeiter satt, arbeitsfroh und leistungsfähig sein. Sie führt auch zu den hohen, ständigen Marktleistungen und sichert die Fruchtbarkeit im Betriebsorganismus. Dem Wirtschafter bietet sie ein gutes Auskommen und der Betrieb bleibt selbst in schwierigsten Zeiten krisenfest. Die gärtnerische Wirtschaft auf bäuerlicher Grundlage schafft einen Kleinbetrieb, der als Gärtnerhof und sein Bewirtschafter als Gärtnerhofbauer bezeichnet werden kann. Diese Begriffsprägungen entwickelten sich aber erst, nachdem schon länger eine Anzahl Gärtnerhöfe ins Leben gerufen waren und sich bewährten. Es stellte sich auch heraus, daß zerstreut und namentlich in Süddeutschland, vor allem in Württemberg bereits Betriebe von der Art

Meliorationskompost

zur Erlangung bester Bodenverbesserung

Hauptbestandteile	Feinbestandteile:
pflanzliche Abfälle, wie:	gesiebter Hausmüll, (Kalk)
gejätetes Unkraut,	Knochenmehl, (Phosphor)
Ernteabfälle,	Hornmehl, Haar-und Woll-
Gras,	abfälle, (Stickstoff u. Kiesels.)
Grabenaushub,	Kleintierdünger,
Küchenabfälle	Lehm oder Schlick,
und andere mehr	Ruß, Holz-u. Torfasche (Kali)

Abfälle bis zu 1 Woche flach lagern, Haufen mit Strohmatten, Kraut oder dergl. abgedeckt halten

Vor dem Aufsetzen zerkleinern, gründlich durchmengen und beim Mengen mit Ätzkalk pudern

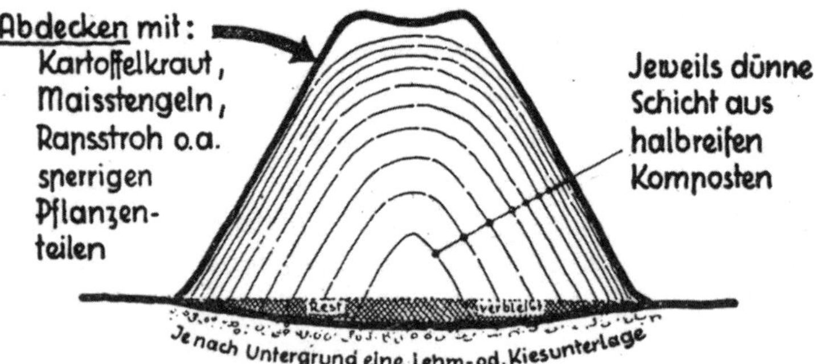

Präparieren : 1 mal

Durchfeuchten : Alle 8 Tage (je m³ = 4-5 ltr.) mit Düngerwasser, abwechselnd verd. Kuhjauche u. aufgel. Kuhdünger

Umsetzen : 6-8 Wochen nach Präparation

Verwendungsbereit nach 1 Jahr

der Gärtnerhöfe bestehen, ohne bisher unter dem Gesichtspunkt betrachtet worden zu sein oder eine Bewußtheit über das Besondere dieser Betriebe zu empfinden.

Überraschend zeigt es sich, daß es bei sorgfältiger Planung und zielbewußtem Vorgehen im allmählichen Aufbau gelang, selbst bei ungünstigsten Lage-, Boden- und Klimaverhältnissen Gärtnerhöfe einzurichten, und daß sie mit der Zeit eine Oase der Fruchtbarkeit in ihrer Umgebung bildeten. Eine Planung des Gärtnerhofes sieht zwar einfach aus und läßt kaum etwas davon ahnen, was hier alles bedacht worden ist, um eine Ausgewogenheit des Betriebsganzen aus den jeweils angetroffenen Verhältnissen zu schöpfen. Dazu sind schon große Anstrengungen erforderlich und es müssen vorher große Erfahrungen gesammelt worden sein. In meinem Buch »Der Gartenbürger«, das demnächst im Verlag Br. Sachse in Neubearbeitung meiner früheren Schrift »Ein Weg zum praktischen Siedeln« erscheinen wird, ist der Erfahrungsweg im Aufbau gärtnerischer Intensivbetriebe auf bäuerlicher Grundlage geschildert. Der richtige Aufbau eines solchen Betriebes wird zunächst mit einer landwirtschaftlichen Bestellung der gesamten Landfläche und mit einer Viehhaltung von vornherein eingeleitet. Nur für die eigene Versorgung wird gleichzeitig ein Gartenteil beim Hause eingerichtet.

Die zweite Maßnahme besteht darin, die Intensivzone mit Anzuchthaus, Frühbeeten und Wanderglasquartier einzurichten. Im Anschluß daran wird dann die Fläche für den Freilandgemüseanbau aus der bisher landwirtschaftlichen Bestellung übernommen. Die Intensivzone und die Großanbauzone (Freilandgemüseanbau) dienen der Marktleistung des Gärtnerhofes. Gleichzeitig mit der landwirtschaftlichen Bestellung des Gärtnerhofes werden alle Gehölzpflanzungen angelegt, von denen noch die Rede sein wird.

Stalldünger

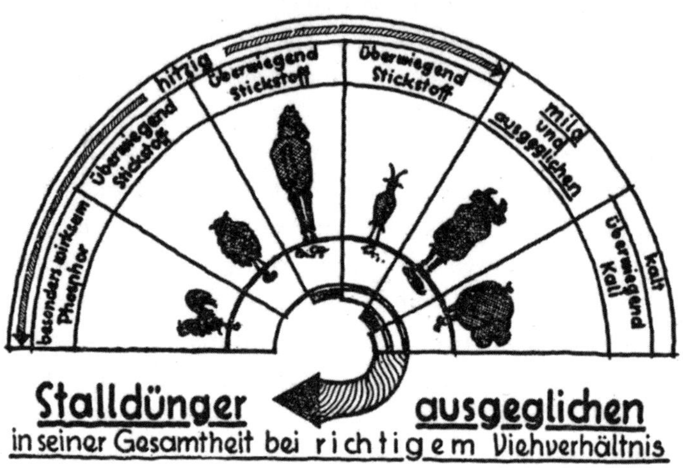

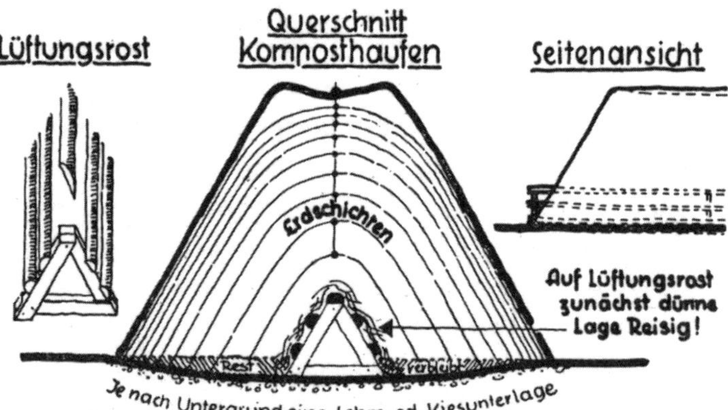

Aufsetzen:	Nicht zu locker und nicht zu fest
Abdecken:	Mit Erde oder mit Stroh- oder Rohrdecke oder mit Laubwerk, mit Reisig festgehalten
Präparieren:	1 mal
Durchfeuchten:	Alle 14 Tage mit stark verdünnter Jauche (Düngerwasser)
Umsetzen:	1 mal
Verwendungsbereit:	Nach 3-6 Monaten

Die bisherige Erfahrung hat gezeigt, daß die Gärtnerhöfe zweckmäßig eine Durchschnittsgröße von $2^1/_2$ bis 3 ha haben. Unter 2 ha lohnt es sich nicht, über 4 ha hinaus zu gehen, bedingt zu viel Arbeitskräfte. Im allgemeinen rechnet man drei Jahre Entwicklungszeit, bis ein Gärtnerhof als wirtschaftlich anzusehen ist, d. h. es sind dann die Einnahmen unter Berücksichtigung der Eigenversorgung größer als die durch die Bewirtschaftung entstehenden Ausgaben. Die erfolgreiche Bewirtschaftung des Gärtnerhofes beruht nicht allein auf der Kuhhaltung, wofür meist mindestens zwei Kühe erforderlich sind, sondern vor allem auch in der Erfassung aller organischen Stofflichkeiten, wie Unkraut, Großsoden, Grabenaushub, Pflanzenabfälle, Laub, Kartoffelkraut, Schweinedung, Hühnerdung, Kaninchen- und Schafdüng, Ruß, Holzasche u. a., um daraus sorgfältig Kompost und Düngerwasser zu bereiten. Eine sehr wesentliche Angelegenheit ist das Betreiben von Mischanbau der Kulturpflanzen zur ständigen Aufrechterhaltung der Fruchtbarkeit im Boden. Dadurch wird der Vorgang des Nehmens und Gebens infolge der Verschiedenheit der Kulturansprüche und der Ausscheidung der Pflanzen in den Boden hinein bestens genützt. Ebenso wird größter Wert auf die Verwendung des Wanderglases gelegt, mit welchem die Kulturen eine kurze Förderung im Frühjahr und Herbst erfahren und die Ernten dadurch im Frühjahr zwei bis drei Wochen eher möglich sind und im Herbst über zwei bis drei Wochen hinweg länger ausgedehnt werden können. Endlich spielen der ganze Betriebsaufbau und seine Gliederung eine maßgebliche Rolle. Es gilt, nicht nur eine Übersichtlichkeit in der Anordnung der Kulturen zu bewahren und ein sparsam gehaltenes Wegenetz, das aber alle Kulturflächen gut zugängig macht, anzulegen, sondern durch die Anordnung von Beerenobst, Spindelbuschzeilen, sowie Wildfruchthecken den Betrieb räumlich zu durchgliedern, um damit ein geeignetes Kleinklima zu erhalten. Hierher gehört auch die sinnvolle Verteilung des Hochstammobstes und die Abgrenzung des Betriebes nach außen hin durch Mischhecken. Zur Betriebswesenheit des Gärtnerhofes gesellt sich noch die Haltung von ein bis zwei Schweinen, Geflügel, insbesondere aber auch von Bienen.

Über die Anlage und Einrichtung, sowie den laufenden Betrieb eines Beispielgärtnerhofes› in Schleswig-Holstein liegen genaue Aufzeichnungen vor, aus denen deutlich die Wirtschaftlichkeit zu entnehmen ist. Das Beglückende aber ist, ein Gärtnerhof sinnig durchgestaltet, bildet eine kleine Kulturlandschaft für sich, voller schönheitlicher Reize, die sich aus dem Zusammenklang wohlgeordneter Vielfalt ergibt, wobei die räumliche Fassung mit ihren Untergliederungen diesen lebendigen wohltuenden Eindruck noch wesentlich steigert.

Ganz gewiß findet auch die Technik zur Erleichterung aller Arbeit auf dem Gärtnerhof Anwendung. Sie soll hier Dienerin sein und ist dringend erwünscht in ihrem Einsatz bei allem Transport, bei der Bereitung der Komposte, beim Ausbringen der Dünger, beim Pflügen und Säen, Hacken, Mähen sowie beim Trocknen der Erzeugnisse. Es sollte sehr nach einem leichten, handlichen und dauerhaften Vielfachgerät getrachtet werden, was infolge seiner Konstruktion den verschiedensten Zwecken dienen kann.

Die Bedeutung des Gärtnerhofes trat aber erst so recht hervor, als im Auftrage der Hansestadt Hamburg eine Beispielsplanung zur Intensivierung großer, schlecht bewirtschafteter Flächen in den Marsch- und Vierlanden bearbeitet wurde, die Senatsdirektor Dr. Arvid Gutschow zusammen mit mir vornahm. Dr. Gutschow bemühte sich schon lange um eine volle Auswertung dieser hervorragend veranlagtet Fruchtlandschaft Hamburgs, die sich auch aus dem bäuer-

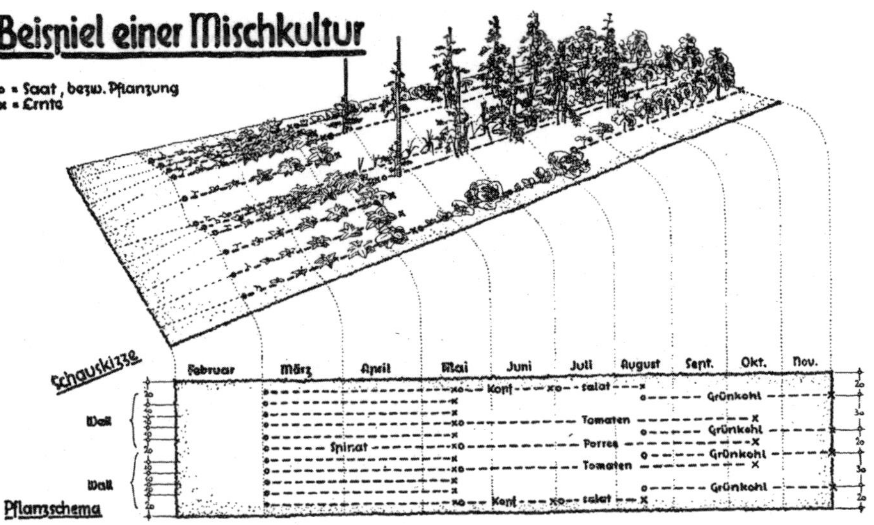

lichen Element herausgebildet hatte, aber aus den verschiedensten Gründen, die aufgedeckt werden konnten, in ihrem Fortschreiten gehemmt ist. Von diesem Augenblick an setzte eine systematische Verfolgung des Gärtnerhofgedankens ein. Obwohl wir hier noch am Anfang einer Entwicklung stehen, zeichnet sich angesichts unserer heutigen Zeitenlage deutlich der überragende Wert aller Bemühungen auf diesem Gebiete ab.

Worin liegt die künftige Bedeutung des Gärtnerhofes? Er wird zum unterrichtenden Maßstab einer umfassenden Güteleistung, ohne in die Einseitigkeiten routinierter, mechanisch erreichter Spezialleistungen zu verfallen, denen keine Dauer beschieden ist. Aus der Geruhsamkeit, aus allseitig geübter Bedachtsamkeit erwächst die erwartete Leistung in Menge und Güte. Diese Unterrichtung ist für das gesamte Kleingartenwesen an Stadträndern, aber auch für die Bestrebungen der Landwirte für eine Intensivierung ihrer Wirtschaften wichtig. So wird der Gärtnerhof die Schulungsstätte eines sorgsamen Landbaues in der Stadtnähe und auf dem flachen Lande aus eigener Kraft heraus unter Ausnutzung der überall vorhandenen, meist nicht beachteten Wachstumsfaktoren sein. Er vermag auch die Anzuchtstätte für das Pflanzgut aller Art bis zu den Obstbäumen hin für die Kleingärtner und Stadtrandsiedler ebenso zu sein, wie für die Landwirte in den ländlichen Zonen, die Feldgemüse- und Obstbau treiben. In den Handwerker- und Kurzarbeitersiedlungen bildet er die geeignete Lehrstatt und die Anzuchtgelegenheit, der in diesen Siedlungen benötigten Pflanzen aller Art.

Großartig ist der Gärtnerhof für alle Züchtungsabsichten geeignet, auf welche künftig ein noch viel größerer Wert als bisher gelegt werden muß. Züchtung erfordert Sorgfalt und für den Gärtnerhof ist die ständig geübte Sorgfalt Grundlage seines Bestehens. Züchtung hängt stets mit dem Gütestreben zusammen und damit ist auch das wirkliche Wesen des Gärtnerhofes ergriffen.

Die Zeitverhältnisse zwingen den Menschen zur Selbsthilfe und zur Gemeinschaftsbildung; auch hier ist der Gärtnerhof eine Art Keimzelle, diesen Gedanken der Selbst- und Gemeinschaftshilfe zu verwirklichen derart, daß junge Menschen auf den Gärtnerhöfen Lehrstellen finden und nach der Lehrzeit Gärtnerhofbauern bei der Einrichtung ihrer Betriebe helfen. Daheraus leiten sie für sich selbst das Recht ab, wiederum Hilfe in der Art in Anspruch nehmen zu können, wie sie sie vorher freudig geboten haben. Der Gärtnerhof als Schulungsstätte läßt erwarten, daß aus ihm tüchtige, fleißige, wendige und geistig regsame Menschen hervorgehen, die ihr Glück aber nicht allein in dieser schönen beruflichen Betätigung erblicken, sondern allgemein in einer geistig kulturellen Leistung. Dabei soll nicht vergessen

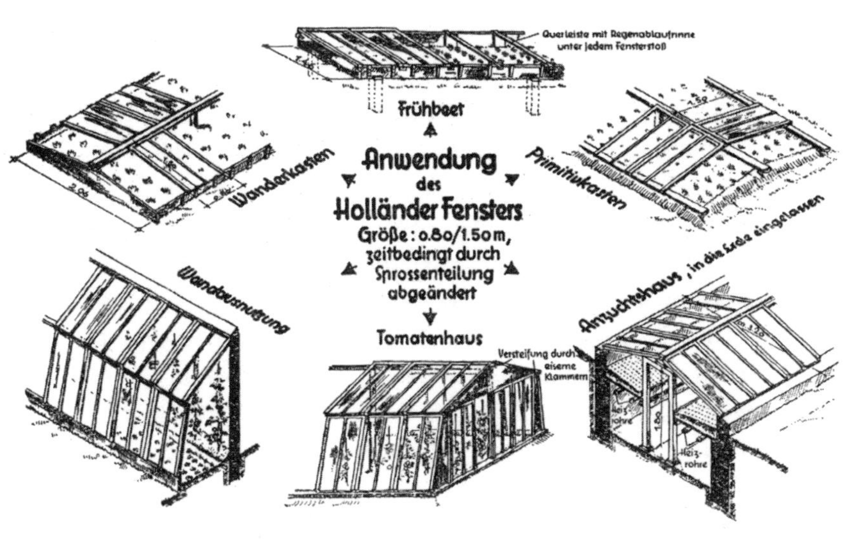

Wanderkasten-Fahrplan innerhalb einer Intensivzone

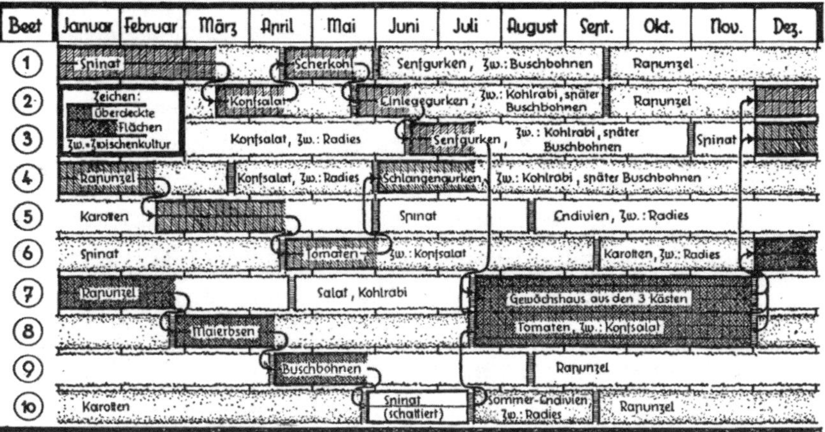

werden, daß der Gärtnerhof das Familienleben in günstigstem Sinne zu fördern vermag, zumal es die Familie selbst ist, die die hauptsächlichsten Arbeitskräfte stellt. Insgesamt sind für die Bewirtschaftung des Gärtnerhofes 4 bis 6 Kräfte vorzusehen. In der Familie des Gärtnerhofbauern steht die Pflege des Geistigen an erster Stelle, weil es den Arbeitsgang mit Bewußtsein durchdringt und so die Quellen des Schöpferischen erschlossen werden.

Der Gärtnerhof erweist sich auch als Gestaltungsgrundlage künftig entstehender Landschaft. Beruht doch in seinem ganzen Gefüge das Abbild einer idealen Fruchtlandschaft nur in sehr zusammengezogener, verkleinerter Form. Vom Gärtnerhof aus wird auch die beste Unterrichtung für eine künftige Landschaftsgestaltung und Landschaftspflege erfolgen können. Grundsätzlich führt die Verfolgung des Gärtnerhofgedankens zu einer Vertiefung, zu einer Verinnerlichung, zu einer Selbsterziehung und vor allem zu einer Ehrfurcht vor den schöpferischen Kräften, die sich in der Naturwesenheit offenbaren.

Die schwierige Zeitenlage bringt es mit sich, daß der Gärtnerhofgedanke vorerst aus der Privatinitiative heraus verwirklicht werden wird. Hier ist anzustreben, daß möglichst Gärtnerhofgruppen entstehen, wobei die Gärtnerhofbauern sich gegenseitig im Aufbau, ja auch im laufenden Betrieb unterstützen und zu diesem Zwecke Genossenschaften bilden. Einkauf, Absatz, gemeinschaftliche Gerätehaltung, gemeinschaftliches Transportwesen, gegenseitige Förderung und Weiterbildung beruflicher und allgemeiner Art vermögen hier echte Lebensgemeinschaft zu schmieden. Zunächst kommt es darauf an, eine größere Anzahl von Lehrhöfen ins Leben zu rufen, auf denen künftige Gärtnerhofbauern die zusätzlichen Arbeitskräfte und gleichzeitig Lehrlinge sind. Die Lehrzeit wird sich auf drei Jahre erstrecken müssen. Außer-

Bauzeitwohnung

später Stall- u. Wirtschaftsgebäude

Anwendung von Lehmbauweisen nach R. Niemeyer: Der Lehmbau

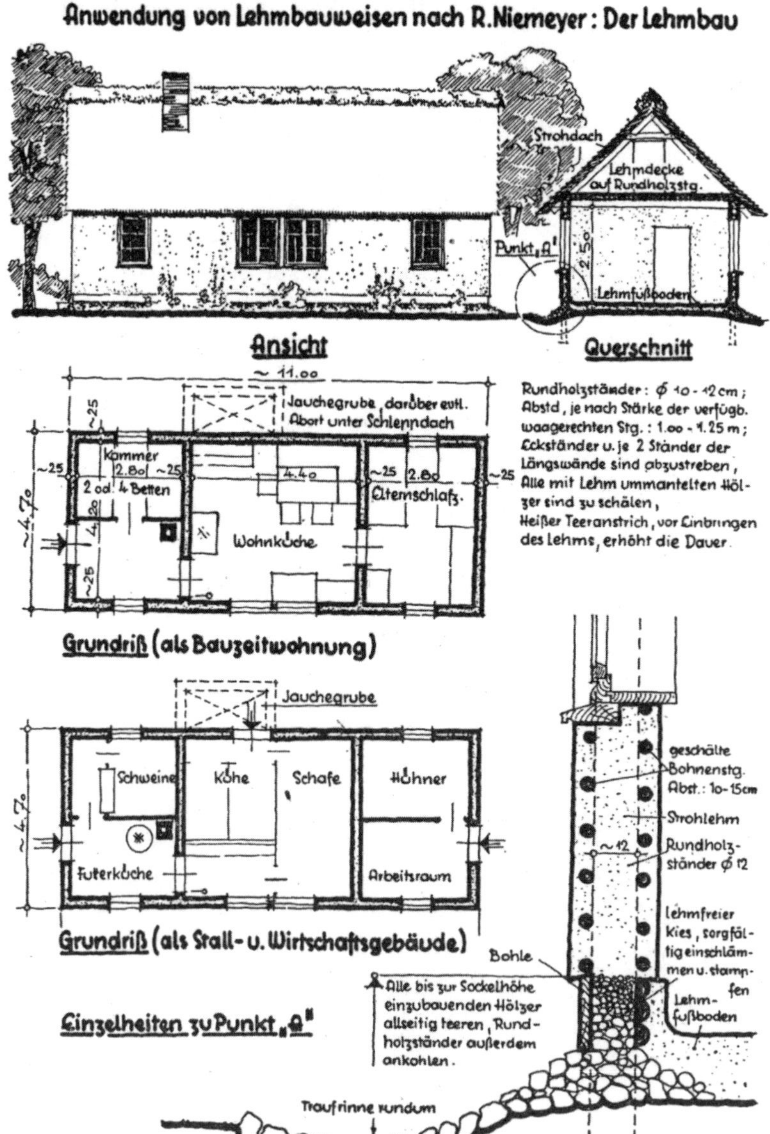

dem sollten Schulungsstätten eingerichtet werden, in denen Gärtnerhofanwärter, die die Lehrzeit hinter sich haben, praktisch und theoretisch weitergebildet werden. Es steht zu erwarten, daß bei der Begünstigung der Kleinbetriebe bei der Durchführung der Bodenreform besonders die ländlichen Siedlungsgesellschaften Interesse an dem Aufbau der Gärtnerhöfe gewinnen werden. Anzeichen dafür sind bereits vorhanden. Wir stehen vor einem Neuaufbau, vor einer Umstellung, die den Menschen selbst und alle Dinge um ihn herum ergreifen wird. Wir haben uns auf uns selbst zu besinnen und vermögen das in einer nützlichen Weise, wenn wir zu einer inneren Erstarkung das deutsche Geistesgut in uns lebendig werden lassen, wie es in der deutschen Klassik besteht. Hier sind verborgene Schätze zu heben, die uns lebenstüchtig machen können und uns befähigen, tiefer das Wesen aller Dinge zu verstehen und daher auch den tieferen Sinn des Lebens zu erfassen. Eine geistige Anstrengung ist ebenso erforderlich wie die körperlichen Anstrengungen. Damit ist aber nicht die übliche Zweckschulung der Intelligenz gemeint, die uns mehr oder weniger in die heute bestehende schwierige Lage gebracht hat, sondern vielmehr Übungen, in der Betätigung einer fruchtbaren Phantasie, welche zu umfassenden Ideen hinzuleiten vermag. Allein daraus kann für die Zukunft Wegweisendes geschöpft werden. Die deutsche Klassik ist voll solchen Ideenreichtums, mit dem wir bekannt sein müssen, um unsere Zukunftsaufgabe als Deutsche erfüllen zu können. Die wahrhafte Vertiefung in den Gärtnerhofgedanken bringt uns auch hier einen Schritt weiter. In seinen naturwissenschaftlichen Schriften zeigt uns Goethe auf, wie wir uns für ein lebendiges Denken, das die Dinge in ihrem Wesen zu ergreifen vermag, reif machen können. Es gilt diesen Weg zu gehen, der zur inneren Freiheit und zur Lebenserfüllung führt.

Gärtnerhof-Gebäude

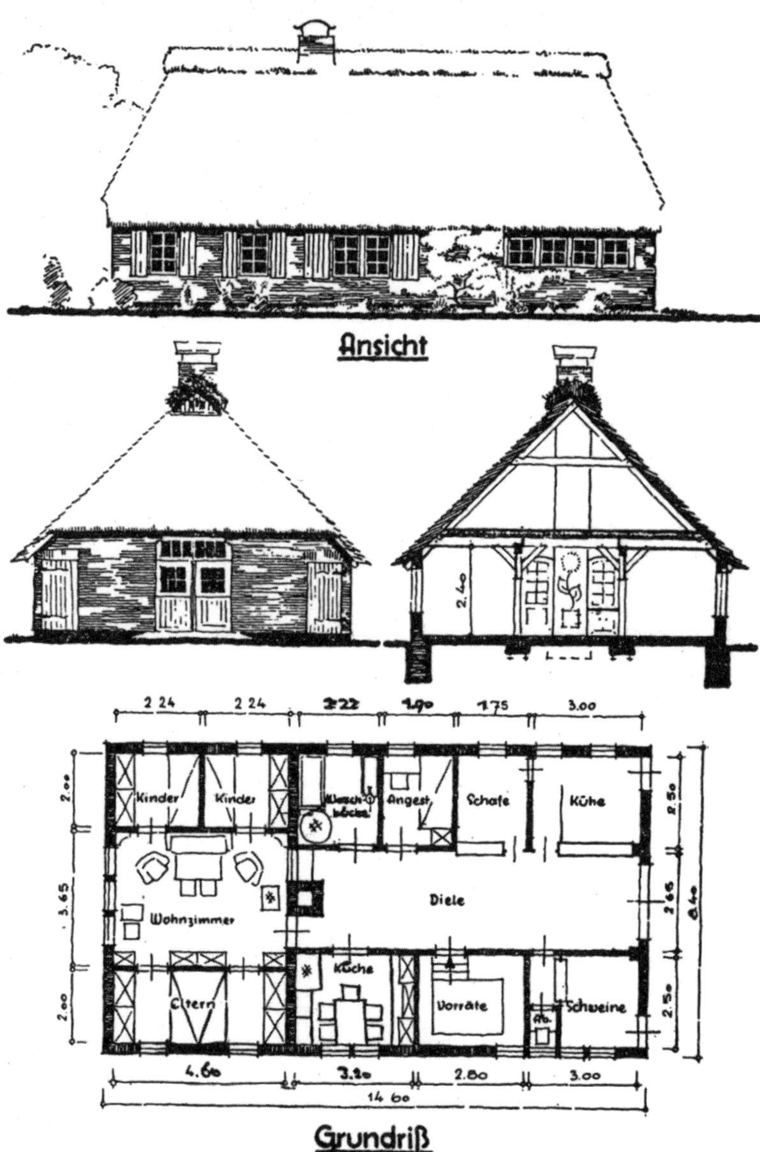

Hühnerstall, sowie Arbeits- u. Geräteraum, in nahe gelegenem Nebengeb.

ANHANG

SCHAUBILDER MIT SÜTTERLINSCHRIFT
AUS DER ORIGINALAUSGABE
MAX KARL SCHWARZ:
EIN WEG ZUM PRAKTISCHEN SIEDELN
(1933)

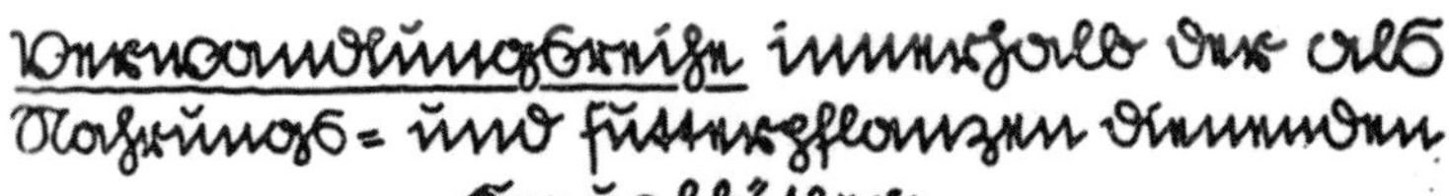

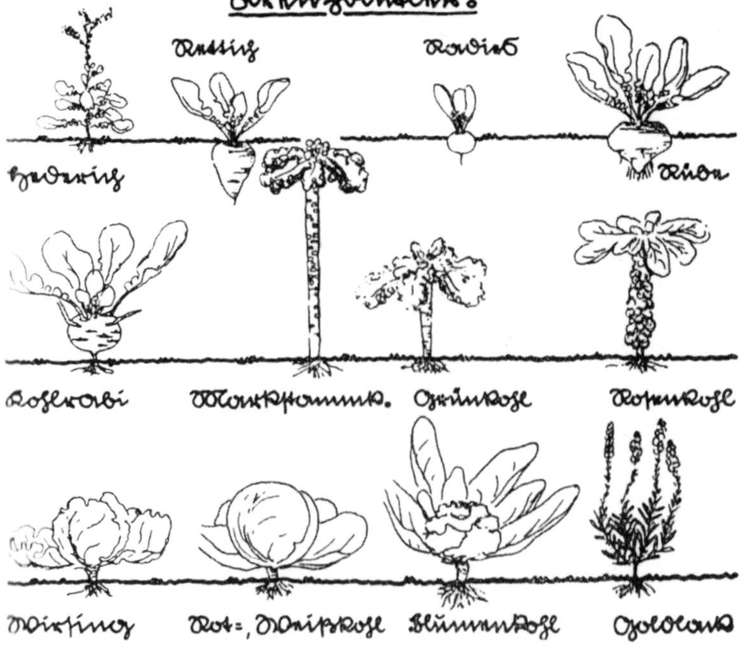

Wesensunterschiede zwischen:

Einjahrspflanze,
Staude,
Strauch und
Baum.

Tafel 2

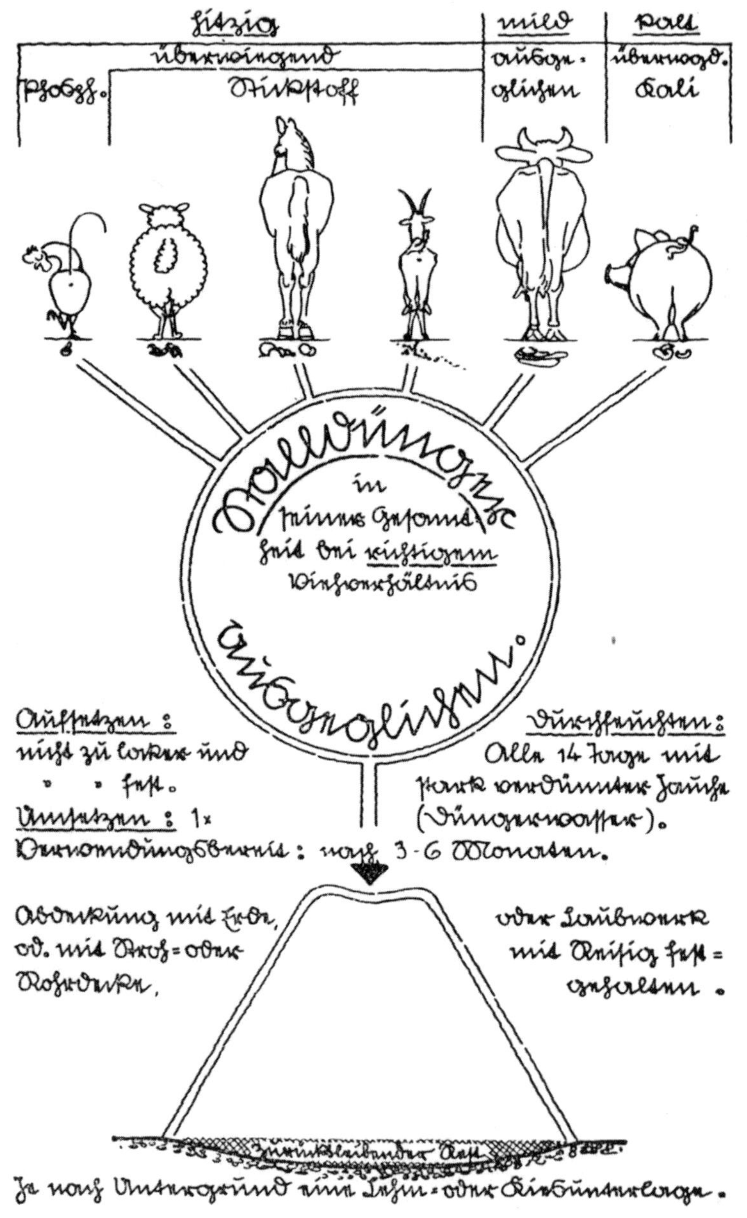

Stalldünger.
hitzig
mild
kalt
überwiegend
Phosph.
Stickstoff
ausge-
glichen
überwiegd.
Kali
Stalldünger
in
seiner Gesamtheit
bei richtigem
Mischverhältnis
ausgeglichen.
Aufsetzen:
nicht zu locker und
" " fest.
Umsetzen: 1x
Verwendungsbereit: nach 3-6 Monaten.
Durchfeuchten:
Alle 14 Tage mit
stark verdünnter Jauche
(Düngerwasser).
Abdeckung mit Erde,
od. mit Stroh- oder
Schilfdecke,
oder Laubwerk
mit Reisig fest-
gehalten.
Zurückbleibender Rest
Je nach Untergrund eine Lehm- oder Kiesunterlage.

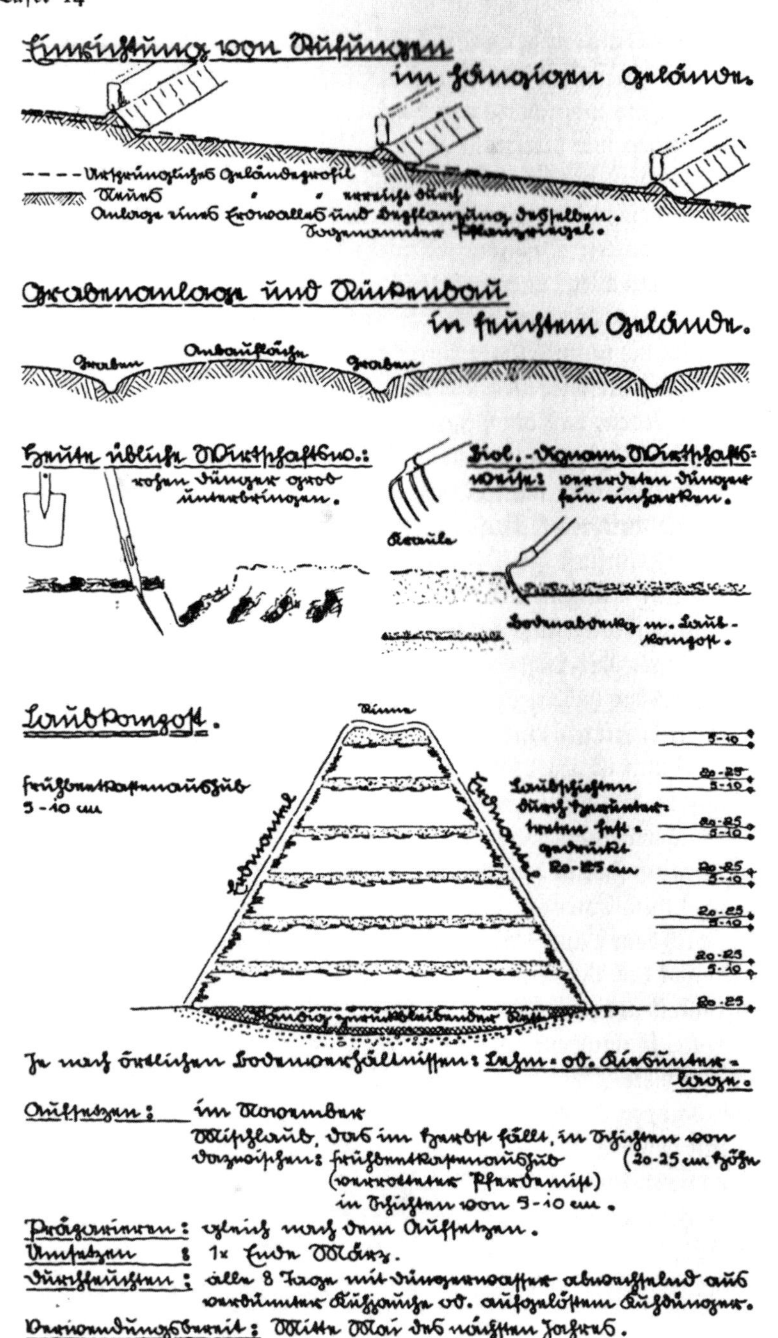
Tafel 14
Grabenanlage und Beetanbau
in feuchtem Gelände.
Graben
Anbaufläche
Graben
Laubkompost.
5-10
20-25
5-10
20-25
5-10
20-25
5-10
20-25
5-10
20-25
5-10
20-25

Tafel 4

Meliorationskompost.

Beste Bodenverbesserung erreicht durch Verkompostierung von pflanzlichen Abfällen, wie:

gejätetes Unkraut,
Küchenabfälle,
Gras,
Grabenaushub
u. a. mehr als

Hauptbestandteile.

Nebenbe- -standteile:

gesiebter Hausmüll (phosphorhaltig)

Ruß und Asche (kalihaltig)

Je nach Untergrund eine Lehm- od. Kiesunterlage.

Aufsetzen: sofort nach Anfall, daher wachsender Komposthaufen.

Präparieren: 1×

Durchfeuchten: Alle 8 Tage mit Düngerwasser, abwechselnd aus verdünnter Kuhjauche oder aufgelöstem Kuhdünger.

Umsetzen: 12 Wochen nach Präparation.

Verwendungsbereit: nach 1 Jahr

Heidebodenkompost.

Mit umgekehrten Heideboden abdecken.

zerkleinerte Schicht
durchlüftender Rost

Heideboden dünn abschälen.

Aufsetzen:
Heidekraut jeweils zueinander gekehrt.
Zwischen Heidekr. Puderschicht von Ätzkalk, und zwischen die Erdseiten dünne Schicht

Präparieren: nach dem Aufsetzen. (Stalldünger.
Durchfeuchten: alle 8 Tage mit Düngerwasser.
Umsetzen: 1× nach 5-6 Monaten.
Verwendungsbereit: nach 1-2 Jahren.

Lehmkompost.

Lehm im Winter in ca 20 cm hoher Schicht zwecks Durchfrierens ausbreiten. Der krümelig gewordene Lehm ist folgendermaßen zu verkompostieren:

Je eine 10 cm starke Schicht halbreifen Kompost und Lehm abwechselnd aufsetzen.
Torf- oder Erdmantel.

Präparieren: nach dem Aufsetzen.
Durchfeuchten: alle 8 Tage mit Düngerwasser abwechselnd aus verd. Jauche od. aufgel. Kuhdung.
Umsetzen: 1×
Verwendungsbereit: nach 1 Jahr.

Tafel 6

Entwicklung des Ordnungsprinzips für den Aufbau eines Siedlungsbauernhofs.

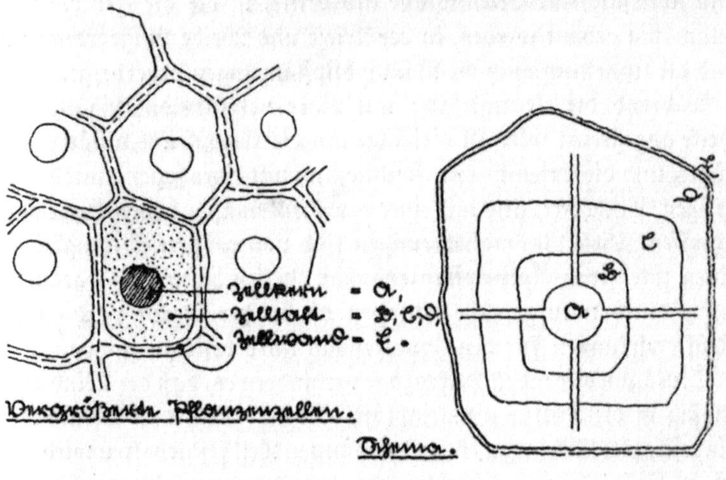

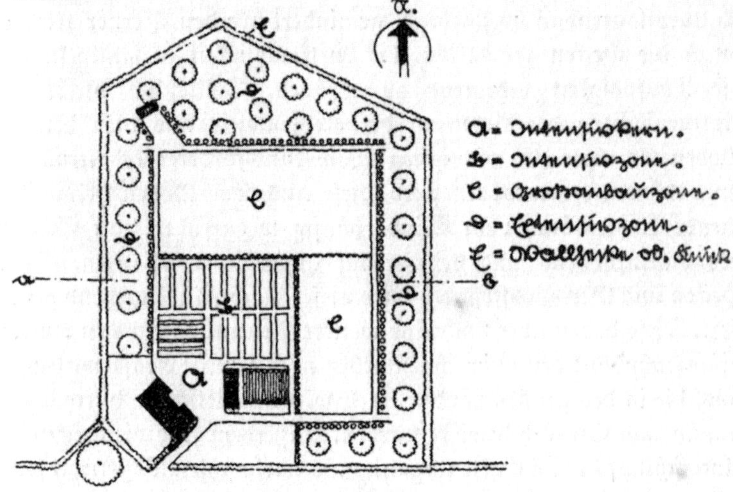

Tafel 11

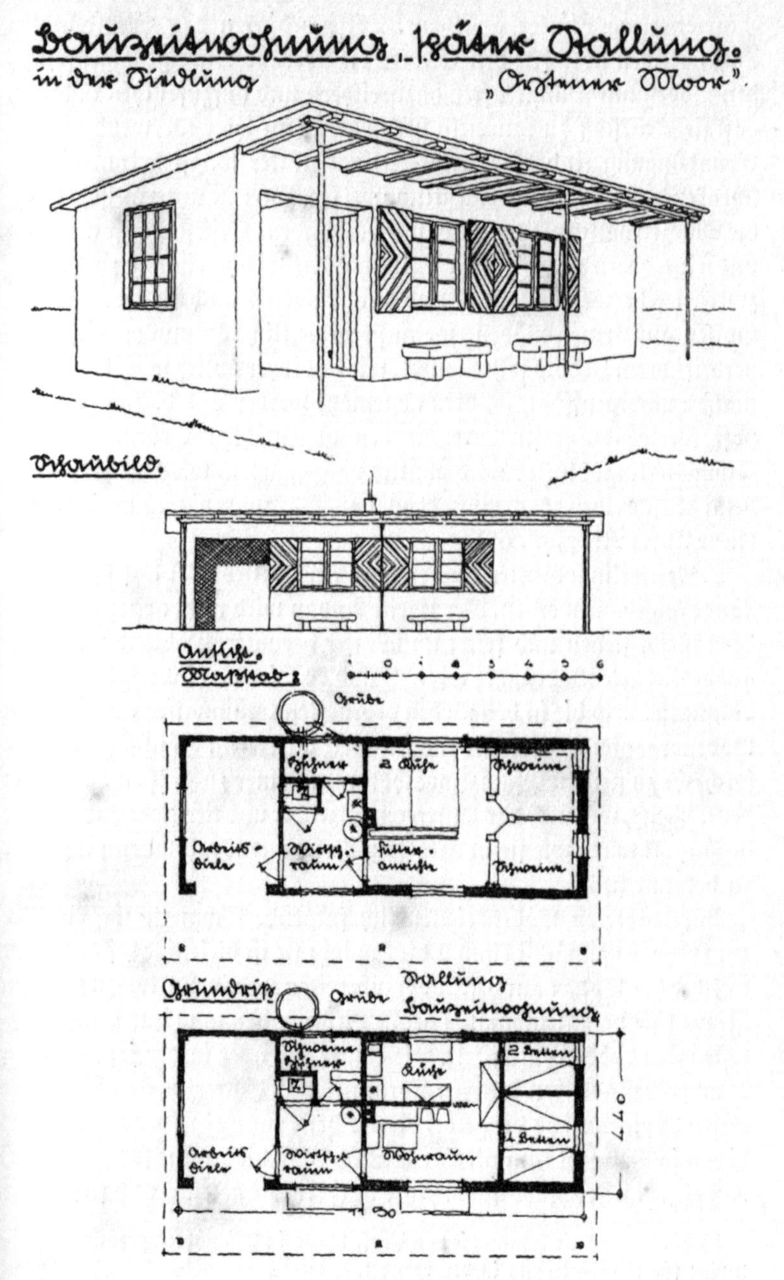
Tafel 12
Bauzeitwohnung, später Stallung.
in der Siedlung
Schaubild.
Ansicht.
Maßstab:
Grube
Grundriß
Stallung
Bauzeitwohnung
Entwurf: Rudolf Richter, Architekt, Bremen.

Rasensodenkompost.

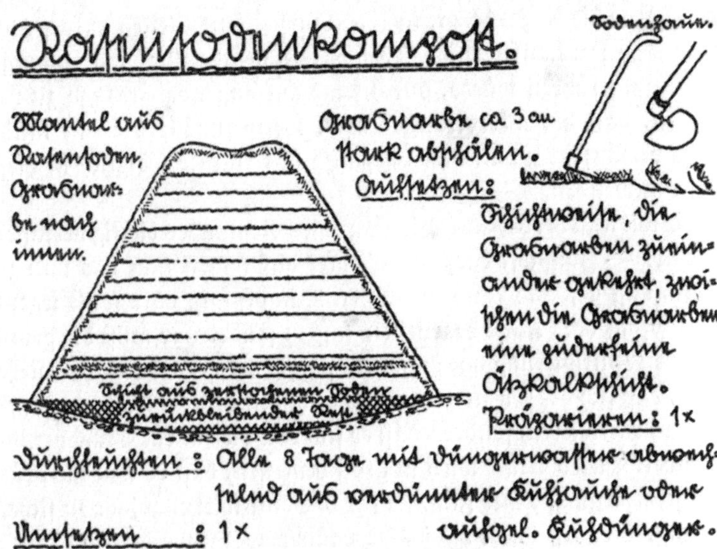

Mantel aus Rasensoden, Grasnarbe nach innen.

Grasnarbe ca. 3 cm stark abschälen.

Aufsetzen: Schichtweise, die Grasnarben zueinander gekehrt, zwischen die Grasnarben eine gutdeckende Ätzkalkschicht.

Präparieren: 1×

Durchfeuchten: Alle 8 Tage mit Düngerwasser abwechselnd aus verdünnter Kuhjauche oder aufgel. Kuhdünger.

Umsetzen: 1×

Verwendungsbereit: nach 1 Jahr.

Leguminosenkompost.

Beste Düngemasse erreicht durch Verkompostierung von Gründüngungspflanzen wie: Lupinen, Ackerbohnen, Wicken usw. vor Blütenbildung gemäht, auch gedroschenes Bohnen- u. Erbsenstroh.

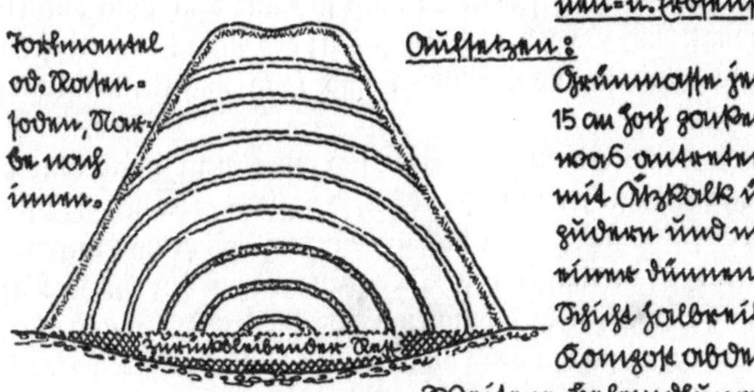

Torfmantel od. Rasensoden, Narbe nach innen.

Aufsetzen: Grünmasse jeweils 15 cm hoch packen, etwas antreten, mit Ätzkalk überpudern und mit einer dünnen Schicht halbreifen Kompost abdecken.

Weitere Behandlung siehe oben, Rasensodenkompost.

Nach 1 Jahr verwendbar.

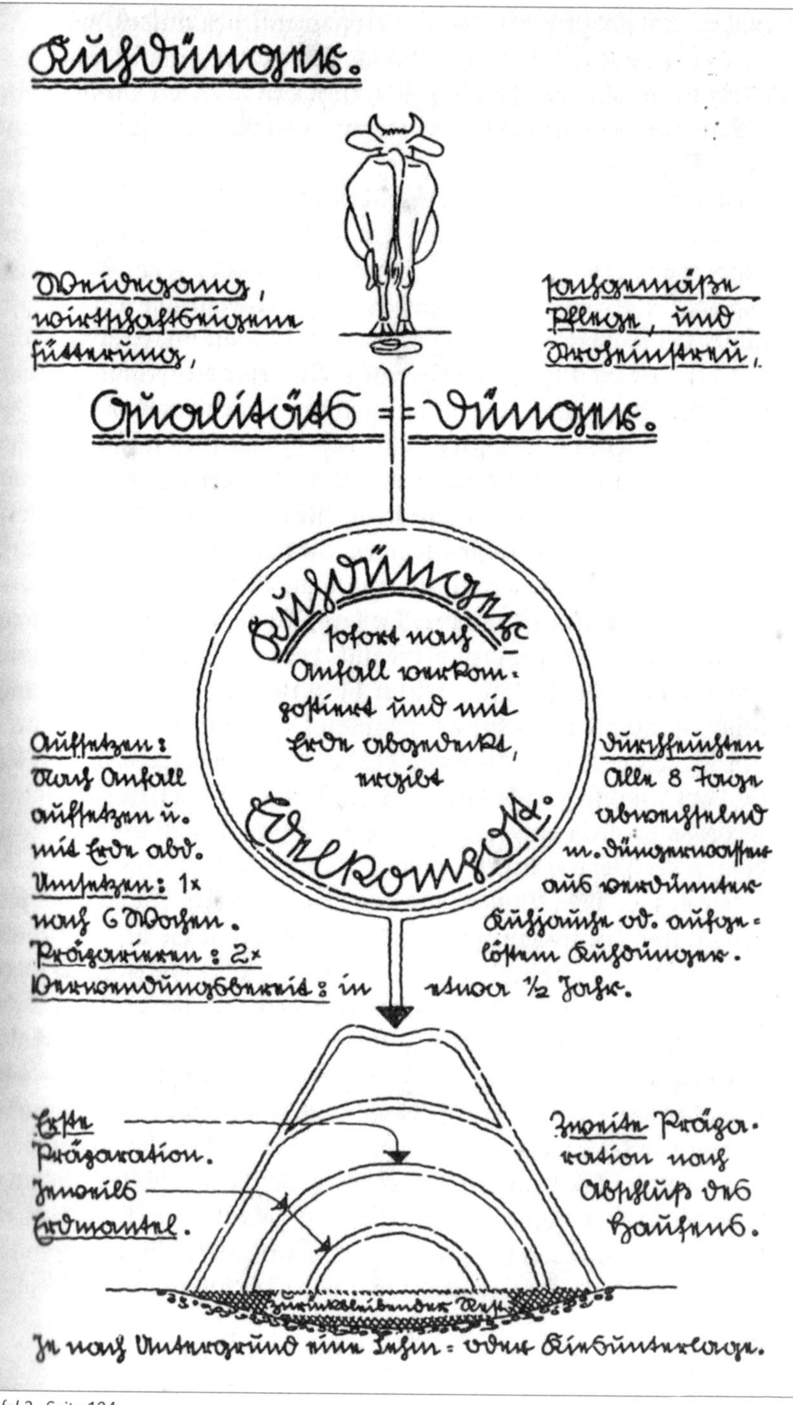

Tafel 3 · Seite 124

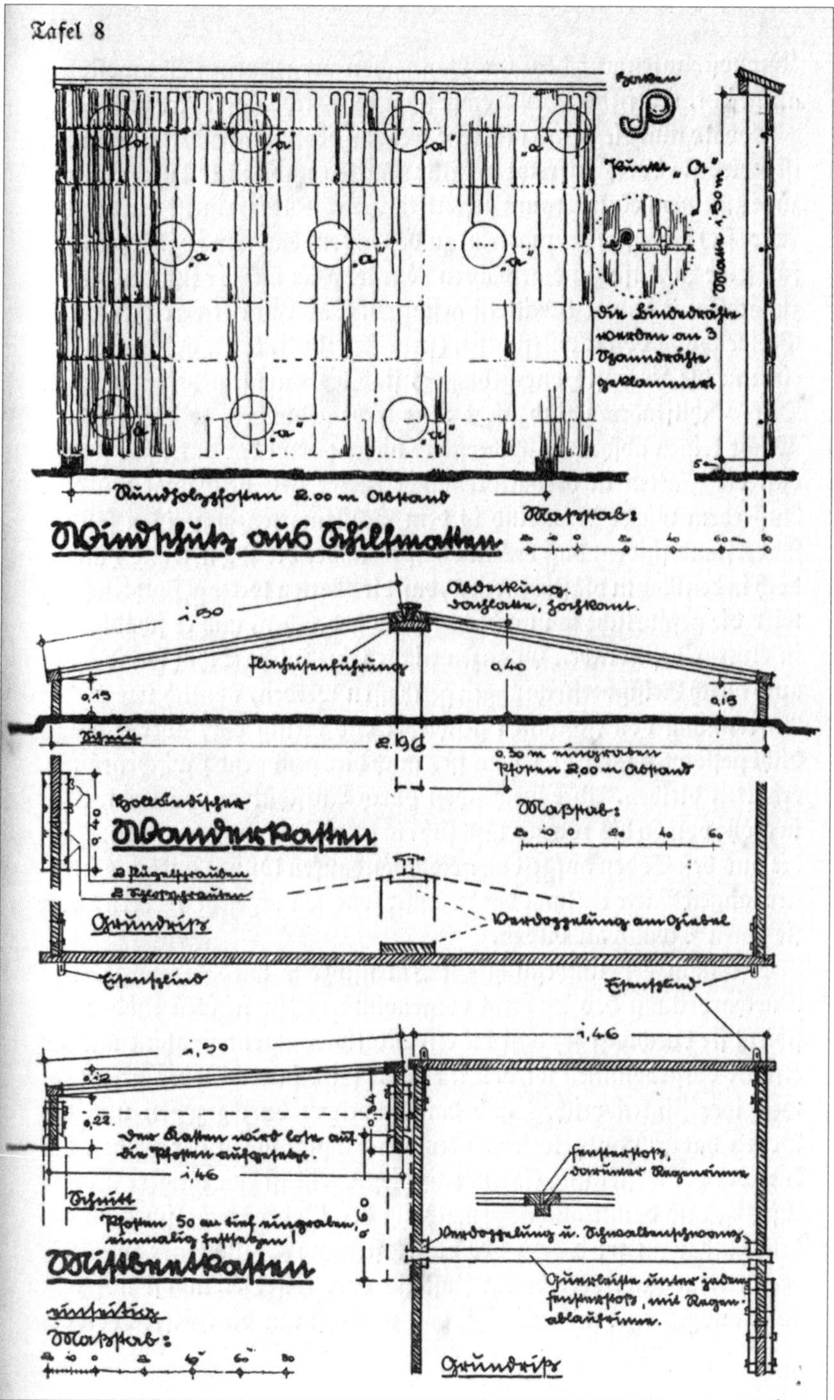
Tafel 8
Rundholzpfosten 2.00 m Abstand
Windschutz aus Schilfmatten
Maßstab:
Mistbeetkasten

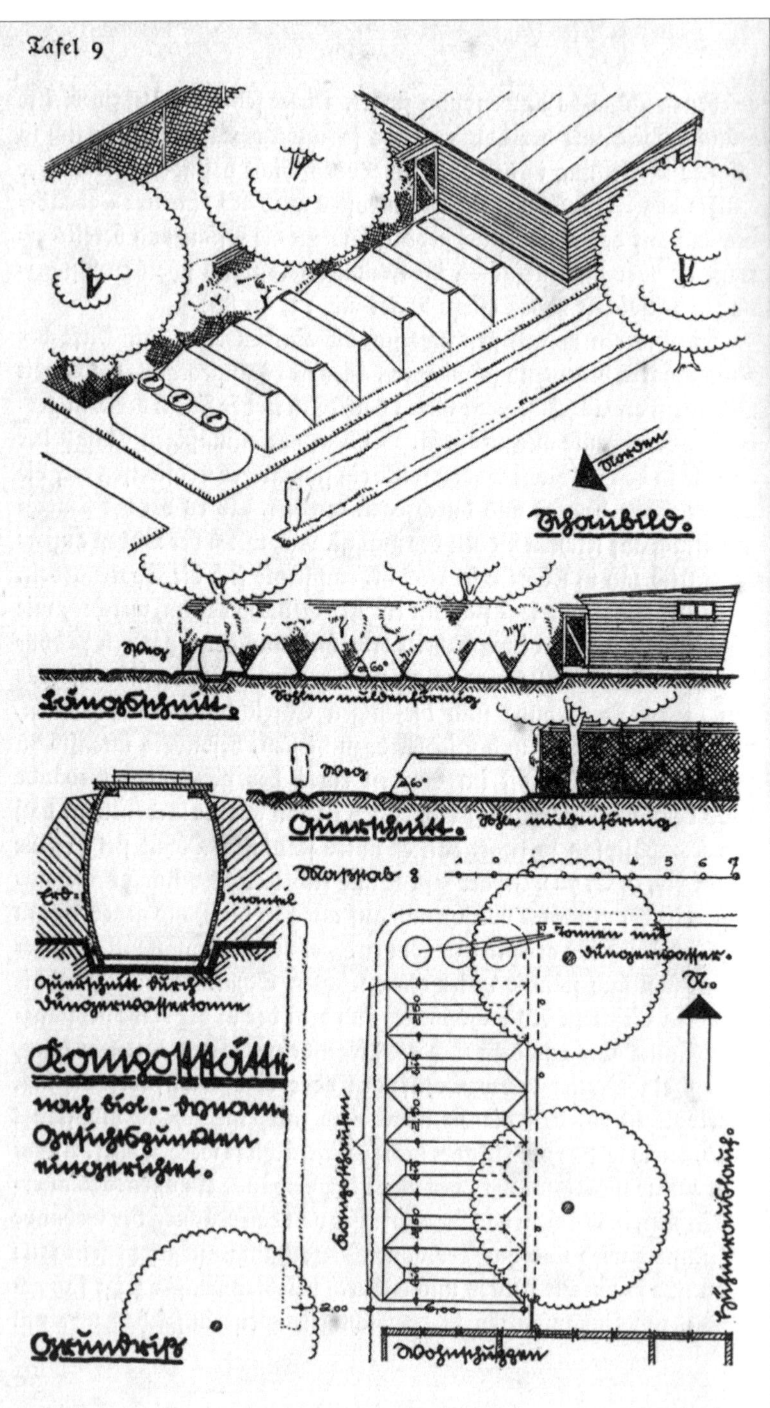
Tafel 9
Norden
Schaubild.
Längsschnitt.
Querschnitt.
Maßstab

Tafel 10

Überlaufrohr bis kurz unter Beckenrand

Wandflächen u. Beckenboden wasserdicht in Zementmörtel m. Dichtungszusatz putzen

Verschlußstopfen an Kette befestigen

Gefälle 2%

0.80

Gießwasser-Becken, (Beton)

Ø 0,90

8 8

0,20

0,80

Zementputz mit Dichtungszusatz

Eingefügte Mulde

Maßstab: 20 0 20 40 60 80 1,00 50 2,00

Gießwasser-Becken, (Brunnenring.)

Boden ausbetonieren

Pflanz-streifen

Pflanz-streifen

Rundhölzer

0,30-0,60

0,30 bis 0,60

Rundhölzer

Verankerung jedes 3. Rundholzes

1,00

1,50

1,00

Gestufte Böschung, aus geschälten Rundhölzern

30-40 30-40 30-40

7-12

7-12

7-12

7-12

Stufen im Gefälle nach vorn

Treppe, aus Naturstein

15-20°

Böschung, aus Naturstein

Schaubild.

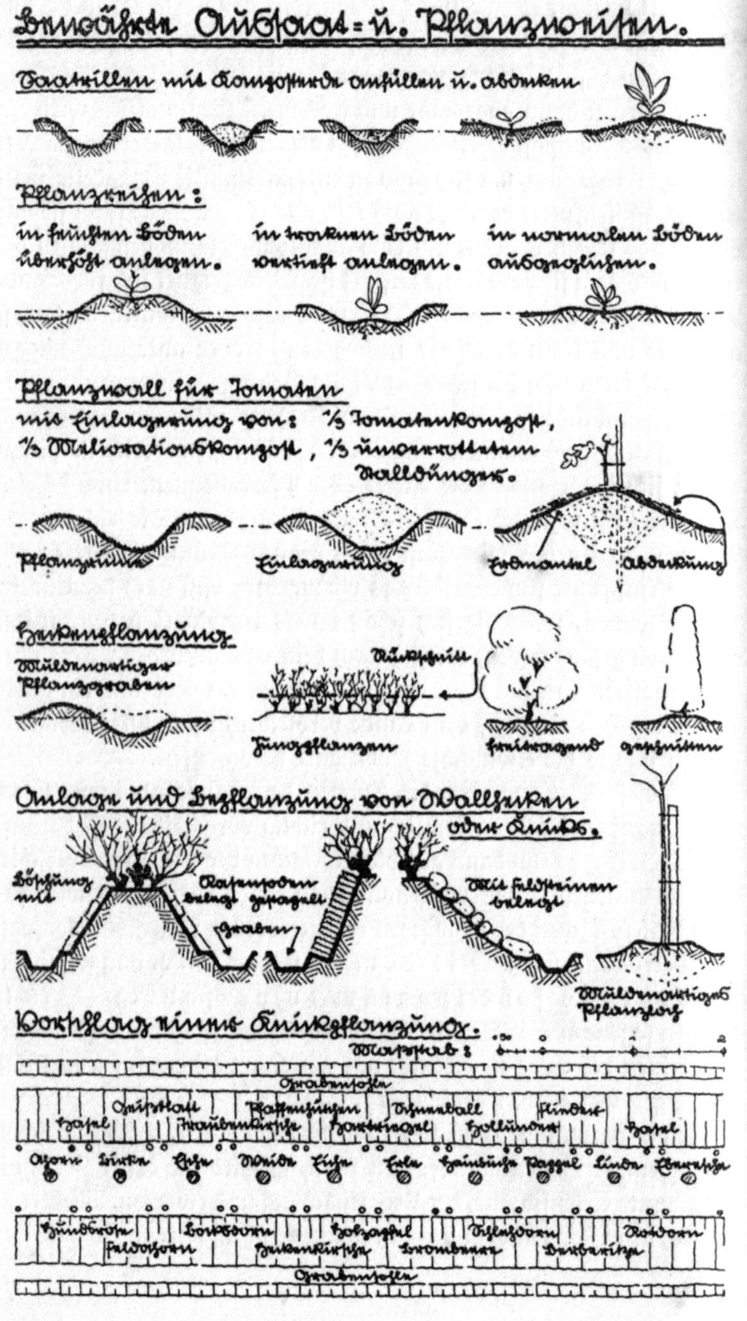
Tafel 13
Pflanzreihen:
in feuchten Böden überhöht anlegen.
in trockenen Böden vertieft anlegen.
in normalen Böden ausgeglichen.
Pflanzwall für Tomaten
mit Einlagerung von: 1/3 Tomatenkompost,
1/3 Meliorationskompost, 1/3 unverrotteten Stalldünger.
Einlagerung
Erdmantel
Abdeckung
Heckenpflanzung
Rückschnitt
Jungpflanzen
freitragend
geschnitten
Graben
Mit Feldsteinen belegt
Maßstab:
Grabensohle
Grabensohle

Tafel 15

Wanderkasten-Jahresplan innerhalb einer Intensivzone.

	Jan.	Febr.	März	April	Mai	Juni	Juli	Aug.	Sept.	Okt.	Nov.	Dez.
1	Spinat, Gaudry.				Schnittkohl.	Gurken, [illegible] Markt. Zw.: Buschbohnen, Saxa.				Rapunzel, dunkelgrüner vollherziger.		
2	Zeichen: Ende einer Kultur		Kopfsalat Maikönig.			Gurken, Goßlitzer. Zw. Kohlrabi, bl. Erf. Dreienbrunnen, sp. Buschbohnen, Saxa				Rapunzel, breiter, holländischer.		
3	Zw.: Zwischenkultur schraffierte Flächen sind überdeckt			Kopfsalat, Maikönig. Zw.: Radies Saxa.			Treibgurken, Hamburger. Zw.: Kohlrabi, Erf. bl. Dreienbr. sp. Buschbohnen Saxa.				Spinat, [illegible].	
4	Rapunzel breiter holländischer.			Kopfsalat, Maikönig Zw.: Radies, Eisz.			Schlangengurken, [illegible]. Zw.: Kohlrabi,		späte Buschbohnen, Konserva.			
5	Karotten, verbesserte Pariser Markt.					Spinat, [illegible].			Endivien, breite, gelbe. Zw.: Radies, Eiszapfen.			
6	[illegible]möhren.				Tomaten, Bonner Beste. Zw.: Kopfsalat, Maikönig.					Karotten, [illegible]. Zw.: Radies, Non plus ultra.		
7	Rapunzel breitbl. holländischer.				Salat, früher Trotzkopf. Kohlr., Erf. bl. Dreienbrunn.			Gewächshaus w. d. 3 Kästen. Tomaten, [illegible]				
8			[illegible].					Stangenbohnen, frühe Juli. (sib.) Buschbohnen, frühe, [illegible]				
9					Buschbohnen, [illegible]				Rapunzel, dunkelgrüner vollherziger			
10	Karotten, verbesserte Pariser Markt.					Spinat. ([illegible])	Sommer-Endivien Zw.: Radies, Eiszapfen					

Der Herausgeber und der Verlag haben sich vergeblich bemüht, Nachfahren von Max Karl Schwarz (1895–1963) als Rechteinhaber ausfindig zu machen. So es diese gibt, mögen sie sich ggf. an den Verlag wenden.

ISBN 978-3-948075-29-3

www.manuscriptum.de